积极心理学视域下大学生心理健康教育

杨晓星 著

中国纺织出版社有限公司

内容提要

本书基于大学生心理健康教育的主题展开，既有理论知识又有实践方法，而且在引用大量研究成果的基础上提出自己的观点，具有较强的系统性和实用性。一方面，对于积极心理学、大学生心理健康教育以及积极心理学对大学生心理健康教育的意义三个方面，三个部分内容环环相扣，体系完整，内容丰富。另一方面，书中各章既有心理学的基本知识，又注重结合积极心理学的基础，从积极心理学的视角，探讨积极心理学视域下大学生心理健康教育的模式和实现途径。

图书在版编目(CIP)数据

积极心理学视域下大学生心理健康教育 / 杨晓星著. -- 北京：中国纺织出版社有限公司，2023.3
ISBN 978-7-5229-0547-1

Ⅰ.①积… Ⅱ.①杨… Ⅲ.①大学生—心理健康—健康教育—研究 Ⅳ.①G444

中国国家版本馆 CIP 数据核字（2023）第 070241 号

责任编辑：张 宏　　责任校对：高 涵　　责任印制：储志伟

中国纺织出版社有限公司出版发行
地址：北京市朝阳区百子湾东里 A407 号楼　邮政编码：100124
销售电话：010—67004422　传真：010—87155801
http://www.c-textilep.com
中国纺织出版社天猫旗舰店
官方微博 http://weibo.com/2119887771
北京虎彩文化传播有限公司印刷　各地新华书店经销
2023 年 3 月第 1 版第 1 次印刷
开本：787×1092　1/16　印张：11
字数：215 千字　定价：98.00 元

凡购本书，如有缺页、倒页、脱页，由本社图书营销中心调换

前　言

随着世界经济的持续快速发展，我国已经进入中国特色社会主义新时期，我国社会主义的主要矛盾发生了变化，人们的思想以及价值观也发生了很大的变化。由于社会要求不断提高，人们的负担压力也不断加大，与此同时，大学生繁重的学习压力，困难的就业压力，很大程度上转变成大学生内在巨大的心理压力。而中国想要很好地适应世界范围内迅速发展的市场经济，并在世界范围内的激烈竞争中脱颖而出，作为社会主义接班人的当代大学生不仅需要具备坚实的专业知识基础，也需要丰富的积极健康的心理知识，以及勇敢地迎接挑战、积极地应对挫折、顽强战胜困难的专业能力。

积极心理学强调通过激发人内心本就具有的积极力量，使个体尽可能运用积极的心态去应对各种各样的挫折挑战，以帮助其自身获得最大限度的幸福体验。积极心理学视角下的心理健康教育可帮助个体培养积极的意志品质，而这种特别的意志品质不仅会使得个体更好地应对其自身所遇到的大小挫折挑战，还能有效帮助个体积极主动地缓解其在应对挫折时的焦躁、恐惧等负面情绪，甚至能有效帮助个体克服自身心理健康知识不足而产生应对挫折能力等方面的障碍，进而为大学生身心健康的成长保驾护航，为我国国家培养出更多合格的社会主义接班人。教育的本质实际上就是关注人自身的成长与发展，从横向来看，该发展指的是人自身的全面发展，是人本身综合素质的发展，其不仅指人自身知识素养的提高，还关注人对生存环境适应能力中对教育的需要，以及个体生命对身心健康教育的需要；从纵向来看，人的成长、发展，是一个持续且不断变化的过程。对大学生的心理健康教育是根据当代大学生自身发展要求开展的，关注他们的内心世界与应对挫折能力方面的构建，帮助当代大学生正确认知自己、他人、社会以及他们相互之间的关系，帮助大学生树立正确的世界观、价值观，以更好地应对外部世界带来的各种挫折与挑战，进而帮助当代大学生有效地预防现实生活中各色悲剧出现。例如，目前有很多大学生由于对自身认知水平的不足，对挫折存在的客观性认识不足，加上缺乏心理学理论的专业正面指导，在其成长过程中，一旦遇到挫折，将变得慌乱不已、不知所措，更别说采用积极有效的方法应对解决了，有的学生会将问题搁置，选择置之不理，以期逃避，更有甚者会变得抑郁，选择自残或伤害他人。因此，将积极心理学运用到当代大学生心理健康教育实践中的研究有着极为重要的现实意义。

基于此，《积极心理学视域下大学生心理健康教育》基于大学生心理健康教育的主题展开，既有理论知识又有实践方法，而且在引用大量研究成果的基础上提出自己的观点，具有较强的系统性和实用性。一方面，本书体系涉及积极心理学、大学生心理健康教育以及积极心理学对大学生心理健康教育的意义三个方面，三个部分内容环环相扣，体系完整，内容丰富。另一方面，本书各章既有心理学的基本知识，又注重结合积极心理学的基础，从积极心理学的视角，探讨积极心理学视域下大学生心理健康教育的模式和实现途径。

杨晓星
2023 年 1 月

目　录

第一章　导论 ... 1
第一节　研究背景 ... 1
第二节　研究综述 ... 2

第二章　积极心理学的基本概念 ... 9
第一节　积极心理学的基本内涵 ... 9
第二节　积极心理学的主要作用 ... 23

第三章　大学生心理健康教育的内涵 ... 33
第一节　大学生心理健康教育的定义 ... 33
第二节　大学生心理健康教育的特点 ... 41
第三节　大学生心理健康教育的功能 ... 59

第四章　积极心理学对大学生心理健康教育的意义 ... 69
第一节　积极心理学升华大学生心理健康教育的目标 ... 69
第二节　积极心理学丰富大学生心理健康教育的内容 ... 73
第三节　积极心理学拓展了大学生心理健康教育的途径与方法 ... 85

第五章　积极心理学视域下大学生心理健康教育的现状 ... 95
第一节　大学生心理健康教育偏重于心理问题矫正教育 ... 95
第二节　大学生心理健康教育偏重于心理问题预防教育 ... 101

第六章　积极心理学视域下大学生心理健康教育模式 ... 109
第一节　积极心理健康教育目标 ... 109
第二节　积极心理健康教育内容 ... 114

第七章　积极心理学视域下大学生心理健康教育的实现途径……129
第一节　心理健康教育应积极促进大学生的终身发展……129
第二节　心理健康教育应善于发掘大学生的优秀品质……141
第三节　心理健康教育应持积极心态看待大学生的心理问题……152

参考文献……165

第一章 导论

第一节 研究背景

高校大学生心理健康教育在过去一段时间内确实做出了很大的贡献，它在一定意义上已经渗入学生的各个方面，但是就在为高校大学生心理健康教育所取得的成绩而欢呼雀跃时，我们不得不有这样的疑惑：随着高校各方面心理健康教育条件的改善，大学生患心理疾病的数量却在不断增加。大学生作为中国社会文化层次较高的群体，一向被认为是最活跃、最健康的群体之一。如果仅仅从躯体健康的角度看，处于青年中期，又是经过多次体检合格的大学生确实身体比较健康。但从心理健康的角度来分析这一群体，情况就不容乐观了。大量的研究及统计结果表明，大学生群体中有部分学生呈现出不同程度的心理适应不良，心理障碍发生率与以往相比有明显上升趋势。这一现象似乎和传统心理健康教育的初衷相违背，因为今天的大学生比过去拥有更充分的自由、更好的教育设施、更先进的指导技术、更多的师资教育等，照理说大学生应该比过去更幸福，可结果却不容乐观，大学生反而越来越感到不幸福，赛利格曼（Seligman）把这一现象称为人类20世纪最大的困惑，这说明我们过去的大学生心理健康教育本身可能存在一些问题。积极心理健康教育旨在研究学生积极的一面，强调研究人的积极品质、积极力量和积极潜力等，从这方面看，积极心理健康教育也许正是解决这一困惑的一条有效途径。

心理健康教育旨在治疗学生的心理疾病，使每一个学生的生活更有活力和更圆满，从人群中区分出天才并使这些天才得到尽可能好的发展。然而，由于一些主观原因和客观原因，治疗学生的疾病成为关注的重点，使心理健康教育成为只为某一部分学生服务的学科，心理健康教育理论也出现了价值不平衡。

心理学只有以积极待人，创造积极的精神，提供积极的机会，肯定积极的价值，才能使它的服务对象在感受积极的过程中学会创造积极、给予积极，并最终获得一种实实在在的积极力量。从本意上说，积极心理健康教育并不是对传统心理健康教育的否定，其本身只是对传统心理健康教育的一种补充，或说是一种非革命性的发展。正如积极心理学的创始人塞利格曼所说："我们只是把积极心理学看作是一种纯粹的变化——即一种从研究生命中最不幸的事件到生命中最值得过的事件的转化，我们并不把积极心理学看作是对过去心理学的一种替代，而把它仅仅看作是过去已有心理学的一种补充。"因此，从这个意义上来说，积极心理健康教育强调心理学健康教育不仅要研究学生存在的各种问题，同时还要研究人的各种积极力量、积极品质和积极潜力等，使原来具有片面倾向的心理健康教育变得更全面、更合理和更平衡。

第二节　研究综述

一、国外研究现状

积极心理学是由美国著名心理学家马丁·塞利格曼发起的心理学运动。积极心理学致力于发掘能够使个人、集体和社会进步的积极因素，以便促进人类健康、幸福和社会的和谐发展。总结国外有关积极心理学的研究内容，主要包括以下三个方面：

（一）关于积极的情绪体验研究

积极的情绪和体验是积极心理学研究的重要内容之一。塞利格曼（2002）在《真实的幸福》（*Authentic Happiness*）著作中按照时间顺序将积极情绪分为三类，即关于过去、现在和将来的积极情绪，包含乐观、希望、自我认同等。

Fredrickson（1998）提出了积极情绪拓展—构建（broaden-and-build）理论，该理论指出积极情绪能够使人更多地看到自己和他人的同一性，进而获得更多的自我认同感。大量的实验研究证明，积极情绪体验能够拓展人的思想行为指令系统，构建个体身体与心理能量，从而构建长久的个体发展资源。心理学的有关研究显示，适当的体育运动、充足的睡眠以及良好的人际关系等都有利于获得积极的情绪。

（二）关于积极人格特质研究

20世纪70年代，塞利格曼发现个体在不同的外界条件作用下，会习得不同的归因。随后，塞利格曼与他的同事经过研究，于20世纪80年代末提出了解释风格理论。根据解释风格的不同，塞利格曼把人格分成乐观型解释风格与悲观型解释风格。乐观型解释风格的人将消极事件以及个人面对的挫折和失败看成是短暂的、由于外在的某种因素导致的。把积极事件看作内在的、稳定的和自身有关的原因；悲观型解释风格的人却将困难和失败看作持久或永远的，是由自身原因引起的，而把积极的结果看作外在的、不稳定的与自己没有关系的因素。一般认为，如果一个人具有乐观型的解释风格，那么他会把成功看作自己的一次成功体验，并增强信心，继续努力前进；把失败看作外在的暂时因素，并能总结经验教训而不会被打败。然而，如果一个人具有悲观的解释风格，就会认为失败是不可控制的，则会丧失行为动机。彼特森（Peterson）和塞利格曼在研究大量本国与外国古今文献的基础上，提出了人类广泛存在的6种美德及所对应的24种人格优势（详见表1-1），形成了完整的积极人格理论。

表 1-1 完整的积极人格理论

6种美德	24种人格优势
智慧	好奇心、好学、思维开阔、创造力、洞察力
勇气	勇敢、恒心、正直、活力
仁慈	友善、爱、社会智力
正义	公德心、公正、领导才能
节制	虚心、自我节制、谨慎、宽容、审美能力
卓越	感恩之心、希望、幽默、乐观

（三）关于积极的社会组织系统研究

研究表明，积极教育、积极的家庭等积极的社会组织系统可以培养积极的人格品质、缓冲压力、提高生活质量。Dickerson 等人指出，社会支持越强，其身心健康状况越好，越少生病和抑郁。（Dickerson & Zoccola, 2009；Taylor, 2007）当前这方面的研究主要是为个体形成积极的人格、获得幸福感构建积极的社会组织（包括家庭、学校、社区等）与社会制度。自我防御、积极应对等相关理论提倡通过营造积极的环境，发挥个人、集体、组织最佳的状态与作用。

综上所述，国外关于积极心理学的研究得到了长足发展，形成了自己的理论模型和实践模式，并在实践中得以广泛应用。但在其快速的发展中也表现出一些不足。例如，理论基础单薄，理论体系有待完善，相关概念与术语不够规范，研究对象不够全面，缺乏对大学生特定群体的研究。

二、国内研究现状

（一）关于心理健康教育的研究

20世纪20年代，弗洛伊德的精神分析技术等心理学研究成果传入我国，我国的心理学者开始建立自己的诊所，对心理疾病心理障碍进行诊断、治疗和探究。一直以来，大学生的心理健康问题都是研究的重点领域。在中国，有不同的心理健康障碍表现为：不同的年龄、不同的性别、不同的职业、不同的专业、不同的地区、不同的民族。焦虑、抑郁、人际关系敏感、强迫、偏执、精神错乱等是常见的心理问题。各专科院校的研究侧重也不尽相同，医科院校的大学生表现为焦虑、抑郁、精神病，符合国际上的研究报告。工程专业的大学生总体表现为强迫型、抑郁型、焦虑型、敌对性型。师范生表现为强迫、人际关系敏感、抑郁等。军事医学专业的学生表现为敌对、偏执和心理变态。在各年级的学生中，存在着不同的问题，有的认为大学一年级和四年级的学生存在较多问题，一年级学生属于刚进大学校园处于从高中阶段跨越到新阶段，心理状态更多偏重于生活环境和学习环境的不适应。也有人认为二年级大学生发生心理问题的人数高于其他年级。性别不同，心理问题不同。有人认为女生心理问题多于男生，有人认为男生问题多于女生。

解亚宁、张育昆、赵靖平三人针对我国高校在各民族中存在的问题进行了调查。一些学者发现，汉族和少数民族大学生的心理问题相似，主要表现在强迫、人际关系敏感、忧郁等方面。少数民族大学生与汉族大学生在一些症状上存在差异。

殷恒蝉、卢敏、王新利三人的研究分析指出由于国家对于学历的要求，我国高质量人才的迅速增加，在激烈的竞争压力和严峻的就业环境下，大学生的心理亚健康问题日益受到社会各界的关注。

刘建中通过对二十多年来大学生的心理健康状况的调查，发现大学生的心理问题比较突出，约有16%和30%的大学生有潜在的心理问题。一部分学生不爱社交、很自闭、人际关系不良、强迫，严重者发展为抑郁、焦虑、精神疾病、人格障碍等问题相对突出。

杨宇琦的调查结果显示，自伤与自身攻击有显著的关联，而攻击与非正常的自残有较高的关联度，这一现象需要深入思考。

张雪萍据2010年大学生的心理健康现状分析，大学生的心理状态不容乐观，约30%和40%存在精神问题，其中约10%的大学生存在较大的精神问题。在当下中国，青年大学生在成长过程中表达出一个十分危险的信号。

研究发现，职业学校的学生的心理健康水平要比一般的学生要低得多，许多学生都把自己按照别人的看法分为三六九等，而学校也是以985、211来划分的，在这种情况下并不能正确地确定自己的位置。苗秋香对职业院校的大学生进行了问卷调研，发现有强制症状的职业院校大学生，偏执、人际关系问题突出，明显高于SCL-90，值得更多的关注。

陈晓妹对大学生的心理健康进行了研究，并对其成因进行了分析。建议对大学生进行体育锻炼，重塑完美的体魄和勇气；把体育活动融入大学生的生活习惯中；引导大学生参加体育运动，热爱体育运动，并积极推进其社会化进程；提高大学生日常锻炼的耐受性和锻炼适应途径。

杨雪花、戴梅竞等人在对大学生心理健康影响因素的研究中指出，心理问题受到生理；学习、心理发展、家庭、学校、教育等社会因素的综合作用。目前，大学生的生活环境、学习压力、工作压力、家庭环境等因素都是导致其心理问题的重要因素。通过对高校学生心理健康问题的内在和外在因素的分析，提出了加强体育锻炼、重塑完美体魄的建议；把体育活动融入大学生的生活习惯中；引导大学生积极参加体育运动，热爱运动，促进社会化，促进全民健身；通过适当的锻炼，提高大学生的锻炼适应途径，如抗挫折和抗压。

近年来，我国的一些学者将注意力集中在了社会环境、外在因素、学校等方面。通过对大学生心理健康状况的分析，探讨其影响因素，以期为未来进行有针对性的心理干预与教育工作奠定基础。何二毛的调查结果显示，男生在偏执、敌对性、强迫因素上的得分显著高于女生；女生的恐惧因素显著多于男生，但在人际关系上女生有显著优势。

张弛等人的调查结果显示，独生子女的心理健康水平与非独生子女的心理健康水平有显著性差异，独生子女的心理健康水平高于非独生子女。高校毕业生的良好心态，既关系到他们的学习、工作和生活，也关系到他们能否适应新的生活。高校德育主管单位要积极探讨高校毕业生的思想政治工作，增强其与家庭、社区的关系，多角度地进行心理健康宣传，以增强其对学生的社会适应性。

心理测量是一种可以掌握被测者心理状况的诊断方法，通过对测量对象的了解，可以正确确认或排除其心理问题或者说存在心理障碍，实现了心理健康标准的可视化和标准化。今天，心理测量已经被运用到了智慧上；从情感、创造力、能力、人格等方面对个人内在和外在的表现进行分析，为医疗、生产、教育等方面的工作提出了有益的意见。目前，对心理健康的相关量表有《症状自评量表》（简称 SCL-90）、心理健康诊断测验（MHT）、焦虑自评量表（SAS）、抑郁自评量表（SDS）等。

（二）关于积极心理学视域下大学生心理健康教育的研究

21 世纪初，随着西方积极心理学的兴起，我国教育界专家学者紧跟时代发展的步伐，努力探索大学生心理健康教育的新模式。2003 年，苗元江教授发表的《积极心理学：理念与行动》是首个以积极心理学为题目的学术论文，引起了国内学者的热切关注与广泛研究。随后，我国越来越多的学者投身到积极心理学的研究，并对积极心理学的有关论述与思想进行介绍、引进与研究。2007 年，首届关于积极心理健康教育的会议在成都顺利举办，推动了积极心理学在我国的发展。

虽然积极心理学在我国发展历史短暂，但我国学者经过努力探索已经收获了一些成果。以 2007—2017 年为界限，以"大学生心理健康教育"为主题，在中国知网全文数据库查找全部期刊，共搜索到 6341 条结果。当以"积极心理学"为主题时，共搜索到 4534 条结果。不改变时间界限，将主题设为"大学生心理健康教育"包含"积极心理学"，共搜索到 349 条，当设置核心期刊限制时，搜索结果仅为 45 条。总结近几年国内关于积极心理学视域下大学生心理健康教育的研究，主要包括以下四个方面的内容：

1. 关于积极心理学视域下大学生心理健康教育存在的问题研究

总结文献发现，国内学者倾向于从心理健康教育的目标、方式方法、师资队伍方面，指出积极心理学视域下大学生心理健康教育存在的问题与不足。

（1）教育目标偏离

在较长一段时间里，大学生心理健康教育倾向于帮助少数人解决心理问题，忽视大部分学生的发展，导致教育目标的偏离。修涛在《基于积极心理学的高校学生心理健康教育问题研究》中指出："高校在进行心理健康教育时，往往以问题取向为侧重点，关注的是学生日常生活与学习中存在的问题。"彭梅通过问卷及访谈的方式，在《积极心理学视野下大学生心理健康教育研究》中得出结论："学校把心理健康教育目标放在防治上，主要关注如何解决个别学生的心理问题，而不是帮助多数心理健康的学生更好地发展，导致教育目标出现偏离。"

（2）教育方式方法单一、陈旧

自高校开展心理健康教育以来，其取得的成绩不可否认。但受传统心理健康教育的影响，部分高校仍然采用心理辅导、选修课等教学方式，未能有效地调动大学生的积极性与主动性，降低了心理健康教育的实效性。陈晓娟在论文《基于积极心理学的大学生心理健康教育研究》中指出："部分高校主要通过心理辅导、选修课和讲座的形式开展心理健康教育。有些学校以心理问题为主题开展讲座，宣传和烘托了一种消极的心理体验。"辛雅丽在《大学生心理健康教育实效性的现状、存在问题与对策研究》中，通过问卷调查总结："目前大学生心理健康教育途径比较单一，心理健康课还没有设立为必修课，相关的选修课程也比较少，网络咨询尚未广泛开展，心理辅导室形同虚设，相关的实训活动不够丰富。"

（3）师资队伍力量不足

由于心理健康教育在我国兴起较晚，心理健康的重要性长期被人们忽视，当前我国从事心理健康教育的人员在数量与质量方面都有待进一步提高。陈晓娟硕士认为："当前我国心理健康教育从业人员数量短缺、专业结构不合理，有的高校让德育工作者、班主任等担任心理辅导工作。"许玉莲在《大学生积极心理健康教育研究》中指出："心理学方面的专职工作者与现实需求差距比较大，心理教育的专业性强，非专业人员欠缺心理咨询的基本知识和技巧，不能很好地胜任学生的心理辅导工作。"

2. 关于积极心理学在大学生心理健康教育中的应用价值研究

李亚平教授在著作《教师与学生心灵的对话—积极心理学在教育教学中的应用》中提出，将积极心理学运用到大学生心理健康教育"不仅有助于完善教育目标、丰富教育内涵，还有助于增加教育途径与方法、改善教师与学生之间的关系。"周炎根在论文《积极心理学视野下的大学生心理健康教育》中指出："积极心理学深化了心理健康教育的内涵，增进了教育者与大学生之间的情感，增加了教育途径与方法，充实了大学生心理健康教育的研究。"文献关于积极心理学在大学生心理健康教育中的应用价值研究倾向于从教育目标的转变、内涵的丰富、教育途径与方法的拓展、主客体关系的改善四个方面论述。

3. 关于积极心理学视域下大学生心理健康教育的建议研究

综合文献发现，学者多从教育理念、教育内容、组织系统、师资建设方面提出积极心理学视域下开展大学生心理健康教育的建议。林崇德教授在论文《积极而科学地开展心理健康教育》中指出："将课堂教学和讲座相结合，倡导高校、家庭、社会'三位一体化'的心理健康教育。"胡慧在论文《运用积极心理学推进高校心理健康教育》中建议："通过主观体验、积极人格特征、社会支持三个方面促进大学生心理健康发展。"黄静欣在《浅谈积极心理学对大学生心理健康教育的启示》一文中，从"积极的教育理念、教育目标、组织氛围以及积极人格的培养"四个方面提出建议。

4. 积极心理学视域下大学生心理健康教育课程体系的构建

高校要构建科学多样的、符合大学生实际发展需要的心理健康教育课程体系。张孝凤在论文《积极心理学视角下大学生心理健康教育课程体系初探》中指出："在积极理念的指导下构建心理健康教育课程体系，要注重三个结合，即必修课和选修课的结合，显性教育和隐性教育相结合，课堂教学与实践体验相结合。"叶金勇在《积极心理学视野下高校心理健康课程体系建设》一文中指出："以积极心理学理念为指导，确定大学生心理健康课程目标、完善课程体系、重构教学内容、建立大学生心理健康评价体系。"

综上所述，我国专家学者已经认识到大学生心理健康教育存在的不足，并且开始以积极心理学为视角，探索改进大学生心理健康教育的举措。但也存在一些不足，例如理论研究较多，实证研究较少，重复性研究较多，理论与方法创新性不足，研究的深度与广度尚待拓展。这些不足为本书的研究提供了发展空间。总体来看，我国国内对于积极心理学视域下大学生心理健康教育的研究呈向好趋势，已有的研究成果对本论文写作具有重要的指导作用。

第二章 积极心理学的基本概念

第一节 积极心理学的基本内涵

一、积极心理学的发展历程及趋势

凡学不考其源流，莫能通古今之变；个别其得失，无以获从入之途。积极心理学尽管诞生的时间短暂，但积极心理思想却早已有之。如果从积极心理思想产生开始算起，迄今为止，积极心理学经历了孕育、萌芽和发展三个阶段。

（一）积极心理学的孕育阶段

在人类思想史上，积极心理思想早已存在，它的不断发展和完善推动了人类的文明进步。在古希腊的神话传说中，内心狡诈的潘多拉没有听从宙斯的忠告打开了魔盒，邪恶和希望一同来到人间，希望帮助人类战胜邪恶，得到幸福。这里的希望就是积极心理思想的要素之一。

幸福是积极心理学的最核心概念，拥有蓬勃、丰盈的幸福人生是积极心理学研究的目标。关于幸福的探索，西方古典哲学家们在几千年前就开始了。亚里士多德认为幸福即至善，也就是人的一切追求最终为了幸福。康德认为幸福是上帝的恩泽，美德是第一要素，幸福是第二要素，二者共同构成至善。柏拉图认为，幸福不是由金钱和权力衡量的。他在对幸福进行量化的基础上得出"王者的生活比独裁者的生活幸福729倍"的结论。尼采也对幸福发表了自己的看法，认为幸福是一种愉悦和满足的状态。亚里士多德在对幸福的多种理解进行概括和总结的基础上，提炼出了幸福的五个特征，即它必须是决定性的（包含所有固有价值）、自我满足的（不依赖于其他价值）、积极的（人们能主动地主动地意识到这些价值）、广泛可得的（多数人拥有）、相对稳定的（不易被其他因素影响），并把它写进了《尼各马克伦理学》第一卷。费尔巴哈也有一句名言："你的第一责任是使自己幸福。你自己幸福，你也就能使别人幸福。幸福的人，但愿在自己周围只看到幸福的人。"

在中国博大精深的文化传统中性善论一直占据主导地位。如儒学大师孟子说："人性之善也，犹水之就下也；人无有不善，水无有不下。"并提出了四个"善端"：恻隐之心，仁之端也；羞恶之心，义之端也；辞让之心，礼之端也；是非之心，智之端也。"人之有是四端也，犹其有四体也。"孟子性善论的思想观点与积极心理学强调人具有固有的、潜在的美德和善端有异曲同工之处，他提出的仁、义、礼、智、善恰好对应着现代积极心理学理论中24种积极品质的四种：仁即仁爱与善良，义即正义与责任，礼即谦逊与节制，智即智慧与知识。只是由于时代变迁，对其含义的理解略有不同而已。古今中外的哲学家、思想家提出的这些思想观点为现代积极心理学的诞生奠定了坚实的基础。

（二）积极心理学的萌芽阶段

积极心理学的研究最早可追溯至20世纪30年代推孟关于婚姻幸福感的研究，以及荣格关于生活意义的研究。第二次世界大战中断了积极心理学的研究，战争及战后心理学的主要任务变成了治愈战争创伤和治疗精神疾患，研究心理或行为紊乱的秘密，找到治疗或缓解的方法，心理学似乎遗忘了对人的积极因素的研究。客观上，消极心理学在心理学的发展史上做出了突出的贡献，不但使现代心理学从哲学中独立出来，而且促进了人类对其自然属性的认知，建立了心理疾病治疗的"病理学"模式，但消极心理学的发展带来了科学心理学与人文心理学日趋激烈的对立与冲突，这种对立和冲突为消极心理学的全面反思拉响了警报，为积极心理学的产生和发展创造了必要条件。

20世纪50~60年代，马斯洛、罗杰斯等人本主义心理学家开始研究人性的积极一面，对现代心理学理论产生了深远影响，在一定程度上引起心理学家对心理活动积极因素的重视。但正如塞利格曼所言："当一个国家或民族被饥饿和战争所困扰的时候，社会科学和心理学的任务主要是抵御和治疗创伤；但在没有社会混乱的和平时期，致力于使人们生活得更美好则成为他们的主要使命。"所以，在当时的背景下，人本主义心理学家并未使主流心理学的研究主题发生根本转移；但这些研究成果为积极心理学的诞生播下了种子，萌发了新芽。

（三）积极心理学的发展阶段

1998年，被世界公认为"积极心理学之父"的塞利格曼在习得性乐观研究成果的基础上，发起了一场积极心理学运动，倡导心理学在了解各种心理疾病机理的情况下，也要了解人的积极品质和积极力量的心理机制。2000年，他在世界心理学领域很有影响力的美国心理学会（APA）会刊《美国心理学家》上发表了《积极心理学导论》一文，其内容基本涵盖了积极心理学的理论框架，被认为是积极心理学产生的标志。此后，塞利格曼和他的同事历经数年研究又建构了支撑积极心理学学科的基本内容——《积极品质和美德：手册与分类》，逐步完善了积极心理学理论体系。

积极心理学也悄悄走进了大学校园。目前，仅在美国就有200多所院校开设了积极心理学课程，尤其是哈佛大学，很早就把积极心理学作为一门重要的公共选修课，并在2006年被评为该校最受学生欢迎的课程。不仅如此，各高校还相继开设了专门培养硕士生和博士生的积极心理学专业。2005年，美国宾尼法尼亚大学开设了全球第一个以应用积极心理学为专业方向的硕士点,赛利格曼亲自为该专业的学生授课。2010年,世界上第一个积极心理学专业博士点诞生于美国的克莱蒙特研究生院,该博士点的负责人是塞利格曼多年的好友,芝加哥大学心理学教授,积极心理学创始人之一的米哈里·契克森米哈赖（Mihaly Csikszentmihalyi）,他是首位提出心流（Flow）概念并以科学方法加以研究的心理学家。他认为心流是当一个人完全专注于一件事时所呈现出的全然忘我的一种极致心理状态。心流可以提高人的积极情绪,是积极心理学重要的研究领域。米哈里·契克森米哈赖也因此被称为"心流之父"。从2006年开始,在其他一些国家（如意大利、英国、澳大利亚等）的很多高校,积极心理学全日制培训项目和颁发积极心理学硕士资格证书的项目也得到了快速发展。

在塞利格曼的积极倡导下,积极心理学在全世界引起了广泛的响应。它不仅成立了自己的世界性学术组织——国际积极心理学会（简称IPPA）,也拥有了自己的会刊——《积极心理学杂志》。2009年6月18日至21日,首届积极心理学大会（简称WCPP）在美国费城召开,吸引了来自全球52个国家的1500余人参加,许多媒体如《纽约时报》、新闻周刊等都对这次大会进行了广泛报道。塞利格曼在大会上提出了一项颇具挑战性的目标:到2050年,要把关注"积极人生"的世界人口由目前的10%~15%提高到50%以上,即要让世界一半以上的人们学会用积极的目光看待自身及周围的一切。

21世纪初,国内心理学界开始有学者敏锐地注意到了西方心理学的这一最新动向。2003年出现了以积极心理学为主题的第一篇学术论文——《积极心理学:理念与行动》,作者为苗元江教授。自此,积极心理学的研究开始受到越来越多国内学者的关注。2004年8月,在北京举办的第28届国际心理学大会上,积极心理学成为大会上的重要议题之一。2007年1月15日,中国心理卫生协会在北京时尚大厦举办了"积极心理学"专场学术讲座,中国心理卫生协会会长蔡焯基先生对积极心理学给予了高度评价:"积极心理学现在进入中国正是时候。它填补了中国心理学界的空白,也满足了中国人当下追求幸福的要求。"2007年9月,清华大学公共管理学院开设了积极心理学课程。2007年12月27日,在北京国家图书馆召开了以"幸福的方法"为主题的"2007年大学生幸福论坛"。2010年8月,首届中国国际心理学大会在清华大学举办,来自十余个国家的知名学者、政府领导、优秀企业家等1000多人参加了会议。这标志着积极心理学在我国受到了广泛认可和关注,这必将迎来积极心理学研究和应用的高潮。

塞利格曼预测了积极心理学未来的发展趋势。他说,积极心理学的未来发展应以为社会做贡献为核心,致力于把积极心理学的研究成果应用于人类生活的各个领域。如积极教育、积极社会科学、积极生理健康及积极神经科学等。

二、积极心理学的基本内涵

"积极"一词起源于拉丁语,包含"实际"和"潜在"的意义。在现代积极心理学理论中,积极指个体所固有的实际能力和潜在能力。而后希顿（K.M.Sheldon）和劳拉金（Laura

King）对积极心理学又下了新的定义，即积极心理学是致力于研究人自身的发展潜力和美德的一门关于积极品质的学科。换言之，积极心理学实际上就是通过利用传统心理学中的实验法与测量手段来研究人类自身力量大小与其自身特有美德的一种新型心理学。

（一）积极心理学的特点

积极心理学把研究重点放在人或社会自身的积极因素方面。有研究者认为，积极心理学是当代西方心理学的三种新取向之一，是世界性的心理学革命；有研究者将其看作是当代心理学发展的一种补充，是一种非革命性发展，它使原来具有片面倾向的心理学变得更全面、更合理和更平衡。全面分析积极心理学的特点，有助于充分理解它的内涵。

1. 积极心理学倡导积极的人性观，充分体现了以人为本的理念

消极心理学关注的是人或社会所存在的问题，而不是人或社会自身，即把人看成了一个被动的、客观存在的物，并且认为只有消除或修补了缺点和问题，人才会得到发展和完善。这种去人性化的心理学忽视了人的主动性，忽视了人的自我决定、自我发展的积极力量，使人的主动发展退化为被动的生物进化，从而违背了以人为本的科学原则。弗洛伊德的精神分析和华生的行为主义，都是消极心理学的重要范式。无论前者的本能决定论，还是后者的环境决定论，都认为人毫无主动性可言，都被动接受本能或环境的控制，是他们的牺牲品。有关进化和经济心理学的研究者也大都假设人的内心是自私自利的，假设支配人类行为的真正力量是自私、贪婪、矛盾、冲突等人的消极面。这种消极的人性观不仅误导了心理学自身的发展方向，还扭曲了社会的价值观，无益于和谐社会的建设。

从人类发展的历程来看，人类的某些消极特性是适应生存环境时进化的结果，在人类发展的早期阶段具有一定的积极意义，因为它既能够提醒人类警惕外界的危险，又常常会使人产生逃跑、躲避等保护性行为，这是消极人性观积极一面的体现。

随着人类社会的发展，其生存环境逐渐改善，人类的追求目标也发生了巨大变化，由生存转变为享受，由物质需要第一转变为精神需要第一。当前，我国正处于全面建成小康社会的现代化进程中，人们已经可以享有良好的生活条件和生存环境，让所有人过上更人性化、更有尊严、更积极、更幸福的生活已是构建社会主义和谐社会的内在要求。积极心理学倡导积极的人性观，坚信每个普通人都拥有积极力量和美德，都有追求美好、幸福生活的潜能，充分体现了以人为本的理念。由于积极心理学的工作目标与人类奋斗目标、社会发展目标高度一致，因此它能使人类生活得更加美满与幸福，也能使人与社会和谐相处。

2. 积极心理学强调关注人或社会的积极因素

消极心理学关注的焦点主要集中于治疗和修复人的损伤、弱点和缺陷上，"临床心理学关注心理疾病；社会心理学关注社会偏见、种族主义和侵犯行为等；认知心理学关注影响人做出正确结论的偏见和误差……"，而忽略人和社会的积极因素。积极心理学主要

聚焦于人或社会的积极因素，发现和培养人的积极力量、积极品质、积极潜能是积极心理学的重要使命。因为在人的生命系统中，既有潜在的内心矛盾与冲突的特质，也有潜在的自我完善与发展的特质，人的许多问题和不幸不能通过研究和解决问题本身来解决，也许可以通过研究人的积极力量和品质得到解决。这正如疾病的诊治，通过吃药、打针不能治愈的疾病（或者医好了此处，而破坏了彼处），通过锻炼身体，提高身体免疫力反而彻底治愈。

同样，治理社会也是如此，通过严惩邪恶解决不了的社会问题，也许通过正面力量的引导反而得到解决。关注、发现、培育人或者社会的积极因素是积极心理学研究的出发点。

3. 积极心理学提倡对问题做出积极评价

对于同一事件的发生，不同的人会有不同的情绪反应，有人高兴、有人沮丧，通过美国著名心理学家艾利斯的情绪 ABC 理论可以找到人们不同反应的答案。该理论认为：我们的情绪（C）与发生事件（A）之间没有直接关系，而与我们对发生事件的评价或信念（B）有直接关系。如果对事件的评价是积极的，我们就会产生积极的情绪，如果评价是消极的；我们就会产生消极的情绪。由于成长经历、教育背景、文化环境等的差异，不同的人对同一问题或事件的看法和评价是不同的。譬如对"抑郁"的评价，消极评价是"被动的情绪低落"，积极评价是"能对冲突做出深刻的情绪反应"，这种不同的看法和评价决定了我们的情绪是积极还是消极。许多研究与实践证明，对问题做出积极评价和归因能更好地发挥人的积极力量，更有利于问题的解决。

为此，积极心理学的发起人塞利格曼等心理学家在情绪 ABC 理论的基础上，提出了使人树立乐观型解释风格的 ABCDE 理论，其中 D 是指通过多个途径或角度反驳自己的消极信念，E 是指对自己不断加油和鼓励。当然，积极心理学提倡对问题做出积极评价并不意味着要故意忽视或逃避消极方面，而是通过强调积极因素，想办法创建条件促使消极转化为积极。

4. 积极心理学与其他"幸福学"的根本区别是以实证研究为依据

社会和市场上充斥着形形色色的"大师"及其作品"幸福学""成功学"等，它们与积极心理学貌似相同，都致力于帮助人们达到快乐和成功。但在本质上存在科学与伪科学的区别。科学不仅容易被传播与学习，还可以重复检验，而伪科学则过于依赖对某位心理学大师的理论崇拜和个人体悟，难以被清晰地传播与重复检验。积极心理学的一切研究成果均建立在实证研究的基础之上，致力于以实证研究为依据，解析人类的人格优势与幸福。

（二）积极心理学与传统心理学的比较

与过去传统的心理相比较而言，积极心理学中的"积极"主要包括三层意思：首先是对传统心理学中注重消极心理层面的研究转向对积极心理层面的研究，其次是主张将传统心理学研究转向对人内心固有的积极品质的研究,最后是提倡用积极的心态品质对待个体所面对的各种心理问题,进而采用积极的行为处理方式解决个体所遇到的问题或挫折。积极心理学提倡用一种积极的心态来解读人内心所产生的各种疑惑和问题,进而激发人自身内在所特有的积极力量,并利用这些积极力量帮助人们最大限度地挖掘出自身固有的特殊潜力,以帮助有效地应对其所遇到的各种挫折和困难,使其最终获得更加美好的幸福生活。积极心理学主要倾向于研究人们自身所固有的积极心理和特有的优秀品质,关注人们正常的心理机能,强调对个体实施积极有效的积极心理干预,以此来推动个人、家庭与社会向着健康和谐的方向发展。

1. 传统心理学的消极性

美国心理学家塞里格曼认为美国传统心理学是一种以"疾病模式"为主导的心理学模式,即"消极心理学"。它在人性观、方法论和实际应用等诸多方面的消极取向背离了时代精神,孕育了现代心理学的危机。

在研究对象上,现代心理学已经变成了单纯地对被害者进行研究,因为人已经被视为被动的,对外在刺激的反应,或因孩提时代的伤害而未被解决的冲突而困扰,或是一个被压制性的文化和经济受压迫的无助的受害者;在研究主题上,美国传统的心理学总是聚焦人的阴暗面和人的弱点,花了将近半个世纪来证明许多孤立的消极的心理情感,例如,外伤、身体疾病、战争、贫穷、歧视、父母早丧和离婚。消极心理学无情地将视野聚焦于消极面无疑使心理学无法看到许多成长的事实,无法掌握、驾驭和洞察令人不快的、痛苦的生活事件的发生。鉴于此,深入了解消极心理学的形成与发展,深刻认识它给主流的科学心理学带来的危害是积极心理学缘起的逻辑起点。

人本主义心理学对人的积极成长模式的探寻和对"积极的心理学"的呼唤,再加上认知心理学共生思想的提出促使二者逐渐走到了一起,使科学心理学走出困境成为可能。这不仅因为美国传统的心理学是持消极的人性观,仅仅聚焦人的消极面,专注于解决问题和修复损伤,"病理学"模式成为心理治疗的主导模式,更为主要的是,消极心理学持有的极端的科学主义心理学的价值取向和方法论立场,并没有带来心理学的统一与成熟。

相反地,却促使科学心理学与人文心理学的对立与冲突同趋激烈,其中最主要的矛盾为:如何处理客观的实验与主观的经验之间的关系,心理学研究主题和内容被限制在人的具有客观性质的外显行为或人的消极面上,不具有客观性质的人的主观体验被排斥;人文心理学强调人的独特性、主体性和整体性,他们认为心理学应该深入人的内心世界,研究人的主观体验,研究人的价值、尊严和动机,人生的意义和幸福的生活等,在方法上注重整体和质的把握,试图建立与"人"的特性相适应的研究方法而拒斥客观、实证方法的使用。心理学似乎陷入一种两难的境地,科学心理学和人文心理学在研究主题与方法上的错位致使二者均无法独立构建人的完整形象,无力消除二者之间的对立与冲突,无法完成历史赋予心理学的神圣使命。

2. 现代心理学的困境

现代心理学的繁荣和进步是明显的，但现代心理学的问题和困境也是有目共睹的。其中，最严重的问题当属心理学的分裂和破碎。心理学从来就不是一个统一的学科，用科学哲学家库恩的话来说，心理学缺乏一个稳定的"范式"，它从来没有像其他规范科学那样拥有一个学科共同体都能接受的理论基础。

（1）心理学的四种不同的研究取向

在心理学创立之时，学科内部至少存在四种不同的研究取向或研究方式：以冯特、艾宾浩斯和铁钦纳等心理学家为代表的以意识内容为研究对象，以实验内省为研究方法的模式；以布伦塔诺为代表的、以意识活动为研究对象的非实验研究模式；以弗洛伊德和荣格为代表的、以潜意识为研究对象和使用临床方法的模式；以英国心理学家高尔顿和美国心理学的创立者詹姆士为代表的、以适应行为为研究对象的应用研究模式。上述四种研究模式都强调人类经验的不同方面，各自构建了不同的理论体系，形成了心理学内部早期的分裂。

在心理学随后的发展中，又出现了构造主义、机能主义、行为主义、格式塔心理学、精神分析和新精神分析等不同的学派，使心理学分裂现象变得更加严重。现代心理学继续沿着分裂的路线越走越远。

（2）心理学分裂的具体表现

第二次世界大战以后，心理学的分裂出现了新的特点：原来的流派纷争趋于缓和，取而代之的是一种折中主义的态度，但折中主义并非统一，实际上，在折中主义的掩盖之下，西方心理学的分裂现象更趋恶化。其表现是：

研究课题破碎。心理学家所研究的课题往往互不相干，对于同一问题的研究往往得出相互矛盾的结论，而且各自都有自己经验研究的支持。其研究结论更是琐碎和缺乏体系，同为心理学家，相互之间的共同语言越来越少，缺乏"心理学学科共同体"的认同感。

指导思想和方法论的分裂。心理学家在世界观和方法论上存在两大阵营：科学主义和人文主义。科学主义阵营以实证主义作为其哲学基础，而人文主义阵营以现象学和释义学作为其哲学基础，在科学观、方法论、人的价值与科学的价值、决定论与非决定论等方面都存在着严重的对立与分歧。一些心理学家的研究证实，在心理学的内部存在着多种多样对立的范畴，如遗传与环境、主观与客观、意识与无意识、通用主义与特质论、还原论与非还原论、动力论与静态论、经验主义与理性主义、理性与非理性等。

科学家与实践者的分裂。从事基础研究的心理学家同从事临床等应用研究的心理学工作者的分裂。从事基础研究的科学家总认为从事临床应用的心理学家过于浮浅，属于"工匠"范畴，所做的是低层次的工作，而应用心理学家则认为从事基础研究的心理学家钻到科学的象牙塔里，脱离客观实际。

组织机构解体的危机。学科恶性分化的结果导致许多以前属于心理学范畴的课题被其他新兴学科所蚕食，美国心理学家斯宾塞的一段话代表了心理学家们的这种担心，他指出："在我一个最可怕的噩梦中，我预见到心理学组织机构的解体：实验心理学家被发配到正在兴起的认知科学学科中，生理心理学家愉快地到生物和神经科学系报到，工业和组织心理学家被商学院抢走，心理病理学家在医学院中找到了他们的位置。"

3. 积极心理学的优势与前景

积极心理学是研究人的发展潜力和美德等积极品质的一门科学。积极心理学从关注人类的消极面——疾病和弱点，转向关注人类的优秀品质，将心理学领域中的所有的有关积极内容的研究集合在一起，用客观、科学、实证的方法来探索人类的积极品质和力量，倡导人类要用一种积极的心态来对人的许多心理现象做出新的解读，强调人的价值，以此来激发每个人自身固有的某些实际的或潜在的积极品质和积极力量，从而使每个人都能顺利地走向属于自己幸福的彼岸，体现了更为广泛的人文关怀的科学。

积极心理学与其说是一个完善的心理科学体系，不如说是一个有待开拓的处女地。在过去的几十年里，积极心理学羽毛渐丰，但要与消极心理学分庭抗礼，还有很长一段路程要走。因此，完善积极心理学思想，建构积极心理学体系，发展积极心理学技术，成为积极心理学正待努力的方向。

第一，拓展积极心理学研究领域。第一个研究方向是以主观幸福感为核心的积极心理体验。目前体验的快乐水平是积极心理学的基本建构基础，包括主观幸福感、适宜的体验、乐观主义、快乐等。虽然人们已经对幸福的产生与发展过程有了相当的了解，但幸福主题本身仍然存在许多值得研究的地方。第二个方向是塑造积极的人格品质，这是积极心理学的基础，积极心理学要培养和造就健康人格，个体的人格优势会渗透着人的整个生活空间，产生了长期的影响。这种研究途径的共同要素是积极人格、自我决定、自尊、自我组织自我定向，适应成熟的防御，创造性和才能。第三个方向应该注意到人的体验、人的积极品质与社会背景的联系性，必须把人的素质和行为纳入整个社会生态系统考察，也就是说，不能脱离人们的社会环境孤立地研究积极心理，必须在社会文化生态大系统中考察。

第二，发展积极心理学研究技术。积极心理学不仅需要良好的愿望、信念、激情，它更应该也必须采取科学的方法与技术理解人类复杂的行为。积极心理学就其思想源头，与"第三思潮"马斯洛、罗杰斯等人本主义心理学有着很深的渊源，人本主义对壁垒森严的临床心理学和行为主义提出了挑战与质疑，为心理学提供了一个崭新的视角，但人本主义由于没有实证科学的积累而限制了其应用与发展。现代积极心理学则是以科学的实证研究为基础的研究体系，它强调与崇尚人文精神与科学技术的统一。同时，它也强调对消极心理学的扬弃，而不是全盘否定。积极心理学与消极心理学有着很深的历史联系，从某种程度上可以说，积极心理学是在消极心理学体系的基础上发展起来的，因此，它有义务和责任继承和发展消极心理学几十年来发展起来的分类标准，标准化测量工具，严密的实验设计技术，以及卓有成效的心理干预技术，并服务积极心理学的研究目的。

第三，促进人类生存与发展。积极心理学以促进人类发展为己任，它认为，心理科学应该理解人是什么以及人可以成为什么？心理学不是静态的、封闭的研究体系，从本质上所说，它必须肩负起人类生存与发展的重担。当代"以人为中心"的发展观认为：以人为中心的多目标、多方面的发展观，正在取代以物为中心的增长观。发展是为了一切人和人的全面发展。人的发展是发展的根本动力，离开了人的发展，发展就无以为继，人们的幸福感、满足感、创造力并不一定同时在提高，在发展进程中，出现了全球性的精神危机、拜金主义、极端的个人主义、精神空虚、信仰危机等。因此必须提高人的能力、选择与贡献。因此，自觉克服现代化进程中的负面影响，重建人类的新人文精神，最终实现人类的可持续发展，是时代对现代心理学提出的新课题。积极心理学重视人性中积极方面，研究人的优点和价值，关注正常人的心理机能，从而更好地促进个人、家庭与社会的良性发展。

科学研究证实，与一般人相比，凡是具有积极观念的人具有更良好的社会道德和更佳的"社会适应能力，他们能更轻松地面对压力、逆境和损失，即使面临最不利的社会环境，他们也能应付自如。面对困难和挑战，他们有着更大的灵活性和创造性，总是能勇敢面对并采取有效的手段去克服……他们有良好的人际关系，在他们需要获得帮助时，他们有充分的自信能获得朋友、亲人、同事甚至社会的帮助"。积极心理学致力于人的积极品质，这不仅是对人性一种伟大的尊重和赞扬，而且在更大程度上也是对人类社会的一种理智理解。我们说，人身上一定存在某种优胜于其他生命形式，正如马斯洛曾深刻指出，人自身具有胚胎形式的潜能，"创造性、自发性、个性、真诚、关心别人、爱的能力、向往真理等，全都是胚胎形式的潜能""要用容许、促进、鼓励、帮助的方法，把胚胎形式存在的东西，变成真实的实际的东西"。这就是个外显的或潜在的积极品质。正像老虎用它的利牙、雄鹰用它的翅膀而骄傲一样，人类也以他身上潜在的积极力量而欣喜。正是这种能力，不仅使人类在激烈的生存斗争中保持着一种人的自尊，并在与以其他生命形式构成的社会系统中充当着主宰，而且也使人类社会在大多数情况下能以一种与万物共存的方式而不断向前发展。从这些方面来看，积极心理学无疑给我们展示了一种非常光明的前景。

三、积极心理学的基本理念

（一）追寻幸福的理念

美国著名积极心理学家赛利格曼曾经提出过一个幸福公式：总幸福指数＝先天的遗传因子＋后天的环境＋能够主动控制自身的心理力量（H=S+C+V）。也就是说，先天遗传因子对于个体幸福指数的影响大概占40%的比例，而后天环境对于个体幸福指数的影响大概占20%的比例。根据公式我们可以得出结论：倘若要提高一个人自身幸福感，可以从改变其自身的思维方式或行为方式着手，使人类自身固有的潜力和才智尽可能地得到充分发挥；还可以努力为个体建构积极良好的外部学习环境，来帮助他们形成追求幸福的积极理念。简言之，追求幸福的理念主要指，以积极的思维、积极的视角、积极的情感、积极的态度和积极的行动来面对生活。

（二）自我决定的理念

自我决定指人积极人格特质的表现，积极特质作为一种积极的心理品质，实际上属于积极心理学中人格理论里的一个概念。幸福不仅仅是对快乐的简单获取，而是通过发挥人类自身内部的积极潜能，努力达到一种良好效果的完美体验。所谓的心理幸福感其实是一个多维的结构，它主要包括个体成长、心理上的自我接受、生活中的目的和意义、主观的情境控制和良好关系六个维度，突出强调了个体对生活意义的追求与他们之间友好关系的普遍意义。这六个维度具体表现为：独立自主即自我决定的感觉；人格成长即自身心理的不断成长；自我接受即能够积极评价自身的过去生活；积极的生活态度即相信自己的生活充满意义；情境控制即能够正确有效地处理个人生活中所遇到的各种问题；良好的关系即与他人之间的关系质量。

（三）积极教育的理念

积极教育也叫"幸福教育"，是美国积极心理学家提出以后，在教育方面的一种实践。积极教育主要有三个具体目标：一是挖掘和培养每个学生的积极心理品质；二是健康和行为方面帮助学生有所改善；三是引导学生积极主动并且满怀热情地投入教育中来。而这里的积极教育主要指帮助个体了解自己，鼓励个体追求发展适合自己的目标，然后在他们努力追求自己目标的时候，鼓励他们努力克服追求目标过程中所遇到的困难和困境，鼓励他们坚持下去，引导个体都能够满怀激情地并带着积极乐观的心态朝着自己追求的目标义无反顾地前行。

四、积极心理学的基本内容

（一）积极情感体验

积极乐观情绪状态可以使人的意志变得更加坚强，当个体面对压力时，常处于积极情绪状态下的人更不容易变得焦躁抑郁。由于一个人的行为方式受其自身的情绪影响很大，因此积极情感体验较丰富的人就会产生更多积极的行为。如人们在社会生活中总是能够获得积极的情感体验，那么当他们在生活中面临一些问题或困难时，也能够以积极的心态正确地对待这些问题或是困难。

1. 积极体验的概念

积极体验，也称为积极情绪体验或积极情绪，学界对其还没有统一的概念界定。理解的角度不同，积极体验的含义也不同。克拉克（Clark）等人认为，积极体验是一种与环境相融的、愉快的、简短的、稳定的特质性情感，如满足、激动、热情、喜悦和幸福等；罗素认为，积极体验是当事情进展顺利，你想微笑时产生的那种美好感受；沃特森（Watson）等人认为，拥有积极体验的人更快乐、热情、主动，能积极乐观地面对未知的风险；戴维森（Davidson）认为，积极体验是与接近性行为相伴随而产生的情绪；弗雷德里克森（Fredrickson）认为，积极体验是个体对有意义事情的独特即时反应，是一种暂时的愉悦；情绪的认知理论则认为，积极体验是在目标实现过程中取得进步或得到他人积极评价时所产生的感受。

我国学者孟昭兰认为，积极体验是某种需要满足后的、通常伴随愉悦的主观体验，它能提高人的积极性和活动能力；任俊在借鉴戴维森的理论后认为，积极体验是指个体对外界的刺激所做出的一种能激发个体产生接近性行为或行为倾向的情绪反应，它是积极心理学在反思消极情绪取向的基础上提出的，是积极心理学研究的一项重要内容。尽管不同学者对积极体验的解释不同，但他们的观点蕴含着一个相似的特征，即积极体验是一种美好的主观感受。

2. 积极体验的分类

积极心理学分为两种，即感官愉悦和心理享受。感官愉悦是指个体的感觉器官需要得到满足时产生主观体验，如人的各种生理性需要满足后的体验。心理享受，是指个体打破或超越了原有状态时产生的积极主观体验。如高中生考上大学时的体验，运动员打破纪录时的体验，科学家发明出新事物时的体验。

心理享受类积极体验常常与个体的创新和创造相联系，具有更高层次的价值和意义，因此也更有利于个体积极力量和积极品质的培养。感官愉悦和心理享受相互联系，相互促进，在一定条件下，感官体验可以转化为心理享受。二者也有一定区别，心理享受的产生以个体的认知评价为基础，持续时间较长，并可以迁移到生活的其他方面；感官体验较为直接，与认知评价无关，持续时间较短，并且不能迁移到其他方面。在现实生活中，个体倾向于选择感官愉悦，而积极心理学主要倾向于培养个体的心理享受。

3. 积极体验的功能

（1）积极体验可以促进生理健康

积极体验对生理健康的促进作用主要体现在预防疾病、促进疾病康复、提高免疫系统功能及减轻痛苦等方面。

一是积极体验可以预防疾病的发生。弗雷德里克森等人研究发现，积极情绪体验能撤销由消极情绪导致的各种心血管活动的异常变化，如血压升高、心跳加快等，使其恢复到正常的基线水平。

二是积极体验可以促进疾病的康复。泰勒（Taylor）等人通过对感染 AIDS 的人进行跟踪对比研究发现，那些对自己的健康状况及康复能力持有盲目乐观的人康复得较好。在对癌症病人的研究中发现，积极的情感支持可以降低患乳腺癌女性的焦虑和抑郁水平，降低复发率，延长存活时间。对心脏病人的研究发现，如果在第一次心脏病突发后，能够更加积极乐观地面对生活，其复发率会大大降低。"对心脏移植手术、外科手术和其他疾病的病人，积极地期望、乐观的情绪对更好、更快地恢复有预期作用。"

三是积极体验可以提高人的免疫系统功能。有研究显示,笑能增加人的积极情绪,通过笑产生的积极情绪体验可以改善免疫系统的功能;幽默风格的人更容易产生积极情绪;积极情绪通过提高人的唾液——免疫球蛋白的分泌水平,而增强免疫系统功能。

四是积极情绪还可以减轻疼痛。亚历克斯(Alex)通过调查显示,积极情绪水平较高的病痛患者在未来几周内疼痛水平较低。

(2)积极体验可以促进心理健康

积极体验可以通过降低焦虑和抑郁水平,提高生活满意度和希望水平等方式促进个体心理健康。凯尔特纳(Keltner)等人的研究表明,积极情绪水平高的个体的思维水平连贯、抽象,其应对方式也更加灵活、健康。胡斯顿(Houston)等人的研究显示,与对照组比较,参加幽默干预活动的实验组报告了显著低的焦虑和抑郁。多项有关压力与应对的研究表明,积极情绪的反复体验,可以增加个体的心理弹性,促进个体更多体验到主观幸福感。对大学生进行积极情绪的干预实验表明,积极情绪可以显著提高大学生心理健康水平、大学生的生活满意度及希望水平,可以显著改善主观幸福感和应对方式,个体干预效果优于集体干预。

(3)积极体验可以提高组织效能

斯塔(Staw)等人研究发现,员工的积极情绪水平不但能够预期未来来自上级领导及合作伙伴更高的评价和更多的社会支持,而且能够预期其更大的工作业绩和更高的报酬。因为具有积极情绪的员工常常以积极的心态投入工作,能够主动与其他员工进行积极互动,员工之间容易形成彼此信任的人际关系,进而形成愉快、温馨、和谐的组织氛围。而具有更高积极情绪的员工认知更加灵活,决策更恰当、更全面,创造性和效率也会更高,可以为组织做出更多的贡献。组织内领导者的积极情绪比一般员工更加重要,它在一定程度上能够与其组织的效能。

(二)积极人格特质

人格是个体在遗传素质的基础上,通过后天环境的相互作用而形成的相对稳定的和独特的心理模式。积极心理学中所提到的人格特质具体是指积极的人格理论,即指个体能够在其生活中自主追求幸福并且能够时时体验到幸福。目前,积极心理学在积极人格方面的研究主要集中于积极品质、美德与力量、乐观、创造力与天才培养等方面。

1. 积极人格的属性

积极人格的概念有广义和狭义之分。广义上指人类潜在的核心美德和积极力量,狭义上主要指由积极品质和积极力量所组成的人格结构。积极人格的形成是由生理机制、外在的行为和社会环境等多因素交互作用的结果。塞利格曼和彼特森认为积极人格具有三个属性:一是具有稳定性和变化性,即在特定个体的特定时期内是稳定的,但从人的整个生命周期去考察,又会发生不同变化;二是积极人格不仅是由一些积极特质所构成的整体,而且存在个体之间的差异;三是那些具有跨文化性质的积极人格特质更有研究和应用价值，应作为研究的重点。

2.积极人格的特征

积极人格具有七个特征：一是积极人格属于特质类，具有跨情境和跨时间的稳定性；二是积极人格与幸福生活紧密相连，即积极人格有助于提升自身和他人生活的幸福度；三是积极人格的衡量标准符合道德价值，即不贬低他人或损害他人的利益；四是积极人格具有完美的典范，即具有榜样的感染力量，当个体表现出积极品质时，会激发他人的学习动力；五是每一项积极品质的对立面不应具有积极意义；六是具有跨文化性，即适用于世界所有的文化；七是具有可测量性，即每一类积极人格都可以量化。

3.积极人格的分类

美德和力量是积极人格的核心，所以对美德和力量的探索是积极心理学研究的重点。彼特森（Peterson）和塞利格曼的《人格力量与美德：分类手册》（Character Strengthsand Virtues：AHandbookall Classification，CSV）是积极人格研究领域的代表性成果。彼特森和塞利格曼在这本手册中界定了人类力量与美德的概念，制订了分类目录，并对其做出了描述。CSV包括六大美德和二十四种性格类积极力量，具体见表2-1。

表2-1 积极人格的分类

良好品德	定义性特点	性格类积极力量
1.智慧	知识的获得和运用	对世界好奇和兴趣
		爱学习
		创造性、创见性和创新性
		判断力、批判性思维和开放性思想
		个人、社会和情感性智力
		大局观
2.勇气	面临压力时誓达目标的气魄	英勇、勇敢
		坚持性、勤奋
		正直、诚恳、真实
3.仁爱	人际的积极力量	慈祥、慷慨
		爱和被爱的能力
4.正义	文明的积极力量	公民职责、权利与义务，忠诚、团队精神
		公正、平等
		领导的职责、权利和义务
5.节制	把握分寸的积极力量	自我控制和自我调节
		审慎、小心、考虑周到
		适度和谦虚
6.卓越	使自己和全人类相联系的积极力量	对优秀和美丽的敬畏和欣赏
		感激
		希望、乐观、为未来做好准备
		精神追求、信念和信仰
		宽恕、仁慈
		风趣、幽默
		热情、激情、热心和精力充沛

积极人格的理论和实践不仅促进了人格心理学的价值平衡,丰富了人格心理学理论,还为人格领域的研究开辟了一个新方向,同时,积极人格理论对教育、管理和临床心理治疗等领域也具有借鉴和应用价值。但积极人格的研究还处于初级阶段,理论有待完善,实践仍需加强。

4. 积极人格与积极情绪的关系

积极人格和积极情绪都是积极心理学研究的核心内容。积极情绪包括高兴、欣喜、兴趣、满足、幸福感、自豪、爱和感恩等令人产生愉悦感的情绪体验。人格是构成一个人的思想、情感及行为的特有的、区别于他人的稳定而统一的心理品质。积极人格是人格特质中的积极部分,与积极情绪存在密切关系。积极情绪是积极人格形成的途径和方式,增强积极情绪是积极人格形成的最佳途径;积极人格是积极情绪的基础和源泉,拥有积极人格的人会经常表现出积极情绪。经常表现出消极情绪的个体,其人格可能会存在一定的偏差或障碍。

在人格形成的过程中,积极情绪发挥着重要影响,它可以通过健康的归因方式影响人格,通过良性的人际关系影响人格,通过更多的社会支持影响人格,通过正确的应激与心理防御系统影响人格,还可以通过神经中枢的结构和功能的改变影响人格。

总之,具有积极情绪的人,归因方式乐观积极、人际关系和谐温馨、社会支持源源不断、应对方式和防御系统积极健康,这些积极的心态和健康的行为特征日积月累就会改变大脑负责积极情绪表达的结构与功能特征,最终形成稳定而积极的人格特质。

(三)积极组织系统

积极心理学家将那种使得个体能够获得积极体验,并帮助个体形成积极人格的环境系统称为积极的组织系统。积极的组织系统主要包含三个层面:首先,是宏观层面,即积极的社会组织系统,如一个国家的政治经济制度、重要方针政策等,此层面内容涉及较广泛,它涉及经济学、政治学、社会学等多个领域;其次,是中观层面,即积极社区组织系统或积极的单位,它主要涉及的是个体的生活圈与交际圈,例如,生活的社区组织系统、工作单位组织系统等;最后,是微观层面,该层面主要指个体的家庭组织系统,例如家庭中的各种成员,以及各种成员之间的关系等。

总的概括来说,积极的组织系统作为一个极其复杂的系统,它涉及很多个不同的领域和学科,对于它的研究用心理学一门学科是不能将其完全覆盖的。所以,积极心理学在积极社会组织系统方面的研究还是较为薄弱的,虽然自研究以来还没有形成有效统一的理论系统,但还是取得了一些小成果的。例如,曾有积极心理学者通过研究发现,个体所在的生活环境系统对其自身的心理防御机制会产生重要的影响,虽说心理防御机制是每个个体都特有的,积极的生活环境系统还是更有利于帮助个体形成积极的心理防御机制,而这种积极的心理防御机制与之前的消极心理机制是相对的,消极的心理机制会使个体产生对抗、逃跑、抗争等消极处事的行为方式,而积极的心理防御机制则有助于个体形成积极理性的应对策略，如采用利他、抑制、预期等更为有效处事的行为方式。

西方国家有研究显示，个体防御机制是否成熟不仅与其自身所受的教育程度有关，还和其自身生活的社会环境的组织系统有密切关系。另外，心理学家赖安德和德慈还探讨了个体生活中三种基本的需要，即个体的自主需要、自身归属感的需要和胜任的需要，而在这些需要是否能够得到满足上，个体的生活环境组织系统起着很重要的决定作用。

有积极心理学家认为，对于每个普通的个体来说，其自身所拥有的潜力和经验都是在家庭、学校、社会等组织系统中体现出来的。因此，个体的发展也就离不开积极的组织系统，必然会受到它的影响。

第二节 积极心理学的主要作用

一、积极心理的个体价值

积极心理的个体价值是指积极心理对个人的生存与发展的需要的满足。毋庸置疑，积极心理个体价值的本质体现和终极指向是实现人的自由而全面的发展。人的全面发展具有丰富的内涵，不单指体力和脑力的充分发展，也不是归结为人的类特征的发展，而是指人的一切属性得充分、自由、和谐和统一的发展。它包括人的能力的充分发展、个人关系的普遍性发展、社会关系的全面丰富、人的需要的广泛性和个性的自由发展，而积极心理个体价值的现实体现则集中在个体社会化和人才培养上。

（一）有助于个体的自我调控

积极心理具有鲜明的方向性和目的性，一方面是通过学习科学理论，从深层次上解决方向选择问题，从而达到自我调控。所谓自我调控是指积极心理教育可以通过一定的组织网络、规章制度，更根本是通过教育对象素质的提高和强化教育对象正确的言行及其结果来保证社会秩序的稳定。自我调控是基于对科学理论的掌握基础上，人们在政治方向的选择上才能做出正确的判断。另一方面也运用积极心理启发、动员、教育、监督、批评等，把人们的思想和行为引导到符合社会主义发展要求，符合无产阶级利益要求的正确方向上来。

积极心理引导政治方向，政治方向是指政治理想、政治信念、政治立场、政治态度、政治品质等的综合表现，其中政治理想和政治信念起着支配作用。没有科学的理论，人们不可能自发地形成科学的政治理想、不可能具有坚定的政治信念，在政治立场和态度上无法做出一贯的选择。

一方面体现在个体政治社会化中，另一方面体现在对人才培养的规格要求上。个人的正确政治方向不是与生俱来的，而是习得的，是通过思想政治教育过程和社会实践过程不断确立的。个体的政治社会化是个体学会为现有政治接受、采用的规范、态度和行为的过程。而个体政治社会化的基础内容就是形成某种政治意识、政治态度、政治情感和政治信仰，这正是积极心理的主要任务。同时个体政治社会化的另一途径即政治实践也是始终离不开积极心理的指导的。

在人才培养中，其规格要求是很丰富的，其中的政治方向居于主导地位。人才的正确政治方向是坚持共产主义的理想。但这种政治方向在不同历史阶段有着不同的具体内容，对具体的人才又有着具体的、有差别的要求。积极心理就对处于具体的历史阶段的具体的人才予以具体的政治方向的引导。个体的自我调控是个人学习他所生活其中的那个社会长期积累起来的知识、技能、观念和规范，并把这些知识、技能、观念和规范内化为个人的品格和行为，在社会生活中加以再创造的过程，即作为一个"社会学习者"和一个"社会参与者"的人的全面发展的过程。

（二）有助于塑造个体的主体性人格

人格是个人相对稳定的比较重要的心理特征的总和。通俗地讲，人格是指一个人的品格、品质、思想境界、情操格调、道德水平等。所谓主体性人格，是指人作为主体所表现出来的本质特征和独特个性品质，是充分体现了人的自主性、主动性、创造性的健康的、完整的人格。人格培育在中国有着深厚的历史传统和基础，它不是朝夕之功就能完成的，它既是一个内在个性发育的渐进过程也是一个外在熏陶的塑造教育过程。人格培育内含着个体道德社会化的过程，即个体将特定社会所认可的道德准则和规范转化为自己的内心信念，并在现实的社会生活中切实履行这些规范的过程。

积极心理，在人格培育中有着极大的优势，发挥着重要的作用。

1. 思想政治教育有助于人的主体性的生成和发展

积极心理引导人们掌握马克思主义的立场、观点、方法，正确把握社会历史发展趋势，正确认识自觉能动性与客观规律性、自主性与社会制约性以及超越性与适应性的关系，使人的自主性、能动性、创造性沿着正确的方向发展。积极心理能激发人的内在需求和驱动力，调动人的积极性，振奋人的主体精神，从而激发人们不断增强和充分发挥自己的自主性、能动性和创造性。主体性不仅包括各种智力因素，还包括各种非智力因素，而积极心理则是促进人的非智力因素，如高尚的情感、坚强的意志等健康发展的重要因素。

2. 积极心理是个性培养的重要方式

个性代表了多样性，代表了美，代表了活力，代表了自由……多样化的个性是人类社会中最美丽的事物。积极心理是以马克思的"人学"思想为哲学基础的，后者包括人的需要、人的主体性、人的价值、人的发展几个方面的内容。由此，思想政治教育对待个体，也是将其看作是具有鲜明个性心理特征的人，其目的是培养合格的建设者和接班人，而合格的建设者与接班人绝非意志薄弱、情感脆弱、理智诞失、缺乏主见、盲目随从的个体，绝非"单面化"或者"畸形化"的个体。

3. 积极心理教育有助于人们树立积极的人生态度

精神生活是体现思想政治教育个体价值的一个重要方面，人是一种精神性的存在，精神生活反映着人的内在发展，对人的价值的提升有着恒久的意义。

（三）有助于激发个体的创造力

不同时期的现代化建设要求有与之相应的新型人才。新型人才既要有高的知识文化素质，同时也要有很强的能力素质。

1. 就知识素质而言

积极心理并不直接传授专业知识，却能起着间接而重要的作用。首先，在专业知识学习的目标确定方面，积极心理教育能帮助学习者确立方向正确难度合适的目标；其次，是学习动力方面，积极心理可以不断地激励学习者以激昂的精神投入专业知识的学习运用中去。最后，积极心理教育可以指导学习者掌握科学方法，进行科学思维。因为积极心理所持的哲学态度是科学的，作为一个开放体系，又始终坚持以发展的马克思主义为指导，同时广泛吸收了多种学科相关内容，借鉴了先进的新兴的方法。

2. 就能力素质而言

从一般意义上来说，人的能力结构包括认识能力和实践能力。关于认知能力，首先毫无疑义的是积极心理突出智力开发，而瑞士心理学家皮亚杰认为，所有智力方面的工作都依赖于兴趣，学习的最好刺激乃是对学习材料的兴趣。重视人的兴趣爱好，才能引导人们进一步去学习、钻研、创造。积极心理正是在此基础上通过对人们兴趣、爱好的正确引导，使其潜能不断开发出来，为人的目标实现准备条件。

3. 就思维素质而言

积极心理还有助于培养人们科学的思维方式、提高人们的思维能力。思维是人类所独有的一种精神现象，恩格斯在《自然辩证法》中曾把"思维着的精神"称为"地球上最美的花朵"。思维能力是现代人类智力与工作能力的重要组成部分。人们在认识和改造客观世界过程中，始终贯穿着思维方式的作用，始终与人们的思维能力高低有关。因此，形成科学的思维方式，用科学的立场、观点和方法去认识与改造世界显得极其重要。科学的思维方式主要是要求按辩证唯物主义和历史唯物主义去认识与改造世界。掌握了科学的思维方式，可以最大限度地开发人的智能潜力。

4. 就生产素质而言

积极心理教育能培育人的精神生产力。精神生产力是指人们生产和再生产思想、理论、知识、道德规范社会意识形式的能力。积极心理可以丰富和发展人的精神世界，丰富人们的需求体系和情感世界，发展人们的自我意识，塑造人们的个性品德等从而提高人的精神生产力。

（四）有助于个体追求自我实现

积极心理价值的实现是认识积极心理价值的目的和归宿，是对积极心理教育价值含义、主客体和内容研究的逻辑落脚点。积极心理价值的实现，作为思想政治教育价值关系运动的现实具体状态或者现实效果，是通过主体本身的存在和变化表现出来的，即通过主体尤其是社会主体的存在、结构、功能以及活动方式的改进和发展表现出来的积极心理价值的实现,不是一个自然的过程,从根本上来说是主体价值活动的结果。当前,影响着积极心理价值实现的因素,可以归纳为:在认识上,人们对于价值内容的认知有所偏差、对价值关系的运动尤其是价值实现的规律认识不够。这是由于认识对实践的相对滞后性所造成的,也是理论研究得不够造成的。在实践上,人们往往重视价值客体和环境的改善提高,而忽视了价值主体需要的丰富和发展,往往片面强调实现过程的某一层次,而忽视了社会、集体和个体实现过程的有效结合,还有实现措施上的不得力。

积极心理对个体追求自我实现,主要体现在两个方面:一是行为导向;二是行为控制。所谓行为导向,是指积极心理为个体行为的模塑从整体上把握方向。我们知道,个体行为是由一连串的看来毫不相干的细微行动组成,而这些细微行为实质上却是一贯的,体现着个体自身的品质、道德、价值观、追求等,这些看似零散的行动是由这些精神性的因素总和来统领的,而这些精神性的存在正是积极心理所要培育的内容。同时,个体的行为不是一成不变的,而是随着实践的深入不断地发生着复杂的改变,这种改变的趋势如何,个体本身不一定有意识,而积极心理则是有意识有目的地加以引导,以便使个体朝着有利于其人生价值实现的轨道发展。

二、积极心理的集体价值

集体是人们的有目的方向的集合体。所谓积极心理的集体价值,是指积极心理活动对这种集合体的存在和发展的需要的满足。社会的每一个成员都置身于一定的集体中生活、学习、工作或者从事其他活动。如果说社会是一个有机体,个体是细胞的话,那么,各个集体就是各个器官。在现实生活中,具体的积极心理实践活动往往是在一定的集体中进行的,如企业、学校、社区等集体都是积极心理开展的领域。研究积极心理集体价值,不仅仅是从学术上架起沟通社会价值和个体价值的桥梁的需要,而且也是现实实践的要求。

(一)保障集体目标的达成与实现

集体的首要要素是有共同的目的,这些目的体现在集体的一个个具体的目标上。集体目标是作为集体生命的活动开展的指针和发动机,它既反映集体发展的方向也为集体发展提供着动力。积极心理自始至终地参与集体目标的制订和实施,对集体目标的实现有着保障作用。

1. 在目标制订阶段

积极心理能以其特有的属性保障目标的科学性。积极心理教育有着敏感的政治功能,可以从宏观上把握集体目标的方向性,保证集体沿着正确的方向前进;积极心理能够把握时代主流和形势发展趋势,具有预见优势,能够引导集体目标的时代性,使之从空间上融入整个社会实践,从时间上顺应时代发展趋势,在目标上引导集体成为一个开放的、发展的集体；积极心理还保证集体目标的整体性，一方面是指集体各个子目标和谐地构成一个目标系统，另一方面是指集体目标作为社会发展目标系统的一个子系统与其他子系统的协调与配合。

2. 在目标实施阶段

积极心理首先承担着宣传教育的责任，使集体的成员明确集体的目标以及该目标下各自的职责和任务；其次是使目标内化的任务，使集团所有成员都认识到，只有努力达到或超过集体目标，才有助于个人成长和发展，使大家自觉地把集团目标和个人发展联系起来，将集体目标内化为个人目标，增强个人对集体的归属感、对工作的责任心。

3. 在整体目标分解阶段

目标实施必定需要将整体目标分解，逐一落实到具体单位、部门和人员，要实现集体目标，必须依靠每位成员的协作。积极心理能渗透到每一个环节每一个成员，培育大家的协作精神。尤其是经常性的积极心理具有快捷、灵活、细致的特点，能够于日常工作的细微处入手，教育集体成员为追求集体目标放弃小我、精诚合作。

最后，由于积极心理的沟通功能，在目标实施过程中还能帮助及时地反馈以便进行目标的调整。

（二）协助集体的组织与管理

组织与管理是指集体按一定的目标、任务和形式，将具体活动过程诸方面要素中的人有系统地合置在一起，并加以编制。组织和管理是集体存在和发展的保障，是集体活动开展、目标实现的保障。积极心理经由传统到现代的转化，已经突破过去单一的政治宣传和教育的功能，在市场经济和民主法治大背景下，它已经向宏观与微观领域拓展和延伸，在集体运作中，积极心理就具有了组织与管理的价值。这一价值主要体现在以下几个方面：

1. 积极心理是一种"精神的'黏合剂'与'润滑剂'"

作为人们精神世界的价值导向系统，积极心理使不同价值取向和目标需求不同的个体能按一定的组织规则结合在一起，并在多元的价值取向中找到共同的需要和价值目标。这就为人们"应该如何作为"提供了价值信念上的共识，进而减少了人们合作行为中的"摩擦费用"，节约了组织规则的运作成本，提高了管理效率。

2. 积极心理有助于集体价值观的形成

作为人们精神世界的价值导向系统，积极心理不仅给人们的行为方式提供了价值信念上的共识，而且通过集体价值信念的教育，提高人们对集体共同价值观的认知与觉悟水平。这可以使人们明确自身所肩负的责任与使命，从而能有效克服人们"搭便车"行为，填补制度化管理的不足，成为弥补"刚性管理"，实现集体"柔性管理"与成员自我管理的重要手段。

3. 积极心理有助于落实人本管理

积极心理比以往任何时候都更注重对人的智力、体力和意志品质的开发，以及对现代人全面自由发展的关注。它本着尊重人、理解人、关心人的人性化原则不断激发人的主体性、调动人的积极性、主动性和创造性，完善人的意志和品格，使人获得超越生存需要的更为全面的自由发展。这些都使之成为现代组织管理中寻求效率逻辑与情感逻辑动态平衡的有效途径，为落实人本管理提供了原则和方法论基础。

4. 积极心理有助于增强集体管理的文化价值依托

如果我们把社会文化传统看作是集体管理的精神资源，那么，积极心理就是开掘和利用这一资源的手段和工具。积极心理作为人文精神的播散与教化手段，为集体管理打开了人文视野，使之具有更广博深厚的文化价值依托。

（三）增进集体的和谐与团结

所谓和谐与团结，是指集体成员在利益一致的基础上为实现集体共同目标而实现的能够形成合力的一种最佳组合状态。这种状态，是在岗位组合、角色分配的基础上强调的一种协作、配合的文化心理状态。它反映了集体对成员的吸引力和凝聚力，一般来说，凝聚力越强，集体的存在和发展越有根基，目标实现越顺利；反之，则对集体和集体成员都是一种潜在损耗。积极心理对集体和谐与团结的促进作用主要体现在以下三个方面。

1. 积极心理为集体团结提供组织保障

一般来说，集体都有着一定的党组织和行政组织或者相应的组织如团组织、工会等。行政组织主要是行政管理的依托，它所实行的是一种刚性管理，注重的是岗位匹配与职责管理；而积极心理组织则是集体教育的依托，它所实行的是一种柔性管理，注重集体成员的思想、心理、情感状态以及成员间的协调、配合与一致。因此，积极心理为集体团结提供了组织保障。

2. 积极心理是参与集体文化构建的主要力量

团结的核心和基础是成员共有的目标和共有的价值观。集体文化就是这个核心和基础的载体。集体文化包括物质、制度、精神三个层面，我们主要是指制度和精神层面的集体文化。在制度层面上，积极心理能够培养人们对制度的认同感，提高制度的约束力；在精神层面，积极心理能够通过塑造人的思想，形成有益于集体的良好道德风尚，通过对集体成员进行科学的三观教育、爱国主义、集体主义、社会主义教育以及社会公德、职业道德、家庭美德教育在目前尤其通过反对个人主义、享乐主义、拜金主义等错误的思想倾向从而使集体成员形成科学而一致的价值观念与高度统一的行为规范，构建起具有强大生命力和感召力的集体文化。

3. 积极心理通过经常性地活动直接参与人际关系的协调

集体中最具破坏力的就是人际矛盾与冲突，积极心理可以对矛盾各方进行说服教育、提供机会让大家相互了解、沟通，使大家消除误会、化解矛盾、改善关系。如果说文化的构建是从宏观上加强集体的团结，那么经常性的积极心理就是从微观上解决一个个具体的问题和矛盾从而加强集体的团结。

（四）调节集体的心理与行为

集体心理是指集体成员在相互作用过程中形成的整体心理氛围，它包括集体的需要、情绪、情感、动机、信念等。集体行为则是在集体心理基础上在集体价值观指导下为实现集体目标所采取的集体行动，它是集体成员行为的综合反映。积极心理对集体心理的发展与成熟有着重要的作用，而对集体行为的指导与调控是积极心理效果的最终体现。

1. 积极心理对集体心理的行为的调控都是以对集体成员心理与行为的调控为基础的

对集体成员的调控与对单个个体的调控不同，因为它注重成员在集体中的角色，即使个体也是集体中的个体。在对集体成员心理与行为进行调控的时候，一方面注意到了本身的科学性和合理性，另一方面也已经注意到了达成整体一致与和谐的调控方向。

2. 积极心理对集体心理与行为的调控主要是通过集体舆论与集体文化实现的

集体舆论是集体中大多数或者所有成员就他们所关心的问题形成的大体一致的共同意见，集体文化则是建立在共同价值观基础上，比集体舆论更加稳定。如果说最初对个体思想的教育是从内在的角度从最基础的方面对集体心理和行为予以调控的话，那么，通过集体舆论与集体文化实现的调控则注重从外在环境入手，更具有一种外在约束的强制力。

3. 积极心理对集体心理与行为的调控是静态动态相结合的

集体心理与行为一方面是复杂的，积极心理需要从静态的角度把握，解决现实问题；另一方面也是不断发展变化的，积极心理也必须从动态的角度把握，把握集体心理和行为的发展趋势，予以引导，这既是防患于未然的消极调控，又是一种导向于应然的积极调控。

三、积极心理的社会价值

所谓积极心理的社会价值，是指积极心理活动对整个社会的正常运行和良性发展的需要的满足。前面讲过，对积极心理社会价值可以采取两个新的研究角度：一是从社会发展目标来反观积极心理的应然价值；二是从社会发展的深层动力来发掘积极心理的价值。

（一）生命的价值在于超越个体

生命的价值作为人对自身生活、生命意义的反思与追寻，实际表现为人类在不断反思自身中去努力克服愚昧及传统习俗的限制，使人类在不断扬弃自我的革命性过程中获得理解自我、超越自我及把握生活、生命的能力，人类正是秉持着这种精神从而确立了人是判断万物的价值尺度的地位。生命的价值显然不单是供人消费、享受的，它更要人崇敬、信仰。因为归根到底这是人们寓于自身又高于自身的具有普遍性和无限性的认同与皈依,并且,它也正是不断展开的人类社会历史性活动的缘起和基本内涵,人的对象化和非对象化的生活实践活动是以属于人的方式与自然分化又整合、人类内部分化又整合的活动,从而也是人不断地摆脱物性而文明化又超越特定文明形态亦即文明的历史局限走向更广阔的大自然的过程。这一过程同样是人创造并认同于某一价值形态又在新的历史条件下将其超越的过程。

自我超越,使自我能接近和正确认识存在的真实的世界,使我们能沐浴在对于自身理性的创造力、自律力的骄傲与自信中,让我们能自己思考,反思自己的问题,使自己依据现实条件合理合法地成为判断万物的尺度,并在为己利他的价值理念的引导下,以现代科学的价值理念来适应现代化、发展现代化,既提高社会的自我更新能力,又提高社会成员的自我超越能力,这就是重建现代价值理念的本质所在。

(二)积极的个体有助于促进良好的人际关系

人的幸福所寻求的是人与人、人与社会以及人与自然之间的三重维度的和谐,其中人与自然之间的和谐占有极其重要的地位,它是人与人、人与社会之间的和谐得以确立的前提和基础,因此,构建社会主义和谐社会有赖于人与自然之间和谐关系的确立。人与自然环境的关系不仅制约着社会经济的健康持续发展,也在很大程度上影响着人与人、人与社会之间的和谐关系,因此重塑人与自然之间的和谐关系成为一项极其迫切的重大战略任务。

作为一种社会性的动物,人不可能生活在真空中,它必然会基于某种需要而与其他人发生各种各样的关系,即人际关系。有一种很流行的观点:"人际关系就是生产力。"尽管它包含了对于庸俗关系学的纵容和赏识,但至少说明,人际关系已经成为现代社会人们不容回避的话题,受到了普遍的重视和关注。心理学家告诉我们,需要与动机是决定行为的基础。马斯洛指出,人们"渴望在团体中与同事之间有着深情的关系。他将为达到这个目标而做出努力",人们的行为需要决定人们的动机,动机产生行为,行为指向目标。马克思说:"任何人如果不同时为了自己的某种需要和为了这种需要的器官做事,他就什么也不能做。"

因此,要实现人的自身幸福就必须实现自身需要并通过与它相对的自然环境来表现自身。一方面,废除了自然界的抽象性和单纯性,在自然环境中打上了自身的印记;另一方面,又只有通过实践,人才能把自己从自然界中外化出来,成为自然界的对象,并使其成为自己的对象。在这种对象性的活动中,实现与自然界物质和能量的交换,以满足人类日益增长的生存和发展的需要,实现人与自然环境和谐发展,从而使人达到真正的幸福。

(三)积极的个体有助于促进社会和谐

和谐社会是稳定和有序的社会。和谐社会的首要标志是稳定,构建这样一个和谐社会,积极心理有着非常重大的意义,可以说起着保障的作用。

1. 积极心理能发挥导向功能，保障社会发展的正确方向

所谓导向功能，是指积极心理能通过不同方式保障社会朝着正确的方向健康发展。导向包括目标导向和价值导向两个方面。所谓目标导向是指积极心理紧紧围绕党的中心任务，积极宣传和解释党和国家在某一历史时期或某一社会发展阶段的路线、方针和政策，以促使人们共同理解与认同社会下一步发展所应达到的成果和目的。即把和谐社会这一体现了科学发展观的发展目标以及为实现这一目标提出的理念和制订的政策如建设节约型社会和构建循环经济等，通过积极心理，使广大人民群众逐步认同，化为内在的意识和动机，并将这种共识融为一体的社会合力，实现为社会行为，产生良好的社会效果。

2. 积极心理能发挥凝聚功能，促进中华民族的大团结

所谓凝聚功能是指积极心理能增强中华民族的向心力，增强这一大集体对其成员的吸引力和加强其成员对集体的思想共鸣、感情认同和实践奉献。和谐社会必定是个团结的社会。社会历史的发展证明了一种必然规律：当社会处于稳定、繁荣昌盛的和平时代时，社会的文化就会特别关注人的积极性、良好道德品质以及高质量的生活条件等一些个人层面和集体层面的积极品质；反之，社会关注积极品质又会进一步大大促进社会本身的繁荣和发展，两者之间互为因果。积极心理教育对中华民族的凝聚，主要通过共同理想和目标、共同信仰和民族精神来实现的。具体化一点，就是建设和谐社会。通过积极心理，共同的理想和目标渗透到人民群众中去，使之内化，成为全国人民的精神支柱，促使全国人民都围绕共同的理想和目标而努力奋斗，使他们在目标一致、利益一致的基础上，紧密团结成一个有机整体。共同的信仰则是指马克思主义。积极心理以爱国主义为核心的民族精神教育，使中华民族产生了巨大的凝聚力和向心力。中华民族正是依靠这种强大的凝聚力，才取得了革命和建设的巨大成就。

3. 积极心理有助于维护社会稳定

社会稳定是指社会整体处于稳固、安定、和谐的状态。没有稳定的社会，和谐社会就无从谈起。保持稳定是治理和建设国家的一个重要前提条件。影响社会稳定的，既有人们认识、价值上的原因，也有制度层面的原因，还有一些现实社会现象的原因，相应地，积极心理的社会控制功能也反映在这些方面。

（1）积极心理可以熔铸社会意识

社会稳定的关键是政治稳定，而积极心理可以通过用马克思主义去影响、教育社会成员来培养人们共同的政治意识形态，而意识形态在维系社会稳定中有着特殊的作用，中国长期的统一必须依靠社会风俗，即通过社会中已根深蒂固的思想和行为习惯来解释。

（2）积极心理有助于民主政治建设

它可以提高公民的政治觉悟和政治责任感，培育公民民主意识和法制观念，从而加强民主观念建设、民主制度建设和民主生活建设，实现社会的民主稳定。

（3）积极心理可以在一定程度上消解矛盾、缓和冲突

一方面它可以帮助除去社会稳定的矛盾，另一方面它可以对矛盾主体进行内在润泽，

倡导经济伦理、培育企业文化，使法律、法规、政策和道德等内化为人们的自觉准则，并对经济生活中的各种观念进行评判和引导，化解人们的利益矛盾。

（4）积极心理可以增强社会心理承受力

积极心理有助于提高人们对社会变动的心理适应能力和应变能力，同时还可以实现有效社会整合，即实现社会成员的思想规范、行为的一体化。

第三章　大学生心理健康教育的内涵

第一节　大学生心理健康教育的定义

心理健康是人的良好心理素质的表现，是人的整体健康状态的必要组成部分。无论是从全社会人力资源开发与社会主义精神文明建设角度看，还是从个人成长发展、活动效率提高以及生活品质改善角度看，维护大学生的心理健康，都是一项十分重要而严肃的工作。

一、关于健康

（一）健康的含义

世界卫生组织关于健康的定义："健康是一种在身体上、精神上的完满状态，以及良好的适应力，而不仅仅是没有疾病和衰弱的状态。"这就是人们所指的身心健康，也就是说，一个人在躯体健康、心理健康、社会适应良好和道德健康四个方面都健全，这才是完全健康的人。有人对这几方面的健康做了以下解释。

躯体健康：一般指人体生理得健康。

心理健康：一般有以下三个方面的标志。

第一，具备健康心理的人，人格是完整的，自我感觉是良好的。情绪是稳定的，积极情绪多于消极情绪，有较好的自控能力，能保持心理上的平衡。有自尊、自爱、自信心以及有自知之明。

第二，一个人在自己所处的环境中，有充分的安全感，且能保持正常的人际关系，能受到大多数人的欢迎和尊重。

第三，健康的人对未来有明确的生活目标，能切合实际不断地进取，有理想和事业的追求。

社会适应良好：指一个人的心理活动和行为，能适应当时复杂的环境变化，为他人所理解，为大家所接受。

道德健康：最主要的是不以损害他人利益来满足自己的需要，有辨别真伪、善恶、荣辱、美丑等是非观念，能按社会认定规范的准则约束、支配自己的行为，能为他人的幸福做贡献。

（二）健康的标准

健康是人类生存发展的要素，它属于个人和社会。以往人们普遍认为，健康就是没有病的，有病就不是健康。随着科学的发展和时代的变迁，现代健康观告诉我们，健康已不再仅仅是指四肢健全，无病或虚弱，除身体本身健康外，还需要精神上有一个完好的状态。人的精神、心理状态和行为对自己和他人甚至对社会都有影响，更深层次的健康观还应包括人的心理、行为的正常和社会道德规范，以及环境因素的完美。可以说，健康的含义是多元的、相当广泛的。健康是人类永恒的主题。

1. 健康水平的评价标准

（1）群体健康的评价标准

对于一个国家或某一地区的群体健康水平的评价标准，主要是看四项指标：平均寿命、患病率、就诊率及死亡率等综合情况。

（2）个体健康的评价标准

主要是看个人各主要系统、器官功能是否正常、有无疾病、体质状况和体力水平等。

2. 健康生活方式

美国加州大学公共健康系莱斯特·布莱斯诺博士对约 7000 名 11~75 岁的不同阶层、不同生活方式的男女居民进行了 9 年的研究，结果证实，人们的日常生活方式对身体健康的影响远远超过所有药物的影响。

据此，莱斯特博士和他的合作者研究出一套简明的、有助于健康的生活方式，如下：

①每日保持 7~8 小时睡眠。

②有规律的早餐。

③少吃多餐（每日可吃 4~6 餐）。

④不吸烟。

⑤不饮或饮少量低度酒。

⑥控制体重（不低于标准体重 10%，不高于 20%）。

⑦规律的锻炼（运动量适合本人的身体情况）。

此外，每年至少检查一次身体。布莱斯诺博士指出，它适用于各种年龄的人，特别适用于身体功能处于下降阶段的人。若能遵循上述 7 种习惯去生活，那么将会使你终身受益。一般来说，年龄超过 55 岁的人如果能按上述的 6~7 种习惯去生活，将比仅仅遵循三种或更少的习惯生活的人长寿 7~10 年。

二、关于心理健康

（一）心理健康的含义

首先，我们需要明确的一点是：心理健康的概念是不断发展的。1946 年，第三届国际心理卫生大会将心理健康定义为："所谓心理健康是指在身体、智能以及情感上与他人的心理健康不相矛盾的范围内，将个人心境发展成最佳状态。"《简明不列颠百科全书》将心理健康解释为："心理健康是指个体心理在本身及环境条件许可范围内所能达到的最佳功能状态，但不是十全十美的绝对状态。"虽然在学术界，关于心理健康的定义还没有达成一致共识，但许多研究者在对这一问题的认识上有趋同的状态，"从广义上讲，心理健康是一种持续高效而满意的心理状态；从狭义上讲，心理健康是知、情、意、行的统一，是人格完善协调，社会适应良好"。这个观点得到了广大学者，尤其是国内学者的普遍认可。

基于以上几点，我们可以梳理、整合前人对于心理健康这一概念的定义，并做出更为完善的界定：心理健康是指个体在与环境的相互作用中，在生理、心理条件双双允许的前提下，能自觉调整其心理结构，保持心理上的适应正常或良好的一种积极且持续的心理状态。

这一对心理健康概念的界定，包含着对心理健康内涵的四点认识：其一，心理健康是个体心理的一种功能状态，而这一状态内在的规定性就囊括了个体自觉进行自我调节这一机能。其二，心理健康是个体保持心理上的正常或良好适应的状态。从"健康"这一概念进行切入，心理健康指的是个体心理机能的运行状态正常或良好，结合生态学的观点，个体心理机能的运行状态也就是指个体心理与其周边环境相互作用的适应情况。通过这一认识，我们可以发现心理健康作为一种功能状态，其最终通过以个体的适应与否、适应情况来呈现，而只有个体处于正常或良好的适应状态下，才能反映出其心理健康状态。因此，个体的适应情况即为心理健康状态的最终的规定性。其三，心理健康不仅是一种持续、积极的心理状态，同时也是一个过程。其四，心理健康状况会受到个体内部及外部条件的影响。

（二）判定心理健康的依据

心理健康是一种积极且持续的心理状态，在这种状态下，个体往往能够把保持适应良好。对于心理健康状况的划分，大致有以下三个等级，即常态（正常）、轻度失调、变态（异常）。判断依据有以下几点：

1. 依据统计学上的常态分布

这一依据是以正态分布理论为基础，通过对个体的心理行为与某一人群的平均值进行比对来判断其心理健康与否，例如，个体的智力水平与同年龄阶段智力平均值相差不大，即为智力正常。除了智力以外，个体的性格、情绪特征等心理品质也都可以作为有量的、差异的维度。我们可以假设用一把能够衡量上述维度的尺子，对全民的心理健康状况进行测量，结果必然是多数人的测量值都汇集在这一测量尺的中段范围，越往测量尺两端人数越少。根据常态分布的理论，我们可以把多数人所具有的心理状况，即测量尺的中段范围看作常态，而偏离这一范围的看做是异常。导致异常现象发生的有两种可能：一是心理健康状况优于多数人，二是心理健康状况不及多数人，后者通常被视为有心理健康问题。

2. 依据社会学上所论述的社会准则

这一依据以大多数社会成员共同接受并遵守的行为标准为前提，把符合社会规范的行为视为健康行为，反之则看做是异常行为。例如，个体在社会生活中适应良好。把社会准则作为标准，来衡量个体的心理健康状况，主要就是看个体的行为是否符合或偏离社会公认的行为规范。如果一个人的心理状态异常，这一异常呈现在行为上自然是偏离社会行为常规的，如偷窃、自杀、逃课等。但由于社会准则并不是完全明确一致的，所以这一标准也有难以贯彻到底的弊端。

3. 依据生活适应状况

这一依据是以个体对日常生活的适应情况为基础，例如，解决各种人际交往类问题。从个体对生活的适应与否来测量心理健康状况，主要是看在环境条件较为稳定以及有所变化的情况下，个体能否有效地发挥其心理机能，及时进行自我调整，通过不断调整行为以适应环境，从而逐渐满足其自身对于生存发展的需要。这一依据的弊端在于在具体实施过程中，容易受到评价者的主观映像，难以做到绝对客观。

4. 依据个人主观经验

这一依据是以个体的主观感受为前提，例如，长期自觉痛苦。被评价者的主观感受主要包括个体的幸福感、快乐程度、满意度等。由于被评价者的主观感受不具客观性，所以以其为依据来判断心理健康状况的方法往往不能作为一个完整、自定且客观的独立标准来使用，而是常用作辅助标准。这一依据不能单独使用还有一个原因，即真正可以感知到心理痛苦的人，往往都是心理状态较为稳定，情绪波动基本正常的人。这些人通常不会有心理问题，即使出现心理障碍，也多为轻度障碍。以患有精神障碍的病人为例，神经衰弱的患者对于痛苦的感知可能是这一大类患者中最为强烈的，反而是一些重症精神病人，非但没有自觉痛苦，还充满了愉悦感。

5. 依据医学上的症状呈现

这一依据是以医学症状呈现为前提的，表现出心理疾病症状的则被视为心理不健康。个体的生理和心理是相互作用的，部分心理障碍是个体的大脑或躯体发生病变所导致的，这一类异常变化可以被医学检测到。结合患者的体征、临床症状以及身体机能检查结果，可以有效地判断其心理障碍及产生缘由。需要注意的是，这一依据不能单独使用，需要配合其他标准共同操作。

6. 依据心理成熟与发展水平

这一依据是以个体的心理成熟及发展的状况为基础，例如，身心年龄相适应。个体的心理状态如果超前或是滞后于其生理年龄，则不排除是心理障碍所导致的身心年龄错位现象。这一依据仅可作为参考，不能用作决定性标准。

以上六种方法便是判断心理健康状态的依据,在实操环节中,不能仅依据某一种方法,必须结合上述各项依据进行多维诊断,确保诊断结果的客观性及正确性。

三、关于大学生心理健康教育

有人说,心理健康是 21 世纪生存和发展的通行证,要想在高速发展、竞争激烈的外部环境下成长需要极高的心理健康水平。大学生要想成为 21 世纪需要的高素质人才,就必须具备良好的心理素质和健康的心理状态。在了解了当今社会对健康、心理健康的定义及标准之后,可以得知大学生这一群体其心理健康标准也有特定的标准,大学生心理健康教育内容也要为实现此标准来开展教育实践。

(一)大学生心理健康的标准

关于大学生心理健康标准,学术界有很多的论述。在综合国内外有关心理健康的研究成果和我国当前的社会文化背景,再结合了我国大学生群体所具有的年龄特征、心理特征和角色特征后,得出了当代我国大学生心理健康的标准,大致可以概括为以下几个方面:

1. 智力正常

智力是大学生学习、生活与工作的基本心理条件,也是适应周围环境变化所需的心理保证,因此智力正常是衡量大学生心理健康的首要标准。如果智力有缺陷,则难以开展社会化进程,阻碍心理发展水平,难以独立生存。只有心理健康的大学生,才能在学习生活中保持正常的好奇心和求知欲,才能发挥自己的聪明才智,获得成功。因此衡量大学生智力正常与否关键就是看其是否正常地、充分地发挥了自我效能,即是否有强烈的求知欲、乐于学习、能够积极参与学习活动。

2. 情绪健康

情绪健康的标志是情绪稳定和心情愉快。心理健康的大学生,有乐观主义精神,能够经常保持愉快、乐观、开朗、满足的心境,对生活和未来充满希望,能够适度表达和控制自己的情绪,做到喜不狂、忧不绝、胜不骄、败不馁、谦而不卑,自尊自重。

3. 意志健全

在心理学上,意志是指人在完成一种有目的的活动时进行的选择、决定与执行的心理过程。意志健全的标志主要为行为的自觉性、果断性、意志的顽强性。对于大学生来说就是需要意志的这些品质都能获得协调发展,在挫折、困难和逆境面前保持百折不挠的毅力,并有必胜的信心、勇气和办法。

4. 人格完善

人格是指一个人的整体精神面貌,是一个人在先天遗传素质的基础上,在后天成长过程中形成的区别于他人的、独特稳定的具有一定倾向性的心理特征的总和。完整统一的人格,要求个体在认知、情感、意志、行为等方面平衡发展,所思、所言、所做能协调一致，具有积极进取的人生观，并以此为中心把自己的需要、愿望、目标和行为统一起来。

5. 人际关系和谐

人际关系状况最能体现与反映人的心理调节能力和心理健康状况，因而良好的人际关系是心理健康的必备条件。和谐的人际关系是心理健康必不可少的条件，是心理健康的润滑剂，同时也是获得心理健康的重要途径，是事业成功与生活幸福的重要前提。心理健康的大学生善于与人接触，乐于与人交往，积极的交往态度多于消极态度，交往动机端正；在人际交往中，既有广泛而深厚的人际关系，又有知心朋友，既能保持自身的人格独立，有自知之明，不卑不亢，又能客观地评价别人，尊重别人的独立人格，善于取人之长补己之短；能够用真诚、信任、宽容和理解的态度与人交往，善于分享、接受、给予爱和友谊，保持与他人、与集体的协调关系。

6. 环境适应能力良好

环境适应能力是指个体正确认识和处理个人与环境关系的能力。心理健康的大学生能够面对现实、接受现实，并能积极主动地适应现实、改变现实；能在环境改变时，以积极的态度面对新环境、了解新环境；对环境做出客观正确的判断，使自己的思想、行为符合新环境的要求，并与新环境保持良好的接触，从而尽快地适应新环境，融入新环境，以有效的办法应对新环境中的各种困难，面对困难不退缩；能够根据环境的特点和自身情况努力进行协调，尽快找到自己与新环境的平衡点，或改变环境以适应自己的需要，或改造自我适应环境的要求。

7. 具有正确的自我意识

自我意识是人格的核心，是人对自己以及自己与周围世界的关系的认识与体验。心理健康的大学生，能够一分为二地对待自己，对自己的认识、评价、监督、控制等方面都比较客观，不以自己在某些方面低于别人而自卑，面对挫折与困境，能够自我悦纳，喜欢自己，接受自己，自尊、自强、自制、自爱等方面表现适度，能够正视现实，积极进取，把"理想的我"与"现实的我"有机统一起来，不苛求自己，扬长避短，努力发挥自身潜能。

8. 心理行为符合年龄特征

人在生命的不同发展阶段，应该有相应的心理行为表现。对于大学生来说，心理健康意味着这个阶段的学生应该充满青春活力、勤学好问、朝气蓬勃，过于幼稚或者老气横秋都是偏于年龄特征的，是心理不健康的表现。以上的八条标准相互联系、相互补充共同构成了当代中国大学生心理健康的标准。

（二）大学生心理健康教育的内容

大学生心理健康教育的内容是在心理健康教育目标下开展的。我国大学生心理健康教育目标是通过此种教育可以使大学生丰富知识、增强自信、学会心理平衡的方法，开发自身潜能，达到愉快地学习与生活的状态，有利于个人的成长与发展。根据大学生心理健康教育目标的要求，从总体上来说，大学生心理健康教育的内容就是：宣传普及心理健康知识，使大学生充分认识自身，了解心理健康对成长和成才的重要意义，树立心理健康意识；介绍增进心理健康的途径，使大学生掌握科学、有效的学习方法，养成良好的学习习惯，自觉地开发智力潜能，培养创新精神和实践能力；传授心理调适的方法，使大学生学会自我心理调适，有效地消除心理困惑，自觉培养坚韧不拔的意志品质和艰苦奋斗的精神，提高承受和应对挫折的能力及社会生活的适应能力；解析心理异常现象，使大学生了解常见心理问题产生的原因及主要表现，并且能够以科学的态度对待各种心理问题。这些教育内容可以分为以下四个类型：

1. 优化学生心理素质的教育

优化学生心理素质的教育在目前高校心理健康教育内容中占据了很大的比重，包括适应性教育、情绪稳定教育、人际关系和谐教育等内容。具体地说，即通过开展适应性教育，让大学生能积极、及时地调整自己的原有习惯去适应外界环境变化；通过开展情绪稳定教育，对大学生进行有意识的训练与培养，让学生能够自觉调节和控制不良情绪，能经常保持乐观、开朗的心境；让学生学习人际关系和谐教育可以让学生习得保持良好人际关系和与人交往的技能，能够做到与周围人积极互动，和谐共处。

2. 预防学生心理疾病的教育

预防心理疾病的教育是通过对学生开展挫折教育、心理卫生知识教育、心理疾病防治教育，培养大学生良好的意志品质，增强大学生较强的承受挫折的心理能力，锻炼大学生的自我心理教育能力，防止心理问题、心理疾病的发生，做到防患于未然，促进学生健康发展。

3. 矫治学生心理障碍的教育

矫治学生心理障碍的教育主要针对少数有心理困惑或者有心理障碍的学生，通过对他们开展科学有效的心理咨询和辅导活动，了解其不良心理和行为产生的根源，化解心理冲突，使他们尽快摆脱心理障碍的困扰，调节心理矛盾，提高其心理健康水平，增强自我教育的能力。此种教育内容虽然涉及的学生面不广，但它是高校心理健康教育内容的重要组成部分。

4. 发展学生心理潜能的教育

发展学生心理潜能的教育着眼于学生的未来发展，通过开展教育使学生充分认识自我，建立自爱、自尊、自信、自强的自我意识，拥有自我心理教育能力，能积极面对和正确处理学习、生活中的各种压力，解决发展中面临的各种问题；开发大学生潜能，发挥其优势能力；培养大学生创新能力，提高创造力；帮助学生成长成才，适应社会发展需要。该教育内容代表着高校心理健康教育的较高境界，也是今后心理健康教育发展的主要方向。以上四个方面的内容相辅相成，缺一不可，它们层层递进集中代表了目前我国高校心理健康教育的内容。

（三）多维度的大学生心理健康标准体系

1. 大学生心理健康标准的基本心理能力

这一维度共包括六项。马斯洛在研究心理安全感这一课题时，对这一课题的表述为：在焦虑、恐惧等负面情绪的重压下坚持自我，从困境挣脱出来的心理状态，通常表现为自信、自由以及充足的安全感。同时，马斯洛也从多个维度，对安全感这一因素进行考察，通过对比安全感有无人群，得出结果：个体的行为和情绪在很大程度上是受到其心理安全感的影响的，更甚者还会影响到个体的社会适应水平。抗压能力在前人的研究中少有提及，但随着社会的发展，新时代大学生面临的学习、工作等方方面面的竞争压力也都在随之增大，因此，抗压能力也是衡量大学生心理健康标准必不可少的一项。罗杰斯把自主性看作是个体的动力，是个体自我实现的基本趋向，大学生正处于身心快速发展的时期，自主性对其心理健康的影响也不容小觑。埃里克森把"形成亲密感、避免疏离感"视为大学生所属的青年期的个体发展的主要任务，所以建立亲密关系的能力自然也是考察项目之一。作为自我意识的重要内核，自我接纳是个体客观认识自我的前提，也是其健全人格形成的重要条件之一。大学生正处在对新事物极其好奇的阶段，他们接触了大量的新知识，其中自然包含了不少挑战，而能否以乐观的心态来面对这些新挑战，也能反映出其心理健康的状态。可见，以上这六个项目正反映了新时代大学生的基本心理能力。

2. 大学生心理健康标准的内外协调适应

这一维度共包括五项，主要是从个体人格、人际关系、社会适应等方面出发。这一维度所反映的大学生心理健康标准和叶一舵提出的"二维适应论"有所类似，即"个体心理健康标准就是个体适应正常或良好"。

目前对于心理健康标准的研究，大都强调个体性和社会性的统一，这两者看似互相对立，实则密不可分。个体和社会是互相包容的，互相支撑的，社会是由不同个体组成的社会，而个体则是社会中的个体。这一观念也正和内外协调适应相呼应，对于个体心理健康状况的衡量不能只考虑单方面，而是要兼顾内外。从个体内部状况出发，心理健康的人往往心理机能健全、人格结构完整、生活态度积极，能自觉满足自我需要；从外部关系出发，心理健康的人行为自然符合社会约定俗成的行为规范，能和他人以及社会保持亲和关系。

3. 大学生心理健康标准的情绪稳定

情绪是否稳定是衡量人的心理健康的核心标准。大学生正处于从学校到社会的过渡期，由于接触到新事物数量激增，可能会导致情绪波动，而发生在他们身上较为严重的心理问题，也都是以情绪波动为诱因的。可见，情绪对个体心理健康极为重要，它是个体心理健康的指标，同时也是极易被察觉的外显表现。

4. 大学生心理健康标准的角色与功能协调

对自我角色的正确认知是个体与其社会身份相符合的行为方式及相应的心理状态。

个体在扮演自身角色的过程中，极易产生认知方面的冲突和障碍。对于大学生来说，初入大学校园，在适应角色转换的过程中，他们内心的期望和不断变化的外界条件，难免会发生冲突。一旦不能妥善处理，就会使得其心理冲突加剧，产生心理失衡，更甚者还可能会有并发心理疾病出现。除了作为社会公民的基础要求外，社会还对大学生寄予厚望，期望他们成为全面发展的高层次人才。而大学生也希望自己能够满足社会期望，并以此为基准，以此来规划自己的实践生活。然而，现实不比理想，现实中的大学生由于其自身条件，包括心理状况、思想意识、个人能力等方面的差异，导致他们的实际角色和理想状态之间难以避免会存在差距。大学生与其扮演角色的和谐，不仅表示出他们对自身的正确认识，更体现了他们心理健康的社会属性。因此，角色与功能的协调是大学生心理发展的重要一环，同时也是其心理健康状态的高层次要求。

5. 大学生心理健康标准的良好的学习能力

学习是大学生的首要任务，而这一维度的各项目都是大学生学习所必需的能力。心理健康的大学生必然会珍惜学习机会，通过有效的时间管理，完成高效学习，同时，他们也能体会到学习所获得的满足感。良好的学习能力为大学生的潜能开发和自我实现提供了基础，如果欠缺学习方面的相关能力，也会引发行为和情绪上的问题，从而影响心理健康状态，因此这也是重要维度之一。

第二节　大学生心理健康教育的特点

一、大学生的年龄和心理特征

（一）大学生的年龄特征

大学生属于青年。从年龄这一特征出发，大学生所属的青年团体介于儿童少年和成年之间，处于前者向后者的过渡时期，即青年期。而青年期又细分为三个阶段：14~18岁的青年前期，18~23岁的青年中期，23~28岁的青年后期。大学生大多属于青年中期，但也有个别跨越到了青年后期。处于青年期的大学生，其个体的心理状态趋于稳定，生理发展也即将完成，因此，这一时期的大学生呈现出的年龄特征是区别于少年儿童和成年人的，其特点主要表现在以下三个方面。

1. 生理机能基本成熟

大学生的身体机能各项发展已达到了人生的高峰值。虽然身高等因素仍可能会有缓慢增长，但总体来说已经由生长发育期过渡到了生长稳定期，这一时期，个体的生理发展趋于稳定，各个器官的功能也日益完善。具体表现为以下几点：

（1）基于性别差异的身体形态上的差别日益明显

由于第二生长发育高峰期带来的"第二性征"通常出现在进入大学之前，即中学时期。

这就直接影响到了进入大学之后女性与男性在身体形态上的不同：女性的身高大多已停止增长，处于固定值，开始转向于脂肪的积累从而显得丰满；男性的身高虽仍呈增长趋势，但其增速已趋于缓慢，开始转向于肌肉增长从而显得健美。两者身体形态变化上的不同趋势，使不同性别之间的气质更加明朗，同时，双方的性别意识也在进一步增强。

（2）内脏机能逐渐成熟

在人体发展过程中，机能与形态是密不可分的。较为表象的血压、脉搏等对内脏机能的呈现，通常反映了人体内部血管、心脏以及其他内脏机能的完善与否。大学生的脉搏频率较少年时期有所下降且趋于稳定，肺活量稳步提升，呼吸深缓，血压也已基本稳定在正常范围内。也就是说，大学生的体内循环系统、呼吸系统的发育都已成熟，并处于一个稳定状态。

（3）运动能力提升显著

大学生的身体机能与身体形态的成熟，给他们的运动能力提供了强而有力的基础，他们对身体的控制能力也逐渐增强，在控制身体运动，包括运动速度、爆发力、灵敏度以及动作的协调度方面都有了非常大的进步，并逐步过渡到高峰阶段。

（4）大脑功能发展越发完善

个体脑细胞间建立联系的数量多寡，是决定大脑功能发展程度的主要因素。大学生目前正处在脑细胞建立联系的上升期，其大脑各方面的发育也在不断完善：大脑皮层的兴奋与抑制功能已经具备较好的平衡性；大脑皮质的沟回组织也已完善。这就给大学生的脑力劳动提供了基础，使他们可以进行较为复杂、耗时的脑力劳动。这也给学校教育提出了新的要求：既要通过活动课程提高大学生身体素质，同时也要挖掘其大脑潜力，做到身心同步、健康发展。

2. 心理需求不断增长

新时代大学生的思维方式已从经验型转向理论型，而且思维的独立性、批判性和创造性都在增强。与此同时，他们心理方面的需求开始增大，尤以精神方面的需求为主。表现为以下三点。

（1）对丰富多彩的文化生活的向往

与中学生相比，大学生有了更多的可支配时间，同时，他们也正处于精力旺盛、求知欲强的年龄阶段。因此，除了对专业课程的学习，他们大都还选择了专业知识以外的领域来丰富自己的课余文化生活，主要以阅读课外书籍、参加兴趣社团、主题展览、沙龙讲座为主。与此同时，考虑到未来的就业需求，他们也选择了中心兴趣着重发展，并逐步把中心兴趣和未来社会的需求联系起来，把兴趣更多地指向与目标职业相关的范围。

（2）对美好的理想的追求

大学生正处于富于理想的年龄阶段，他们的理想各不相同，主要可以分为生活、职业、道德和社会理想四个方面。大学生的理想多为明确且积极的，同时，他们对自我已经有了较为客观的认知,因此他们的理想并不是毫无根据的空想,而是更多地从自身能力、社会需求和国家发展出发,并在确定自己的理想之后,把理想和未来的生活、职业更紧密地结合起来,让这三者更好地融合在一起,从而达到预期之外的效果。大学生对美好生活的渴望,对未来的憧憬,对时代精英和英雄人物的向往,使得他们更注重在人生道路上的自我实现,并以较高的道德标准来要求自己,力求实现远大理想,成为一个有价值的人。

（3）对感情的向往

新时代大学生一方面渴望自己的内心世界被他人所了解,另一方面也渴望了解他人的内心世界,这是大学生共同的心理需求。而他们对感情的向往主要集中在友情和爱情两方面,随着生活阅历的加深,他们情感方面的体验也逐步丰富。他们珍惜友谊,喜欢和好友分享自己的生活,也乐于听好友倾诉,帮好友排解压力;他们向往爱情,渴望有一个契合的理想伴侣,陪伴自己走向未来的人生旅途。这种对友情和爱情的需求都是正常的,理应获得理解和尊重。与此同时,随着大学生心理需求的不断增长,对学校教育也提出了更高要求:通过不同的课程、新颖的教学方法来满足学生的求知欲,注重学生人格的培养,为他们提供多种发展机会。

3. 自我意识显著增强

自我意识是个体在成长过程中逐渐形成的,对于自身以及自己与周围的关系的认知。进入大学之后,由于知识面的迅速扩大和对于知识理解的进一步加深,再加上个体需求的增大以及情感经历的丰富,大学生呈现出一种不同于少年儿童的新特征,即自我意识的显著增强。这一特征主要表现为以下几点。

（1）大学生自我意识的分化、矛盾和统一

分化是指大学生为了增进对自我主观世界的认识,逐渐把对外界,即客观世界的关注转向自身内部,从而产生的一种状态,把自我分化为理想的自我与现实的自我两个部分。当理想中完美、高尚的自我与现实中不尽如人意的自我产生碰撞时,不可避免地会有矛盾出现。这一矛盾将会促使大学生深入思考,并逐步把分化的自我统一起来。这就是大学生自我意识分化、矛盾和统一的过程。这种统一只有在得到实现且处于积极状态时,才会对个体自我意识的健康发展有促进作用;反之,则可能对个体的自我意识产生消极的不良影响。

（2）大学生自我意识的要求和能力的增强

首先,大学生对于自身发展,包括自己的现状及未来非常关注,他们会通过对自身的客观认识来规划未来发展方向,并专注于完成自己制订的目标。

其次,他们具备自我评价及自我教育的能力。在生活、学习中,可以做到联系实际客观分析自身言行,也能通过他人对于自己言行的反馈以及社会规范不断进行自我批评、自我反省,这体现了他们对自身要求标准的提高。

最后，他们的独立思维能力也有所增强。进入高等学府之后，他们有了接触更大的世界的机会，因此，他们对未来充满了憧憬。同时，他们不再受传统观念的禁锢，对他人的思想观念也不盲从、不轻信，思维灵活变通，意志力也更为坚定，不惧困难，能够勇敢追求自己的梦想。

（二）大学生的心理特征

大学生正处在人生发展的黄金阶段，此时，他们的心理发展也相应地呈现出积极向上的色彩；但同时，他们也处在由青涩向成熟过渡的阶段，正在走向成熟又没有真正成熟，自然也会由于不适应而产生心理发展的不平衡性或是其他心理矛盾。因此，我们可以总结出大学生的心理特征：积极面与消极面共存，自我意识中存在矛盾冲突。

1. 大学生心理发展的积极特征及其转化

（1）活力充沛，敢于作为

大学生的身心发展都日臻完善，其身体、生理机能都处在成熟高峰期，他们浑身充满干劲，散发着青春活力的气息，同时，他们对自身的力量也深信不疑，对于认定的目标毫不退缩，不受任何外界因素的影响，勇敢地朝着既定目标前进。这些正是大学生生理机能成熟在心理上的反映，总体呈现出活力充沛、敢于作为的积极的心理特征。

（2）向往美好生活，产生类似成人的需求

大学生的身心迅速发展，知识范畴更加广阔，交往范围也不断扩大，在这些因素的影响下，他们自然会产生一些不同于儿童、少年时代的新需求，这些需求既有生理上的，也有物质、精神上的，尤以精神上的需求为重。他们渴望成为独立自主的个体，非常在意他人是否尊重自己，不断增加自己的知识储备，希望能在某一领域有所成就，积极参加各种类型的社交活动，渴望结识有共同趣味、喜好的同辈友伴，并对与异性交往，维持互相尊重、忠诚，独立且亲密的友谊。对于这些需求，大学生认为应和一般成年人一样，获得充分满足。同时，由于他们对于自身、对于社会都更加了解，也意识到自身能力的提高，对未来的生活充满了美好希望，在大学里面接触到的广阔的知识更是加深了他们对未来的向往。

（3）情绪强烈，情感丰富

由于生理、心理机能的不断发展，大学生的需求也逐渐增多，这也容易引起强烈的情绪。他们非常憧憬美好的社会生活，认为人与人之间的交际友好和善，一切合情合理的需求也都会得到满足。同时，由于缺乏社会生活经验，他们总会不自觉代入自己的情绪感受来衡量他人，且极为反感自认为不公平的事情。再加上初入大学，接触了更为复杂、广泛的人际关系，这一切都使大学生的情感远比其他的青年人更为丰富。

（4）主动性强，敢于创新

大学生的抽象逻辑思维能力不断发展，他们对事物的认知也不再局限于直接接触的反馈，而是可以通过间接因素来推断事物未来发展，因此他们的主动性更强。再加上对于部分旧观念、旧习俗的不认同，以及不断增强的自信心，他们也更勇于革新，敢于走没有人走过的路。

（5）富有理想，积极向上

大学生对社会已经有了初步认识，并随着社会知识不断增长以及人际交往不断深入，他们对于社会事务的认识能力也逐步提高，对于社会长久以来的发展规律也有了更为深刻的理解，清楚地认识到自己在社会中的身份。所以，大学生一般都富有理想，积极向上。

2. 即将走上社会的大学生心理发展中的矛盾特性

（1）闭锁性与开放性

闭锁性是大学生心理发展的过程中一个非常显著的特点，他们对于情感的表达，不再像少年时期那样外显，而是逐渐内隐，甚至羞于表达，比较常见的就是言语、行为与内心想法不符或是相反，比如，在与有好感的异性接触时，由于客观环境或是个体自尊心等因素，可能会表现得无动于衷或是回避、反感的态度；对于一件事情明明心中厌烦，却因为某些原因，不得不以热情、积极的态度来应对。闭锁性这一特性是大学生为保护自身真实想法而不自觉形成的心理屏障，也是他们逐渐适应社会的象征。开放性则是指大学生在掩饰自己真实情绪、感受的同时，也在强烈渴望能够寻得知音，能够在自己极具安全感的情况下，和自己倾诉。闭锁性是相对的、暂时的；而开放性则是绝对的、频繁的，二者之间的关系既是对立，又是统一。这一点在不同人，或是同一个人身上都有所体现，不同的人自然有闭锁和开放的区别，而同一个人身上，也有可能会出现当前闭锁、未来开放；对部分人闭锁、对部分人开放；一种场合内闭锁、一种场合内开放等。总而言之，大学生的心理总会通过外显的方式有所表露。

（2）自尊心与自卑性

相较于少年时期，步入青年期的大学生自尊心、自信心都有了明显增强，他们对于自我的认识更加客观、理性，也更为在意别人对自己的评价，希望被看作是独立自主的"成人"，受到平等的对待，可以被信任、依赖。但同时，与其自尊心相伴的还有自卑这一特性，部分大学生可能会因为自尊心过强而引发自卑心理，从而触发攀比心，甚至产生一些消极、负面的联想，在处于困境时，也极为容易自责，更甚至还可能会选择轻生来结束生命。自卑和自尊是独立且密切关联的，自卑往往是由于自尊心受挫而引起的，很多人自卑的表象下往往掩盖着极强的自尊心。这一对特性在大学生的成长中极为重要，要引导大学生正视自尊、自卑心理，充分发挥自尊心中的积极因素，克服负面影响。

（3）幻想性和理想性

幻想源于生活而又高于生活，结合个人生活情况和对未知生活的期望所创造的关于未来的想象，就是幻想。各年龄段的人对于未知都有不同的幻想，而大学生的幻想显然更具特色，他们的内心深处充满了对美好世界的向往，相反对于社会的黑暗面则知晓不多，因此他们的幻想更多的是憧憬美好未来，思索人生意义。幻想也有积极和消极两方面，基于现实而产生的幻想极有可能衍生出理想，对大学生发展产生积极的正面影响；而脱离实际社会生活，毫无依托且无法实现的幻想就是空想，对大学生发展产生消极的负面影响。由于大学生接受高等教育并已有一定的知识储备，他们的幻想大多都是结合实际、积极健康的，也正是这种对未来的向往，逐渐发展成为推动他们克服困难的内驱力。但也有少数人沉溺于不切实际的空想，丝毫不顾及当下，活在为自己营造的完美幻境，这样的幻想终究会落空，到最后只会加剧失望，甚至致使消极颓唐。

（4）独立性与依赖性

大学生的生活经验相对较少，遇到不熟悉的复杂问题时，往往会手足无措，无法及时进行妥善处理。同时，大学生在校期间的收入来源多以家庭供给为主，因此很难做到经济、精神上的完全独立，更甚者还会因为家庭长久以来的溺爱形成依赖，这种依赖性对于未真正进入社会的大学生来说，更加难以摆脱。这种对独立性的向往和依赖性的难以脱离在大学生的意识中共存，激起强烈的矛盾。

（5）情绪性和理智性

大学生处在对于事物有理性认知，但又受情绪控制难以做出理智决定的矛盾中。他们对于新兴事物的需求，都非常渴望得到满足，因此难免会感情用事，对于情绪的表达也都比较外显，容易被感动、被激励，高兴时会手舞足蹈，伤感时会泣不成声，有时也会因为一件小事与人争执甚至动粗。同时，大学生由于通晓人情世故、做事道理，有着强烈的社会责任感和自我成就感，所以会有意识地控制、克制自己。不过在遇到所处情况和认知中的道理不一致时，难以在二者之间寻求平衡，明知做法合理却又无法摆脱情感的控制，做出不合适的判断后而追悔、苦恼。

（6）趋同性和批判性

趋同性则是多表现为附和、屈从于多数人的观点或是做法，也就是我们常常所说的"合群"。与此同时，大学生也处在最具批判性和创造性思维的阶段，他们极具好奇心，喜欢探求事物的根源，对于别人的观点也能提出合理质疑，要求更有说服力的论证，这是思维成熟的表现之一。批判性这一特点，使得大学生敢于提出问题、勇于深入探索，但同时又受趋同性的影响，会时而不自觉地附和他人，趋同性和批判性之间的互相影响使得大学生在表达自己与附和别人之间不断摇摆，处于矛盾之中。

（7）好奇性和求知性

大学生的好奇性是驱使他们了解新事物的原动力，而求知性则是引导他们对事物进行深入研究的助推力，二者对于事物的筛选有所不同。进入大学之后，大学生拓宽了接收信息的渠道，可以在最广泛的范围内获取新知识来充实自己、提升自己。但如果缺乏辨识能力，对于新鲜事物没有筛选的无差别吸取，虽然也会增加某些方面的知识，但难免会因筛选不当而受到一些消极、负面的影响。

二、大学生个体和社会特征

（一）大学生的个体特征

大学生的界定即本质属性源于其独有的年龄特征。由于高校学生在身心发展上均已接近或达到成熟并趋于稳定，也由于高等教育的培养目标的特殊要求，因而大学生在内在的需求与外部的行为表现上，在所肩负的使命与社会给予的希望上都不同于中小学生。我们将大学生的本质属性概括为以下三个方面。

1. 高校学生是身心日趋成熟的完整个体

"身心日趋成熟"是指高校学生的身心发展既不同于少年儿童身心的尚未成熟，也不同于成年人的身心已经成熟。他们身体各器官的解剖生理虽已基本达到成熟的水平，这为他们在大家的独立生活和学习提供了必要的生理基础。但在心理发展上，远未达到真正的成熟，这使他们在一些复杂的问题面前，特别是在一些社会问题的认识方面表现出幼稚和片面，有时也会产生心理上的强烈矛盾冲突，甚至出现心理水平倒退的现象。然而，他们毕竟日趋成熟，他们的态度体系、价值标准和生活方式正逐步确立。只有这样，他们才能担负起繁重的学习任务，并努力适应未来社会的要求。"完整的个体"是指大学生的身心发展并不是片面的、孤立的，而是全面的、完整的。我们不应将大学生的身心发展割裂开来、对立起来，而必须将大学生作为完整的个体来看待。教育活动的进行既要有利于学生身体的健康，又要能促进学生心智的进步；既要使学生将来能适应现有的生产力和生产关系，又要使学生具有改造自然、适应社会的勇气和能力。高等教育不仅要能造就出某一领域的高级专门人才，还要培养身心全面、和谐发展的完善的人。

2. 大学生是具有主动性、积极性和创造性的独立个体

大学生作为已经掌握了一定社会规范，有着较强烈的独立意识，具有较高智力发展水平的人，在教育过程中具有较强的主动性。他们具有各自的兴趣、需要和能力，对各种影响会做出自己的分析、判断和选择。他们正逐渐从依附教师走向独立获取，从自发的学习转向自觉的追求。这不仅表现在他们对环境的适应和独立生活能力的提高方面，还表现在他们结合所学专业知识，通过各种途径，积极参加校内外的社会实践活动，以期在活动中塑造和锻炼自己。高校学生的学习也与中小学生有较大的不同，中小学生主要是掌握人类已有的文化知识，而大学生的学习中却有更多的探索、发现和创造。他们虽未进入为社会生产财富的阶段，但思想中常闪烁着智慧之光，有着强烈的创造欲望，并力求在这种创造中确认自身的价值。因此，高校教育必须调动学生的积极性，鼓励并爱护学生的创造热情，使学生获得生动活泼的发展。

3. 大学生是在规范的教育中，以专业知识的学习为己任的能动个体

大学生的学习是一种规范化的学习，它有学制和校规校纪的规定，有系统的课程安排，有按计划有组织的教学及实践，有"学业有专攻"的教师的指点，有明确的培养目标。学生要成为某一专业的合格人才，就必须经过学校的循序渐进的教学以及自己坚持不懈的努力。因而，学校的规范教育成为学生成才的必经之路。另外，大学生的学习又是以掌握专门学科知识，成为社会所需要的专业人才为方向的，因而，学生未来的职业与现在的学习有着密切联系。现在学习的专业关系到将来从事的工作，现在学习的好坏影响

到将来工作质量的高低,从这一角度上看,大学生学习的动力有很大一部分来自职业的要求。

(二)大学生的社会特征

大学生是青年,年龄关系仅仅是大学生结成社会群体的外部联系,是我们深入探究其社会本质的起点和入门的向导,但是,我们必须把年龄放在社会意义的角度来考察,深入探究大学生这个社会群体的社会本质。只有这样,才能对大学生有一个全面准确完整地把握。

大学生的基本社会特点在政治、思想和道德方面的具体表现是:他们具有感受时代精神的敏锐性,参与社会生活的积极性,群体成员的主动性和内部结构层次的复杂性。

1. 感受时代精神的敏锐性

这是大学生社会意识的主要特点,是指大学生比之成年和其他青年群体对时代精神的感受更敏锐。列宁曾经说过,因为大学生是一部分最敏感的知识分子,而知识分子之所以叫知识分子,就是因为他们最有意识、最彻底、最正确地反映了和表现了整个社会的阶级利益的发展和政治派别的发展。大学生的这一特点,与青年期的发展任务及青年学生的社会地位存在一定联系。青年期正是逐步形成世界观和人生观的时期,也是扩大和加深对社会和人生认识的时期。他们头脑中固有的东西少,思想活跃,最肯学习,最少保守思想,向往未来,追求真理,容易接受新信息、新事物。因此,他们比之一般成年更能体察到时代的变化,能够较早、较快地同时代精神产生共鸣。大学生是有知识的青年,过着集体生活,能够把各种信息汇集和传播开去。因此,他们比之一般工农青年更容易理解时代变化的实质,能够较深刻、较正确地把握时代精神的本质特征,并转化为自己的自觉行动。

正确认识大学生思想意识倾向的这一特点,对我们正确评价新时代大学生有着重要的现实意义,但是凡事不能走极端,我们在承认大学生具有感受时代精神敏锐性的同时,要看到他们经验不足,甚至幼稚的一面。大学生不可能事事都走在成人前边,也不可能总是准确无误地把握时代精神。事实上,他们中的一些人往往会发生这样或那样的错误。特别是在社会急剧变革的条件下,在错综复杂的矛盾面前,少数人容易迷茫,容易被坏人操纵,甚至迷失方向,背离时代精神,走入歧途。并且,青年学生作为一个群体,其内部结构层次也相当复杂,对时代精神感受的敏锐度也参差不齐,因而其思想和行为的表现也不可能同意。这就要求我们加强引导,自觉地用时代精神去教育青年学生,只要我们这样做了,青年学生就会成为无愧于我们伟大时代的一代新人。

2. 参与社会生活的积极性

这是大学生群体社会作用的一个重要特点。对于当代大学生来说,学习必然是排在第一位的,学习在他们的生活中所占比重之大其他事项无法比拟。但大学生也不仅仅是被动的"受教育者",或者说是社会生活中的旁观者,他们逐渐参与到实际社会中来,尤其是社会政治生活。学习的过程不仅包括学习专业知识，更重要的是他们在不断调整自身以符合社会期待，从而更好地参与社会实践的过程。历史事实表明，大学生是推动社会变革，争取社会进步的一支重要社会力量。民主革命时期，青年学生发挥过巨大的作用，建立了丰功伟绩，处处表现了他们参与社会政治斗争的高度积极性。

社会主义建设时期，广大青年怀抱崇高理想，热爱社会主义祖国，积极响应党和政府的号召，捍卫人民利益，维护社会秩序，处处表现了良好的献身精神和守纪律的精神。改革开放时期，大学生参与社会生活的积极性，不仅没有减退，还在时代精神的哺育下愈益高涨。他们积极投身于思想解放运动，积极参与社会主义精神文明建设，开展各种有益于社会和人民的活动；他们用户改革，参与改革，为改革献计献策。这一切表明，当代青年学生中蕴藏着极大的参与社会生活的积极性，仍然是影响社会发展的一支重要力量。当然，我们承认并重视青年学生参与社会生活的积极性，并不注重崇拜自发性。

大学生毕竟不是完全成熟的社会群体，他们涉世未深，社会和人生的经验不足，还不可能完全正确认识和处理现实生活中错综复杂的矛盾，容易产生片面性和偏激情绪。特别是在受到某些错误思潮影响，而又缺乏正确有力的教育引导的情况下，他们的这种积极性也可能偏离社会发展的方向，成为影响社会发展的消极因素。因此，我们一方面要重视并鼓励青年学生参与社会生活的积极性，不能对这种积极性压抑和堵塞；另一方面又要保持头脑清醒，克服盲目性，加强自觉教育引导，使青年学生这种积极性获得正确的发挥，成为促进社会进步的积极力量。

3. 群体成员的主动性

这是大学生群体社会行动的主要特点。所谓互动性是指大学生群体与群体、成员与成员之间互相影响、互相促动，形成一种比较统一的群体行为。大学生群体从组织结构上可分为正式结构与飞涨式结构两大类。正式结构是有规范的、稳定的组织结构，如学生会的各级组织、教学活动的各种组织和党团各级组织等。非正式结构是缺乏明确规范的、松散的、不稳定的结构，主要是以某些情感因素为纽带结合起来的，如以兴趣、爱好为纽带结成的社团祖师，以友情为纽带结成的朋友和同学关系等。整个大学生的学习、政治、文化娱乐生活和物质生活都是一种集体性生活，这种有别于其他社会群体的生活方式，不仅为群体及其成员间的活动提供了组织条件，还提供了群体意识条件，加之青年期求新好奇、求胜好强等社会心理因素，所以，他们总是在思想品德上互相认同，在行为上互相模仿，特别是涉及共同利益和要求的时候，互相激励、强化和支持，这就容易导致一定规模的群体行动。对青年学生的群体行动，既不能一概否定，也不能笼统肯定，具体情况要做具体分析。

应该看到，在正确教育和引导下，绝大多数青年学生采取群体行动的主观动机是好的，也大都能产生良好的社会作用和教育效果。然而，也应该看到，大学生的某些群体行动确实带有很大的盲动和冲动成分，存在被某些社会势力所利用的可能性，不积极引导或缺乏得力措施，就很有可能偏离社会发展方向，产生不良后果。因此，我们要重视青年学生的这一特点，加强经常性的思想政治教育，掌握大学生群体思想变化的趋势和规律，防微杜渐，使自发行动符合教育与自我教育的要求。

4. 内部结构层次的复杂性

这是大学生群体内部思想与行为的个性特点。大学生作为一个社会群体，在思想上与行为上有着许多共同特点，即共性。但是，在其群体内部，又很难找到思想与行为上的统一模式，总是具体表现为不同的层次与不同的水平。

首先，大学生是一个周期性社会交替着的群体。年级不同，面临的课题不同，因而思想与行为发展水平及特点也自然不同。

其次，大学生由于专业不同，其知识结构，智力活动方式不同，思想与行为特点也会不同。

再次，生源地不同，思想与行为往往表现出一定的地域性特点。

最后，家庭环境、个人经历及早期教育的不同，必然表现出差异性。因此，我们对大学生的认识，要从实际出发，因时因地因人制宜，不要拘泥于某种统一模式。

三、大学生思想品德成长的特征

人的成长是一个选择的过程，选择就意味着挑选和决定，挑选和决定的标准就是价值。价值包括"真理、创造、美、仁慈、完整、活力、独特、正义、直率和自我满足等"。思想是指"客观存在反映在人的意识中经过思维活动而产生的结果"。品德是指"品质道德"，思想品德是指人们在一定思想的指导下，在品质道德中所表现出来的稳定的心理和行为的总和。思想的内容是社会制度的性质和人们的物质生活条件所决定的，因此，思想指导下的品质道德就与一定的社会发展水平相适应。思想品德成长规律就是指品质道德活动的规律，是主体品质道德心理和行为内在的、本质的、必然的联系。

（一）大学生思想品德成长的特征

1. 思想主流健康积极向上

从总体上来说，当代大学生是有人生理想的，这是他们这个群体价值观和人生观在奋斗目标上的集中体现。他们成长的主流是积极健康向上的，在心理健康、学习行为、网络行为等日常行为方面主流也是很好的，但也存在一些问题，这几年在实际的学生工作中遇到很多新问题、新困难就是这些问题的表现。虽然当代大学生思想多样化，也存在一定差异，但是从总体上来说，当代大学生的"思想政治面貌总体健康向上，拥护中国共产党的领导，对中国特色社会主义事业充满信心"。

（1）坚定"四个自信"

当代大学生普遍对中国特色社会主义道路充满自信，对国家的发展方向和未来命运充满自信；他们认为道路自信就是要坚定走中国特色社会主义道路，中国特色社会主义道路是实现社会主义现代化的必由之路；他们能认识到坚持走中国特色社会主义道路是被近代史反复证明的客观真理，是中华民族走向繁荣富强的根本保证，也是中国人民生活幸福的根本保证。当代大学生普遍对中国特色社会主义理论体系的科学性、真理性充满自信，认为中国特色社会主义理论体系是马克思主义理论的重要组成部分，是对马克思主义的继承和发展；坚定理论自信就是要坚定实现中华民族伟大复兴的自信，就是要坚定创造人民美好生活的自信。

当代大学生普遍对中国特色社会主义制度具有制度优势充满自信，认为社会主义制度具有巨大的优越性；坚定地相信社会主义制度能够推动经济社会发展、维护国家和社会稳定，能够保障人民群众的自由平等权利和人身财产安全。当代大学生普遍对中国特色社会主义先进文化充满自信，认为社会主义先进文化是对中国传统优秀文化的继承和发展；对中华民族优秀传统文化充满自豪感；普遍认同社会主义核心价值观。

（2）具有强烈的爱国主义情怀

当代大学生普遍具有强烈的国家自豪感，这是具有爱国主义情怀的体现。爱国主义是指"个人或集体对祖国的一种积极和支持的态度"。当代大学生对祖国普遍持支持态度，对祖国的发展和未来方向普遍持积极态度。

（3）具有强烈的民族认同感

民族认同感是社会成员对自己民族归属的自觉认知，是在民族交往过程中对自己民族形成的一种认识、态度和行为。民族认同的过程就是民族交往的过程，是民族互相了解的过程，费孝通先生把民族认同的发生看作一种"人己之别"形成的过程，在交往过程中，意识到自己民族与其他民族的不同，进而对自己民族产生的民族归属感。

2. 普遍具有民主意识

民主意识有广义和狭义之分，广义的民主意识主要是指参与国家大事和对国家大事发表意见的权利方面的意识。狭义的民主意识主要是指人的个体在自己思想和行为方面所具有的民主平等的意识。此外，对当代大学生民主意识的研究主要是对狭义民主意识的研究。

（1）普遍具有狭义性质的民主意识

在当代，随着社会经济的发展，人们的观念也在逐步转化，认识到了素质教育和综合发展的重要性，在日常家庭和学校的管理和教育中，更多地倾听学生的意见和建议，家校管教的民主氛围有了较大进步，家庭和学校的管理教育越来越民主。

当代大学生的民主意识，主要是与自身成长相关的内容所具有的民主意识。他们在和人相处过程中对平等的诉求是最大的；在社会参与和群体参与方面，民主意识表现得很突出，比如，集体决策的发言权，集体管理的参与权等。

（2）选择式认可权威

多元文化和思潮对当代大学生的影响较大，他们解构权威，对所谓的权力和威势不敏感，这和他们处在"后叛逆时期"是有密切关系的。对在某种范围里享有威望的人或事物是选择式认可，比如在教育主体里面，他们就比较信服具有较高人格权威和知识权威的人，对这类人算灌输的教育内容印象也比较深刻。

（3）突出个体思考和感受

当代大学生的年龄阶段特征，决定了他们在这个阶段成长所具有的特征，独立意识越来越强，自我感觉是独立的大人了，能独自解决问题和困难，强调个体思考，重视个体感受，一定程度上厌恶空洞、不切实际的标语性、口号式、填鸭式的宣传教育。

当代大学生突出个体思考和感受，是向外界展示自己独特性的心理需要，他们不希望自己受到外界的打扰，不希望别人对自己"指手画脚"，在遇到问题进行交流时，和任何人说话的方式都是趋同的——平等交流。

3. 逻辑思维特征明显

逻辑思维又称为抽象思维，是指反映客观事物规律的理性思维过程。理性思维的过程就是指在认识事物的过程中借助概括、判断、推理、抽象等思维形式能动地反映客观现实的理性认识过程。当代高等教育在强调传授知识的同时，也非常重视大学生综合能力的培养，逻辑思维能力是当代大学生诸多能力中起基础作用的能力。逻辑思维能力是指正确的、理性地认识事物的能力，即对事物进行"观察、比较、分析、综合、抽象、概括、判断、推理"的能力，是有条理地表达自己思维过程的能力。

（1）逻辑知识教育的现状

有学者认为，当代大学生逻辑知识的教育现状是"先天营养不良，后天营养不足"，"先天营养不良"主要是指在高中教育阶段，对逻辑知识教育认识不足，认为是可有可无，对基本逻辑知识"视而不见"，更谈不上系统的教育引导了。"后天营养不足"主要是指在进入大学阶段后，很多高校对逻辑知识教育仍然认识不足，除了一些学科开设《形式逻辑》等逻辑学知识相关课程外，面向全体大学生的逻辑知识教育课程开设几乎没有。"先天营养不良"加之"后天营养不足"，导致了面向当代大学生的逻辑知识教育的匮乏，也导致了当代大学生在逻辑思维能力方面存在一些问题。

（2）批判性思维意识较强

具有批判性思维是当代大学生逻辑思维最显著的特征之一。批判思维是指"基于充分的理性和客观事实而进行的评估和客观评价"。总体上来看，当代大学生善于独立思考、敢于怀疑，不人云亦云。不为无事实根据的传闻和"小道消息"所左右。他们在学习基础理论知识的同时，通过学习和模仿，独立思考，创新思维，敢于创造，使自己具有了创新意识和能力。他们对传统观念和"常识"持批判吸收的态度，有从众心理但不会盲目从众，认可权威但会选择式服从权威，接受经验但会通过实践检验经验。他们个性突出，思维活跃，不随大流，打破思维定式。批判性思维有助于打破认识事物的片面性。

（3）认知事物概念模糊

认知是人们对获得的知识和信息进行加工的过程。人们形成事物的概念，主要有两个渠道：一个是对外部信息的认知而形成概念；另一个是自我感受认知获得概念。认知外部信息形成概念的渠道：当代大学生对外部获得的知识认知是较为一致的，但应用和实践过程是有差距的；对外部获得的其他信息，由于受传统思维及社会大背景的影响，来自不同家庭环境的大学生对外部获得信息的认知存在不同的看法，因而也会对同一事物形成不同的概念，主要表现为对同一个事物的概念认识不一致，还有就是对同一事物概念的对错判断不一致。

认知自我感受形成概念的渠道：对自我感受的认知受主体的综合因素的影响，不同的文化背景、家庭背景和教育背景都会对人的认知产生影响，就会出现客观事物在主观认识中表现出来的不同。例如，当代大学生对集体概念认识不清。特别是对于集体和个人的认知有时会出现偏差，在对待集体的时候，有些人的想法也不算是特别先进，还是有"自私"的因素在，他不会觉得自己的缺席对集体活动影响很大，或是在集体需要的时候，宁愿自己去玩也不愿意为集体牺牲时间。

（4）类比思维意识较强

类比是一种推理方法，类比思维是"根据两种事物在某些特征上的相似，做出它们在其他特征上也可能相似的结论"的思维活动。类比具有或然性的特征，是随机的、没有规律可循的，其结论是否正确还有待实践证明。

在实际中，当代大学生具有较强的类比思维意识，比学习、比生活，甚至比"朋友圈"等，他们很多时候把这种或然性的对比当成了必须有必然性结果的对比，因此就产生了攀比心理、炫富心理，甚至各种扭曲的心理状态。类比思维也是当代大学生具有竞争意识的体现，但这种对比必须加以引导，不能让他们认为这是一种简单的比较，个人所取得的成绩是和各自的禀赋有关的，是自身内在的因素决定了结果的产生，不是自己具有和他人相同的身份特征，就绝对和他人拥有同样的生活。

（5）存在二元思维意识

二元思维是一种非此即彼的思维模式，是把复杂地对事物的认识简单的二元化，是一种非理性的、不科学的思维模式。

当代大学生总体上具有较为科学的思维意识，他们所处在心智尚未完全成熟的成长阶段，二元思维意识在他们中间有一定"市场"，这是他们思维不成熟的表现，这一类大学生抽象思维能力较差，不善于运用概念、判断、推理等形式进行论证。具有二元思维意识的大学生，对事物的认识较为单一，一般认为事物就分为对与错、真与假、善与恶等，思维意识的二元化导致思维的简单化，最终导致了他们适应社会能力的弱化，在实际中，这类大学生抗挫折的能力也很差，简单思维意识会让本质上很复杂的事物给他们带来了较多的打击，这也是有些大学生人际关系差，日常行为问题较多的根本原因。

存在二元思维意识是当代大学生思维方式单一化的表现，这种简单的思维方式对高等教育特别是对思想政治教育工作带来了较大挑战。访谈结果也显示，有受访者认为：

当代大学生抽象思维丰富，但认识又不够全面，较为主观；逻辑思维能力强，但不全面。

4. 道德观念的形成

道德是指"以善恶评价的方式调节人际关系的行为规范和人类自我完善的一种社会价值形态"。道德观念是指"支配人们进行道德判断、评价和道德活动的观念"。人的道德观念的形成发展过程，"既是由不知到知的过程，也是由知向行转化的过程，需要经过知、情、意、信等心理因素的矛盾运动才能完成"。具有什么样的认知水平，就具有相对应的信念、动机和行为，从这个角度讲，个体人的认知水平和其对待事物的信念、动机和行为是同一的，也可以看出，认知在人的道德观念结构中具有重要地位。

（1）普遍认可社会主义核心价值观

社会发展的现代化带来了价值观念的严重冲突。一方面，科学技术水平高速发展，生产力水平提高，物质资料越来越丰富；另一方面，国际风云变化莫测，文化日益多元，各种思想交相融合冲突，一些腐朽的享乐文化也随之而来。当代大学生的成长面临着严峻的挑战，特别是对他们世界观、人生观、价值观的形成和形塑带来了挑战。大学生要坚持不懈地培育和弘扬社会主义核心价值观，引导广大师生做社会主义核心价值观的坚定信仰者、积极传播者、模范践行者。

（2）道德品质

国无德不兴，人无德不立。党的十九大报告指出，"要全面贯彻党的教育方针，落实立德树人根本任务"，培养德智体美劳全面发展的社会主义建设者和接班人。要在加强当代大学生品德修养上下功夫，教育引导他们践行社会主义核心价值观，踏踏实实地修好品德，成为有大爱、有大才、有大情怀、有大德的新时代的大学生。党的十九大报告要求落实立德树人的根本任务，将"立德树人"放在"全面发展"之上，由此可见，在当代大学生成长诸多要素中，道德观念的成长是最根本的要素。"中国传统哲学的'仁'论和把仁与人统一起来的思想，确立了人的道德属性，对今天的道德建设和人格修养，仍然具有重要的启示意义"。孔子"倡导的是德性的教育、性情的教育、人格的教育与终身的自我教育"。

教育的本质是培养人，教育的本质是立德树人，培养人就是立德树人。高等学校要将德育摆在突出地位抓好抓实，人的德性成长是教育的首要任务，人的德性成长也是人的全面发展的根本保障。大学生要把立德树人内化到大学建设和管理各个领域、各方面、各环节，做到以树人为核心，以立德为根本。育人和育才统一于人才培养的全过程，育人为本，人无德不立，立德是育人的根本，"这是人才培养的辩证法，办学就要尊重这个规律，否则就办不好学"。

5. 价值观的养成

价值观是指"人们对人生价值的认识和根本态度"。价值观具有行为取向的功能，它是人生观的组成部分。当代大学生对己"自我"，对事物比较现实，对社会有关怀之心，对他人有平等、同情、包容之心。并能主动自我社会化，主动融入当代社会的发展。价值取向多元化，注重个人价值实现。当代大学生价值观的形成基本遵循以下这个模式：成长环境—行为反应—价值观形成。

(1) 对待自己的态度

懂得自我是当代大学生对待自己的态度。他们成长的环境物质条件总体较好，部分家庭困难学生也有很多获得资助的渠道，总体来说，他们具有一定的独立的"财权"。在独立地处理自己的事情的过程中，能逐步认识自我、了解自我。移动互联网的大发展和互联网内容的大爆发，使当代大学生高效地发现自己的兴趣和爱好，获取更多信息，包括学习的和生活的，与自己密切相关的信息。在大学阶段，相比相对封闭的高中阶段，当代大学生具有了很多自主权，比如，很多和自己相关的决定都是自己定的，少了一些父母和教师的干预。这些也有利于他们对自己的认识，如自己的兴趣、自己的优缺点等。家庭条件相对较好的成长环境，使当代大学生出国的可能变成现实，开阔了视野，增长了见识。

当代大学生普遍自我意识增强。当代大学生"自我意识发展的最主要特点在于追求自己内在世界中存在着的'本来'的、本质的自我，并将注意力集中到发现自我、关心自我的存在上"。意识独立性强，强调个性化、趋同性低。当代大学生是相对比较"彻底"的"独生一代"，绝大多数不用与兄弟姐妹瓜分父母的爱和资源，这形成了他们较强的自我意识，容易以自我为中心，其中一部分会逐渐成为精致的利己主义者，不顾及他人的感受。当代大学生大多渴望独立，但大部分人碍于自身能力等因素，还需在很长一段时间内依赖父母。在长时间远离家人的大学生活中，若不能及时找到合适的伙伴，容易在思想和心理上变得更加孤僻自闭，敢于强调话语权和自由是当代大学生的一大成长特点。

(2) 对待他人的态度

平等、包容、关怀是当代大学生对待他人的总体态度。当代大学生由于成长环境的影响，对于权威总体上是叛逆的和抵触的，认为人与人是平等的关系。网络赋予他们强大信息获取能力，也给予他们发声的平台，他们渴望为自己的想法发声，而不愿屈从于权威，限制自己的思想。在生活和学习中，对于人格权威和知识权威高的人有一定认可。在互联网时代，由于信息来源的广泛性，当代大学生认为专家的所谓"唯一权威"的地位是不存在的，面对权威，他们会质疑，会问为什么。他们不会将长辈和权威画上等号，认为长辈错的就是错的，会坚持自己认为正确的主张。

当代大学生成长的家庭和学校等微观环境中，管理和教育的方式越来越民主，培育了他们平等的思想。他们跟任何人进行对话的方式都是一样的，都是有平等意识的。他们勇于发表自己的想法，在面对父母和老师的时候，也会主动表达自己的想法，对社会热点和国家大事表现出了积极参与的态度，也会发表自己的想法和意见。这种主动表达的特点，是他们思维活跃的表现。成长环境的开放，移动互联网的迅猛发展，信息大大爆发，受这些外在成长因素的影响，当代大学生会尊重他人的不同看法，不同意见，包容他人。当代大学生是独生子女为主体的一代，学习和生活压力的增加，使他们从内心深处渴求朋辈群体的认可和帮助，对朋辈群体产生了深深的归属感，更加希望和他人交流沟通，得到他人的认可也认可他人，更加珍惜朋友，希望有更多的时间和朋友在一起。受这些内在因素的影响，他们对他人、对朋辈群体具有了包容之心。

（3）对待社会的态度

当代大学生成长在经济社会发展比较快的时代，受多种文化的影响，他们在社会生活中的行为具有现实性。他们大多数来自独生子女家庭，对家庭资源的重要性非常敏感，这也是基础教育阶段家庭在其成长中扮演重要角色的体现。现实性体现在对自己独立适应社会深深的担忧方面，面对择业、就业和职业发展等问题，他们会努力提升自己以面对挑战，积极获取并且利用各种资源来充实和发展自己。这里资源包括学习的资源，交际的资源，社会实践的资源等。面对复杂的社会，当代大学生表现出了足够的适应性和灵活性，这是从总体上来看的，虽然也有一些大学生适应社会的能力比较差。他们对不同的人展现不同的自己，能根据不同群体来控制自己的言行。对社会的适应是当代大学生性格特点决定的，他们思维灵活，接受新事物快，不拘泥于形式，看重交流过程，善于倾听和换位思考，这些都是他们对社会适应性的体现。

（二）大学生思想品德成长的规律

在当代大学生成长过程中，从思想主流、民主意识、逻辑思维、政治认同、道德观念和价值观等方面表现出来的成长特征，可以总结概括出以下的成长规律。

1. 内化与外化相统一

内化是指个体的人将听到的、看到的观点经过内在思考后，形成自己认可的意识、认知和理论。外化是指个体的人将内在的意识、认知和理论转化为外在的实践和行动。可以理解为有怎样的认识就会有怎样的行动，体现的是意识和行动的一致性。内化与外化相统一也体现在内化自觉转化为外化，它是一个螺旋式上升的过程。其中，内化是外化的前提和基础，外化是内化的目标和结果。

当代大学生具有的最大特征是对自己认知的东西会通过内化而认可它、认同它，之后外化自觉遵从内化，但其前提是必须先内化，进而体现出内化与外化的统一。当代大学生只要是自己接受、认知并认同了的思想，就会不知不觉地外化为自己的实践和行动，从而达到"内化于心""外化于行"的效果。遵循大学生成长内化与外化相统一的规律，将正确的政治意识形态、社会道德规范和思想认知传授给当代大学生，并促进当代大学生内化与外化的统一，无疑对高校的教育者提出了较高要求。

"爱"与"被爱"的统一是当代大学生内化与外化统一规律的体现。在现实中"被爱"是人有归属感或安全感的体现，只有把"被爱"内化为价值观和信仰，才能在外化过程中去"爱"，实现爱与被爱的统一。"被爱"能确认自己的重要性，是自己对自我价值的肯定。只有首先"被爱"才能对他人"有爱"。人的价值的体现来自被爱与爱的需求。适度的"爱"会让人体会到"被爱"的感觉，才会激发内心爱的动力。当代大学生迫切需要外界对他们的认可和肯定，这是"被爱"的需要，是自己认为自己有价值的体现。自己"被爱"是他们去"爱"身边人的动力，进而才会肯定社会主动融入社会,实现内化"被爱"与外化"爱"的统一。

2. 思想与行为相统一

思想与行为属于不同层面的人类活动，前者处在意识层面，后者属于实践层面，但二者相辅相成、互相联系、互相转化。当代大学生思维活跃，接受新事物快，信息来源渠道多，对于自己思想上认可的观点和思潮会很快地转化在自己的行为上，体现出明显的思想和行为的同一趋向。行为是指"受思想支配而表现出来的活动"。

当代大学生对教育者所传递的教育信息，不应是被动地接收，而应该是主动地学习、思考和接受，将教育者所传递的信息"内化"变为自己的认知和意识，进而指导自己的行为和实践，完成由知到行的转化。内化为当代大学生的精神追求，外化为当代大学生的行动自觉，当代大学生体现出来的最大特征是对内化的东西自己有所认识而觉悟，外化自觉遵从内化，但其前提是必须先内化，进而体现出内化与外化的统一。当代大学生只要是自己接受、认知并认同了的思想，就会不知不觉地外化为自己的实践和行动，从而体现"内化于心"到"外化于行"的统一。

但与此同时，当代大学生思想行为上最大的特点就是具有从众心理，如消费的从众、择业创业的从众、恋爱观的从众，这些"从众"的出现就是思想与行为的同一性环节出了问题的反映和表现。又如，"面对形形色色的社会思潮，大学生常常感到迷茫、困惑而无所适从，同时也会不自觉或盲目地接受某种思想观念和行为方式的影响"。

因此，思想和行为的同一规律对于高校教育者来讲是把"双刃剑"。对于正确的"思想"应加以引导，使其内化为当代大学生的价值观；对于错误的"思想"，要及时给予教育和阻隔，使其在付诸行为前就停止或改变。

3. 一元与多元相共存

"所谓一元，就是只有一种思想、一种选择，一切行动听指挥，对世界的看法都是一种声音，一种看法"，事实上，世界的发展是丰富多彩的，当代大学生成长的社会背景是纷繁复杂的，各种思想观念、文化思潮对他们的影响是比较大的。

当代大学生思想品德成长中的"一元"是指当代大学生思想的主流是积极健康向上的。当代大学生"基本树立了正确的世界观、人生观和价值观，能够从辩证唯物主义的角度出发分析和认识事物，并且已经基本掌握了马克思主义关于社会发展规律理论的一般观点，能够运用历史唯物主义的观点和方法去认识分析社会历史问题及现象"。

当代大学生思想品德成长中的"多元"是指他们对多样性的文化观念和价值观的接受。因此，他们的思想成长呈现出多元并存的特点。多元并存的思想品德成长特征，导致了"信仰结构的多元化发展态势正逐步显现，信仰价值的功利化和世俗化倾向日益明显"，但总的来看，当代大学生群体的主流信仰依然是马克思主义信仰。

四、大学生心理健康教育的特点

任何事物都有着其自己独特的特点，大学生心理健康教育也不例外。从大学生心理健康教育特点的角度去了解大学生心理健康教育，有助于心理健康教育的全面、深刻地了解，为今后的大学生心理健康教育的有效开展与寻求未来发展之路奠定了良好的基础。纵观国内外开展高校心理健康的研究与实践来看，高校心理健康教育呈现出以下几个特点：

（一）基础性培养

大学生健康的心理是高等教育的基础和根本要求。20世纪初，国学大师王国维在其著作《论教育之宗旨》（1906）中就对教育的宗旨做了明确的解释："教育之宗旨何在，在使人为完全之人物而已。何谓完全之人物？谓人之能力无不发达且调和是也。人之能力分为内外二者：一曰身体之能力，一曰精神之能力。发达其身体而萎缩其精神，或发达其精神而罢敝其身体，皆非所问完全也。完全之人物，精神与身体必不可不为调和之发达。而精神之中又分为三部：智力、感情与意志。对此三者而由真善美之理想：真者智力之理想，美者意志之理想也。教育之事亦分为三部：智育、德育（意志）、美育（情育）是也。"因此，为达成教育之宗旨，培养具有综合素质的全面人才，就必须引起对心理教育的高度重视。健康的心理，良好的心理状态的塑造是教育的根本要求，健康的心理是学生发展的基础和保证。在国际竞争日益激烈的环境下，各国都把加强心理健康教育，促进学生心理健康作为教育的目标。比如说，美国的教育强调学生自我实现，个性的张扬；我国普通高等教育对学生的教育目标也明确提出"具有健康的心理素质"。

（二）主体性高

高校大学生心理健康教育尊重大学生的主体地位。从大学生心理健康形成机制来看，个体是心理健康的承载者和实现者。尽管大学生心理健康的形成与发展受个体因素与社会因素的综合影响，但个体因素无疑是学生心理健康状况发生变化的内在原因，社会环境作为外因从来不是某种外在于学生的力量单方面赋予学生的，而是学生与环境相互作用的产物，是学生主体本质力量的外化。人创造环境，环境同样造就人。因此，高校心理健康教育在教育内容的选择与方式运用方面总是以尊重大学生主体地位为指导。在教育内容方面，不仅以大学生心理健康教育目标为依据，还遵循了大学生的身心发展特征，符合当前大学生现实需要及大学生心理健康的实际情况；在方式运用方面，根据受教育者自身感知、认同、欣赏，采取带有明确教育目的的显性教育或者采取在潜移默化中接受教育的隐性教育。

（三）全体性大

大学生心理健康教育以全体学生为教育对象。马克思认为，社会性是人的本质属性，一个人的发展同时也取决于和他直接和间接进行交往的其他人的发展。高等教育心理健康教育的目标是提高全体学生的心理素质，优化每一个学生的人格，帮助学生解决成长发展中的各种困惑及问题，增强其适应现代社会生活的能力，开发个体心理潜能，使全体学生都能得到全面而健康的发展。美国心理学会提出的由有经验的心理学家，应用心理测评、学习理论、人际关系的专业知识，扶助学校工作人员，去促进所有学生的成长，丰富他们的经验，并识别和帮助特殊学生，也体现出了高校心理健康教育的全体性特点。

（四）全面性高

高校心理健康教育涉及的领域很宽，不只是关注学生的健康，还包括自我评价、社会适应、人际交往、情绪管理、科学思维、职业心理、婚恋态度、潜能开发、求职择业等，重视的学生全面而均衡的发展。心理健康教育就是要配合教学，协助学生在智能、心理、情绪和性格各个领域有良好而平衡的发展。有不少事实证明，学业成绩并不能保证人身的成败。重要的是如何在理性和感性之间达到平衡，否则，即使有优异的成绩和过人的智商但心灵空虚贫乏，在复杂多变的时代容易迷失方向。长期以来，在应试教育模式下，由于考试的压力，学校只重视学习，教师的注意力也主要放在知识的传授方面，学生的注意力集中在如何取得好成绩，很少着眼于学生的情绪、意志、自我形象和性格。有了优异的成绩并不等于懂得控制情绪、了解自己、善于与他人沟通和交往，应试教育容易导致学生片面发展。素质教育中加强心理健康教育，将有助于学生全面、均衡、健康地成长。

第三节　大学生心理健康教育的功能

一、促进大学生身心健康

健康是人的第一财富，如果没有健康，智慧就难以实现，知识也就无法利用。对当代的大学生来说，身心健康是大学生学习的基本保证，更是进行思想政治教育的基础条件。大学生心理健康教育一个主要目的就是提高大学生心理素质、维护大学生的心理健康，充分发挥心理健康教育在大学生思想政治教育中功能，维持和维护大学生的生理和心理健康，保证大学生的身心健康成长，是个体生存功能的主要体现。

（一）身体健康是大学生生存最基本的物质保障

当人们满足基本的吃、穿、住、行之后，开始对健康提出越来越高的要求。进入21世纪，身体健康成为人们的基本追求，身心健康成为所有人的时尚。青年是祖国的未来，大学生是社会的精英,大学生只有拥有健康才能拥有一切,没有健康的身心就不能挑起建设祖国的重担,更谈不上为人民服务、给社会做贡献。马克思主义的人性,理论谈到"人是自然地存在物",在马克思主义的"人的需要"理论里也谈到生存是人的最低级别需要。而"自然的存在物"首先就是生存,保障人的身体健康。

然而,在现今复杂的社会里,"影响大学生个体健康的重要因素越来越多地来自心理原因,许多身体病变都是心理问题引起产生的,也就是说学生经常出现的失眠、头痛、焦虑甚至感冒、发烧、拉肚子等身心疾病的症状都可以找到心理方面的原因"。因此,对大学生进行关于心理健康的教育,帮助大学生们学习和了解心理健康的相关知识,树立正确的心理健康理念,促进大学生们身体素质的良性发展,增强其预防和抵抗疾病的能力。

(二)心理健康是大学生生存最基本的精神保障

大学生的所处的年龄段一般在18~24岁,是人的生理和心理发展的重要时期,既是大学生完善自我走向成熟的关键时期,又是他们心理上的"断乳期"。在面对飞速发展的当今世界,受市场经济、社会环境和教育体制的影响,有太多的学生家长和中小学校都过分地追求升学率,只注重对学生智力因素的培养,而忽视了非智力因素的培养,学习负担过重给学生事务身心健康造成了极大的危害。从追求升学率的中小学升入相对宽松自由的大学,部分大学生存在学习习惯、生活环境和独立生活等方面的不适应,难免在心理上出现不健康的状态。同时,大学生个体差异比较明显,有的自尊心强、抗挫折能力差,有的性格孤僻、不能良好沟通,有的自理能力差、不能很好地适应新的环境。他们的情感世界出现了一些问题,这严重地影响着大学生的正常学习和生活。严重的心理问题会促使大学生产生人格障碍,或者自杀性心理危机,危害到人的生命。

大学生心理健康教育,不但可以维护大学生的心理健康,而且可以帮助大学生解决成长中的心理问题,从而增强大学生的心理素质,提高大学生的思想意识,健全大学生的政治人格和道德人格,开发大学生的心理潜能,推动大学生自由而全面地发展。由此可见,解决心理问题,健全人格和全面发展是心理健康教育的基本任务和自我规定,这保证了大学生生存的精神保障。

二、健全大学生人格

大学生思想政治教育的核心目标是促进大学生的全面发展,其个体发展方面功能主要表现在引导政治方向、约束规范行为和激发精神动力等方面。大学生心理健康教育的过程是增强大学生的心理素质、提高大学生的思想意识、健全大学生的政治人格和道德人格、开发大学生的心理潜能、推动大学生自由而全面地发展的过程,其最终目的也是大学生的全面发展。所以,大学生心理健康教育在保障生存功能的同时,也对教育对象——大学生的政治人格、道德人格、思想意识和审美能力等产生一定的积极影响,对大学生思想政治教育的功能具有补偿作用。在马克思、恩格斯的人的需要理论中,生存需要是最低级别的需要,发展需要是最高级别需要,而大学生心理健康教育培育大学生健康的人格，为个体发展提供基本保障，对个体发展具有补偿功能。

（一）树立正确道德观的功能需求

立德树人理念对大学生思想政治教育的要求是以"立德"为前提，将德育作为大学生人才培养的首要问题来处理。"树人"是一个教化的过程，要内在因素与外在因素共同作用才能取得效果，此过程是以大学生群体内在道德观的养成为主的。"健康稳定的心理状态，是形成良好政治、道德品质的基础"。因此，大学生心理健康教育首要的就是从应用心理学角度完成对大学生正确道德观的树立。

1. 培养大学生的道德认知

认知心理学表明，外部情境与行为人已有知识相结合，才能激发道德认知的实现（Hollandetal，1989）。因此，大学生心理健康教育就是对大学生做隐性知识的教育，通过心理学的方法和手段使大学生在社会交往过程中以隐性的自我控制发生"情境性道德认知"，以完成对自身行为的养成和控制。

认识指通过心理活动（如形成概念、知觉、判断或想象）获取知识。习惯上将认知与情感、意志相对应。认知现象既是复杂的心理与精神现象，同时也是复杂的社会与文化现象。思想政治教育认知正是这一复杂社会与文化现象的具体体现。从概念来说，狭义上，思想政治教育认知，指的是思想政治教育过程"知、情、意、信、行"环节中"知"这一起始环节；广义上，思想政治教育认知，指人们对一定社会或阶级的价值观念、行为准则和意义的完整的认识过程及认识结果。从过程来说，是伴随着思想政治道德情感、意志、信念和行为的展开而不断深入和深化的动态的发展过程，涉及信息接收、理解、加工和内化等各个环节。心理学以其特殊性功能可以对德性认知具有独特的功能性作用。人是社会中的人，处在各种道德情境中，一个认知水平正常的人，一定是道德认知水平正常的人；一个心理健康的人，一定是能够遵循道德规范，道德认知内化于心，才有可能适应于社会，获得生存和发展的机会。

2. 培养大学生的道德情感

道德情感来源于康德的道德哲学，是作为动机的敬重感。道德情感的产生是在人们对现实的道德关系和对别人或自己的道德行为进行评价时，所产生的一种好恶爱憎的情绪体验。在道德情感实现的过程中，个体需要根据自己的需要，对别人或自己的行为是否合乎自己掌握的道德原则、道德规范和道德标准而产生的内心体验。因此，立德树人理念要求大学生的德育工作需要培养健康的心理素质和成熟稳定的情绪情感和坚强的意志品质。作为道德意识的重要组成部分，道德情感是道德认知的具体表现，不同的社会条件下，由于认知的差异，对相同价值问题会有不同的道德情感表现。可以说，有什么样的道德认知就会表现出什么样的道德情感。

中共中央、国务院《关于深化教育改革，全面推进素质教育的决定》中明确指出我们的教育应针对新形势下青少年成长的特点，加强学生的心理健康教育，培养学生坚韧不拔的意志、艰苦奋斗的精神，增强青少年适应社会生活的能力。从个体角度来讲，立德树人理念对大学生道德情感的培养，重在心理教育在感性要素的应用，是大学生健康成长的基础和保证，心理素质是人才系统中最基本的素质，大学生的心理健康对他们的思想素质、品德素质、智能乃至身体素质的发展都有很大的影响。从群体角度来讲，大学生心理健康教育对道德情感的功能需求，重在培育群体中的"道德共情"。道德共情可以在群体行为中，是人对他人情绪状态或情绪条件的认同性反应，也可以是对他人的感受、思想和意图及自我评价的觉知，能客观理解、分析他人情感的能力。可以看出，道德上的共情是道德判断与道德行为的基础，共情能力的高低与人的道德境界和层次存在非常密切的关系，共情能力越高，道德境界相对就高；反之则低。

3.培养大学生的道德意志

康德将道德意志作一种纯化的"善良"理解，而在现实生活中，人们的道德意志表现为具体存在。通常来讲，道德意志是一种内在趋善的强烈愿望，同时这种愿望还表现为心理学上克服困难的强大动力。大学生心理健康教育就是在心理学领域内讨论个体在道德活动中控制或发动热情，向明确目标驱动的力量。道德意识的基本心理要素是道德理性、道德情感、道德意志的统一，共同支配个体的道德行为的发生、持续和完成。因此，大学生道德意志的培养成为立德树人理念下大学生心理健康教育中必不可少的一个功能需求。《国家中长期教育改革和发展规划纲要（2010—2020年）》提出"加强心理健康教育，促进学生身心健康、体魄强健、意志坚强"，也为心理健康教育创新指明了方向。

道德意志具有指向性是指向主体的约束性，是主体自律的道德向善性。大学生的道德意志也就使个体在任何行动中的表现都必然是符合道德的，即意志总体上指向符合社会主义核心价值体系的道德实践。当前我国正处于社会转型时期，随着市场经济的不断成熟与发展，大学生的价值观和人生观受到多元思潮的冲击，利益导向与个人价值实现的迫切需求使得大学生的"自我观念"与"自主意识"被唤醒。因此，在大学生德育工作中，如何从"立德"角度对符合个人利益的追寻与个人利益与集体利益关系的调节，成为大学生心理健康教育所面临的重要问题。应该看到，当下大学生思想政治教育一直关注道德意志在道德活动中的重要性，但由于没能正确认识到道德意志所内含的充分的个体自由性、环境变化性及其作用机制，从而使德育过程变得缺乏个体针对性，只是简单地实行灌输和规训。大学生心理健康教育则需要在对个体自由意志的充分尊重和对道德理性的必要的基础上，从心理学角度对发掘对大学生个体道德主体性、行为情境变化性地注重，使大学生思想政治工作既有理论上的高度，又注重日常生活中对现实问题的解决。

综合来看，道德观的养成是立德树人理念赋予大学生心理健康教育的首要新功能。"德育"与"心育"之间的内在关联，要求只有培养大学生正确的道德认知、道德情感和道德意志，才能实现心理健康教育与高校思想政治教育的紧密结合。

（二）形成健全人格体系的功能需求

立德树人理念对于大学生心理健康教育重要功能需求就是以发展大学生心理素质，对大学生政治人格、道德人格及法律人格产生培养和提升的作用，培养健康和适应现代社会需要的人格，这也是心理健康教育德育功能的核心体现。

1. 发展大学生的道德人格

道德人格是价值观的体现，由价值体系和价值取向决定。心理健康教育对大学生道德人格的培养的需求，通过在心理层面上对大学生的价值取向影响。价值取向直接影响人在社会中对于自身修养与他人关系处理，其核心问题是对自我与社会、贡献与索取的关系处理问题。立德树人理念要求德性在大学生培养过程中作为前提条件，通过德性的改善实现对人与社会问题的正确认知与矫正纠偏。应该说，在人际交往的社会过程中经常出现个人与集体、社会发生利益关系冲突的情况，心理健康教育通过循循善诱、提供信息，帮助他们鉴别真伪，促进他们在思考辨别中，有效处理困惑和内心的矛盾冲突，逐渐汲取健康向上的价值取向元素，在实践中并不断积淀，内化而成稳固的价值观念体系可以有效地处理此类问题。同时，心理健康教育对于道德人格的形成也是帮助青年学生塑造一个美好的"理想自我"。这是大学生进行自我认识与自我判断，寓意最大限度地发挥人格的积极性、主动性、创造性。因此，在立德树人理念下，大学生心理健康教育应该通过外在观念认知与内在品德养成两个方面积极有效地培养大学生的道德人格。

心理健康教育在其发挥本质属性的过程中，透过对心理状态和现象同时了解和把握学生所持的"看法"和"做法"，找出其中隐含的价值观、人生观、世界观，指导其反思和领悟"做什么""怎么做""何以这样做"的问题，且"对个性中消极方面的判断，仍以人类共有的基本价值准则如法律准则和道德准则等为依据"。

2. 发展大学生的法律人格

法律与道德相辅相成，都是调节人的社会实践的行为准则，二者的不同之处在于法律与道德相比，更多了一些强制性与外在性。同样地，大学生的法律人格也是一种外在显性的人格特征，这种人格对人的精神的约束力，可以在一些比较重大的事情上去起作用，这样的约束具有明显的强制力，即具有普遍约束力。当前社会发展带来大学生所接触的环境越发复杂，存在各种风险、诱惑，以及道德之外的考验，而大学生的涉世未深以及缺乏相应的法律意识，极容易造成在法律面前的心理失控，进而导致犯罪行为的发生。因此，对于大学生心理健康培养的过程中，必须增加法律的维度，通过对法律人格的培养，进一步补充大学生道德的养成，可以说，法律人格的培养是道德养成的重要组成部分。

在立德树人理念中，道德教育与法律教育是一个问题的两个方面，在心理健康教育过程中，法律人格的培养也是道德人格培养的重要辅助方面，通过对大学生人格双重性特征的导向、管理、控制，以进一步形成和发展规律对青年学生进行日常行为训练，并建立心理机制和制约机制，增强青年学生实践理想人格的锐气和毅力。

3. 发展大学生的政治人格

政治人格直接影响人们的政治行为及其在政治生活中承担的角色。立德树人理念要求对大学生进行德育，也就是在道德与法律双重维度下进一步完善大学生在意识形态领域人格的特征。立德树人理念要求通过思想政治教育培育大学生对德性人格的理性认识，心理健康偏重于潜意识结构，弥补了忽视人的心理活动而单纯通过灌输说教解决大学生人格培养的传统教育理念。不同之处在于，立德树人理念之下的心理健康教育，重在从人在社会生活中的德性培养来研究人、了解人的政治品格形成，而心理学的范围更专门化，它从人的心理活动的一般规律和生理机制方面去研究该问题。因此，大学生心理健康教育有助于从受教育者的认识、情感、意志的全过程施加作用，引导他们保持健康的心理状态，为形成正确的正直人格创造良好的心理条件，从而改变人的德性教育。综上所述，人格体系作为大学生成长成才的重要组成，是心理健康教育所需要实现的重要功能之一。心理健康教育通过发展大学生心理素质，对大学生的政治人格、道德人格及法律人格的培养提升和促进作用，这也是心理健康教育德育功能的核心体现。

（三）践行社会主义核心价值理念的功能需求

立德树人理念下的大学生心理健康教育必然要有服务于大学生社会主义核心价值观养成的功能需求，坚持与时俱进，使大学生具备大学生心理健康教育也要在国家情感、社会责任和个人道德三个维度提出功能上的满足。

1. 培育中国特色社会主义的国家情感

在心理学上，情感属于态度整体概念中的一部分，是态度在生理上一种较复杂而又稳定的生理评价和体验。价值（Value）最初是"对人有维护、保护利用"的含义。现代语境中，价值可以理解为是非标准、生活准则等意思。价值有着自然与社会的双重属性，从最初源于自然界到不同历史时期赋予的道德标准，价值观就是体现并约束人的价值取向的。社会主义核心价值观是全国各族人民价值观的"最大公约数"，社会核心价值的培育与践行本身就是一个道德伦理问题。因此，在社会主义核心价值观的培育和践行过程中，心理健康教育重在激发心理活动和行为的动机，培养人将情感作为适应生存的心理要素，进而在社会交往中表达或感受国家情感。从全面建设小康社会，顺利渡过中等收入陷阱，实现新时代提出的国家富强、民族复兴、人民幸福、社会和谐的"中国梦"的高度出发，将心理健康教育与当代社会主义核心价值观有机统一。

2. 勇于担当建设美好社会的历史责任

社会主义核心价值观是新时代大学生思想政治教育的重要道德养成。从国家宏观维度分析，富强、民主、文明、和谐是中华民族有史以来最为强烈的价值追求；从社会宏观维度分析，自由、平等、公正、法治的价值理念是我们党为之努力的价值目标，也是我们每个社会公民所共同享有的；从个人微观维度分析，爱国、敬业、诚信、友善的价值理念，是全体社会成员的基本道德遵循。大学生群体正处于价值观形成的重要时期。

大学生价值观教育，必须遵循大学生身心发展的规律，特别是要抓住大学生心理健康教育的关键，将德育理念教育具体为实现中华民族伟大复兴贡献力量的历史责任。因此，大学生心理健康教育应从马克思主义人学基本观点到意识形态安全维护上将价值观教育融入其中。立德树人理念要求高校大学生心理健康教育在知与行统一的基础上，将大学生社会历史责任培养表达为对社会主义核心价值，从"修身"内在的过程拓展为"齐家""治国""平天下"的社会价值观念，即在建设中国特色社会主义社会的伟大事业中实现知、情、意、行的统一化。

立德树人强调道德的养成，而在德育过程中学生个体的情感和意志则是心理健康教育所要必须关注的。因此，大学生心理健康教育要实现从对价值理论的认知，升华到大学生践行正确的价值行为，形成稳定的价值观念，才会把正确的价值行为转变为价值观的自觉。

3. 坚持遵守个人行为的基本道德规范

社会的价值规范总是与个人的道德行为分不开的，在一定程度上可以将个人行为的道德准则作为社会价值理念整体在微观上的具体化。遵守道德规范是立德树人最直接的要求。价值观是特定历史条件下全体社会成员对价值问题秉持的观点、看法及其立场，是某种价值在社会成员思想与行为中的表现，是主客体之间的相互作用及其影响，归根结底是社会成员的实践活动。

在社会主义核心价值理念当中，中国传统美德为大学生个人行为的基本道德规范提供了丰富的滋养。其中，爱国主义作为民族精神的主导，是思想建设中的永恒主题；以改革创新为核心的时代精神，呈现出独有的精神魅力。大学生道德规范的个体行为，都是在最高层面上统摄于爱国主义情怀之中，国家需要改革创新的时代精神，每个大学生同样需要具备各种精神。这种推己及人，由自身到社会的德育培养过程正是大学生心理健康教育所要完成的一个重要功能使命。仁爱原则、礼教精神、责任意识、社群取向，以及对王道世界的想象与实践，贯穿在几千年的历史实践中，由此形成的"责任先于自由，义务先于权利，社群离于个人，和谐高于冲突"的道德价值偏好更是树德立人理念对大学生心理健康教育提出的具体需求。

三、完善大学生思想政治教育结构

（一）充分发挥政治导向功能

在思想政治教育实践中，部分高校的思想政治教育受传统理念影响严重，部分教育者不注意工作方式方法：内容上，就政治理论谈政治导向；方法上，注重说教；形式上，多以教育者为主体开展活动。从而导致思想政治教育的政治导向作用不强，政治导向功能发挥作用不佳。大学生心理健康教育理念的引入，有助于思想政治教育"三中心"理念向"平等互动"理念转变，提高政治导向功能的实效性。

传统的思想政治教育是以赫尔巴特的"三中心"为典型代表的（注："三中心"是指以教师为中心、以课堂为中心和以书本为中心），所以，在传统的大学生思想政治教育中，大学教师是教育的主体，是知识的掌控者和拥有者，对教育的载体——书本和教育的环境——课堂具有绝对的支配力和权威力。大学生作为教育的客体，只能保持一种被动的状态，被迫地学习，其思维和空间受到钳制，主体性得不到伸张，而现阶段的大学生思想活跃、信息来源丰富，必会抵触甚至抵制这种模式，而大学生心理健康教育遵从大学生的身心发展特点，从他们的心理需求出发来疏导、教育学生，引导学生自我提升心理素质和修复心理问题。在教育过程中，需要主客体之间建立平等互助的信任关系；需要教师作为主体去主导或引导学生，共同组织实施教育过程。

心理健康教育的引入，促使大学生思想政治教育主题教育者由"管理"意识向"服务"意识转变，促使主题教育者从"权利"意识向"责任"意识转变，从而在思想政治教育的主客体间建立起平等互动的关系。这种平等性体现了对教育者和受教育者人格的尊重，从而充分调动两者的主观能动性，提升大学生思想政治教育工作的实效性。这种互动性体现了教育者和受教育者之间的双向交流和互动作用，反映出他们之间已不再是支配与被支配或控制与被控制的关系，这必定会提高大学生思想政治教育政治导向功能的实效性。

（二）增强生态理念功能作用

大学生的思想政治教育内容主要包含三个方面：思想教育、政治教育和道德教育。大学生思想教育以世界观教育、人生观教育和价值观教育为核心内容，大学生政治教育以理想信念教育和爱国主义教育为主要内容，大学生道德教育是社会公德、职业道德和个人品德教育为主要内容。大学生的思想政治教育作为一项社会实践活动，普遍存在于阶级社会中，并随着社会的演进而发展。

当今社会，大学生受社会主义市场经济飞速发展及多元化文化思潮的影响，呈现出一些时代鲜明的群体特征。这就要求大学生思想政治教育要坚持"以人为本"的科学发展观，坚持"三贴近"原则，拓展教育的内容。大学生思想政治教育坚持以学生为本，就要从大学生的自身特点出发，遵从大学生教育规律，为大学生的成长、成才做好教育服务。所以，大学生思想政治教育要贴近大学生的生活、要贴近大学生的实际和大学生的切身需求。心理健康教育从教育过程上讲，恰好是立足大学生的身心发展特点，从大学生的内心需求出发来疏导相关问题，开展教育实践；从教育内容上，强调大学生个人心理健康的培养和预防。这些教育的方式和内容正好"迎合"了现阶段大学生思想政治教育的内容要求，从某种程度上讲，注重发挥心理健康教育在思想政治教育中的功能，促进了大学生思想政治教育在内容上的发展。

在高等院校，心理健康教育注重"平等互助""和谐共处"的理念解决心理问题，这一点在咨询的模式上、在人际关系的处理上、在情绪的"共情"上都表现得淋漓尽致。

心理健康教育培养大学生学会"尊重他人"和"自我尊重",学会"道德意识"和"社会责任",学会调节自我尽快"适应环境"。这些理念和做法促使大学生形成一种生态学的行为规范,培养大学生的道德良心和生态责任,能够从发展的视角与自然和谐相处。这正是思想政治教育生态功能的具体体现。所以,注重发挥心理健康教育在大学生思想政治教育中的功能,促进了大学生思想政治教育生态功能的进一步体现。

(三)强化文化育人功能

传统的思想政治教育模式,是建立在班级授课的基础之上的,填鸭式灌输和主导式活动是其主要的工作方法。这种教育模式注重学生的道德知识结构培养,没有真正触及学生的精神世界,不利于主体精神的培养。心理健康教育是从心理上把握学生的思想观念和心理动态,并针对问题症结,有效疏通学生打开心结,强调学生个人的心理需求,所以方式方法上,更喜欢运用大学生喜闻乐见的方法,善用的手法就是疏导咨询、体验式活动和实验性实践。所以,充分发挥心理健康教育在大学生思想政治教育的功能作用,可以更深层次地了解到大学生的思想脉搏、心理特点以及学生的个性特征,从而能够更有针对性地找出问题原因并及时解决学生的思想问题,这样不但丰富创新了思想政治教育的工作方法,而且使大学生思想政治教育工作更具有针对性、实效性。

第四章　积极心理学对大学生心理健康教育的意义

第一节　积极心理学升华大学生心理健康教育的目标

一、积极心理学应用于大学生心理健康教育的必要性

（一）促进大学生健康发展的需要

对当代大学生进行心理健康教育是提高大学生自身抗挫能力的客观需要。大学生耐挫折能力低下最突出的表现就是遇到挫折变得抑郁甚至会选择自杀，这种让家长痛心疾首的现象在校园内外变得越来越普遍。例如，在大学校园里有学生会因为学习不理想而选择自杀的，有学生会因为恋爱受挫而选择自杀的，还有学生因为人际关系不顺畅而选择自杀的。选择自杀来结束生命的这些学生也真真切切地给他们的家长、老师和同学们带来了无尽的惋惜和悲痛。在学校的心理咨询实践活动中显示，咨询最多的也不过是学生在其生活和学习中因遭遇困境而引发的一系列心理问题。如果大学生自身抗挫折能力和耐挫折能力比较低下的话，自身心理素质也不会太高，那么当他们遇到挫折的时候，就会很容易导致他们的心理出现各种疾病，具体表现为压抑、自闭、焦虑、暴躁等。纵使有些学生还没有出现明显的心理疾病，但在他们应对挫折的时候也明显表现出力不从心，或者是无从下手、不知所措，更别说让他们顺应时代要求，实现自身健康发展了。因此，加强对当代大学生的心理健康教育是高校教育的客观需要，也是促进大学生身心健康发展的重要途径。

（二）激励大学生行为健康的需要

对当代大学生进行心理健康教育是顺应时代要求的。心理健康教育是社会转型开寸期，在社会激烈竞争的大环境下产生的一种新的教育过程。在经济全球化，竞争激烈的特殊时期，其实世界各种文化冲击的碰撞给每个人带来的挑战和考验都是极其严峻的。据调查研究显示，适当大小的压力实际上是能够促进个体身心的成长和发展的，但是当压力过大的时候也几乎能够毁掉一个人。思想与行为的关系，其实就是物质与意识的关系，而我们又可以从物质与意识的辩证关系得知，物质决定意识，意识对物质又具有能动的

反作用，因此我们树立正确的意识克服错误的意识，是极为重要的。

在世界经济发展较快，世界竞争比较激烈的这个特殊时期，想要使得个体的心理素质得到较大的提高，使得他们都能够尽量科学合理地处理问题战胜挫折，那么使大学生在应对挫折前就树立正确迎接或应对挫折的积极意识，就变得尤为重要了。要想使大学生在应对挫折或困难时变得得心应手而不是一味地惶恐逃避、不知所措，那么对他们应对挫折时心理方面的疏导，进而帮助他们提高其自身在应对挫折困难时的适应能力和承受能力，就显得极为必要了。也就是说，对当代大学生开展心理健康教育实际已经变成了高校激励大学生形成健康的行为方式的客观需要了。

（三）推进心理健康教育实效性的需要

心理健康教育作为我国素质教育的重要组成部分。随着世界经济政治的不断发展，国与国之间综合国力的竞争越来越明显地转变为国与国之间的人才竞争，激烈的人才竞争又具体表现为人与人之间整体综合素质方面的竞争。而在人与人的综合素质竞争中，是否拥有熟练掌握知识的技能以及面对挑战时是否具备较高的心理素质显得特别重要。

随着经济的持续发展、社会不断进步，国内外教育界很多教育工作者其实已经普遍认识到提高个体在应对挫折时的耐挫能力和抗挫能力。而在大学校园里则主要表现为对大学生心理知识方面的普及和及时地给予他们心理方面的疏导，以及将心理健康教育理论知识普及给学生们，以避免大学生们出现各种各样复杂的心理问题或是比较严重的心理疾病。随着世界经济快速持续的发展，文化方面的冲突也变得加剧，经济政治文化方面的竞争也变得越来越激烈，我国经济政治想要实现持续健康平稳地发展，就必须为国家培养出越来越多的高素质合格人才，即综合素质较高且具备强大责任感的社会主义合格接班人才。他们不仅需要具有坚定的理想信念和应对困难挑战的坚强意志品质，还需要具备良好适应环境的能力和应对困境时的良好抗挫能力。如若要培养出这类高标准且合格的高素质人才，毫无疑问，心理健康教育必然要成为高校教育中一个必不可少教育过程和重要组成部分。

二、大学生心理健康教育中应用积极心理学的可行性

（一）完善心理健康教育的内容体系

传统心理健康教育内容体系：一方面，主要倾向于给大学生主观制造挫折情境，引导大学生经受磨炼，进而使他们从中得到经验和教训，提高他们自身抵抗挫折的综合能力；另一方面，传统心理健康教育的内容体系对大学生身边现成挫折的运用不够重视，甚至有所忽视，对学生身边所遇到过的挫折困境分析不够；再者就是，传统心理健康教育的内容体系对于专门的心理健康教育课程设置仍有所欠缺，传统的挫折教育模式对心理健康教育实践活动的开展也大都有所忽视，只是一味地给大学生灌输心理健康教育理论知识，而不引导学生将其付诸实践，得到的心理健康教育的效果也将不会是很理想的。

同时，传统的心理健康教育内容体系更多地关注的是对中小学生和青少年的心理健康教育，而对大学生的心理健康教育相对来说还是比较匮乏的。主要表现为对大学生自身心理变化的关注不够，对出现心理问题的学生给予的疏导和关心也不够及时。而将积极心理学的相关理念、内容应用于对当代大学生的心理健康教育中，使高校教育者通过引导大学生在建立追求幸福的积极理念的基础上，在积极教育理念的影响下，帮助大学生塑造积极的人格特质，鼓励大学生在自身遇到困难和挫折的时候能够勇敢地积极体验，磨炼自主积极的积累更多应对挫折困境的经验，并在传统的心理健康教育系统中加入建立积极组织系统的内容体系，为大学生创造积极的心理健康教育环境，以培养大学生乐观积极的人格特质，以为大学生将来应对困境挫折做好充分的心理准备。

（二）革新心理健康教育的传统方法

大学生的主观情绪会随着其在生活中遇到的各种突发状况跟着不断发生变化，如当大学生的学习、恋爱、人际交往和就业等方面一旦出现了某些问题，大学生自身就会出现不同程度的消极心理和消极情绪。而传统心理健康教育的方法主要是为学生人为制造挫折，营造各种困难情境。实际上，授人以鱼不如授人以渔。为学生人为制造挫折，然后告知学生如何应对设置的这类挫折，不如引导学生以积极的心态迎接生活学习中的各种困难和挫折，鼓励大学生在应在对挫折困境时不要退缩逃避，由于挫折的出现是客观必然的，因此要积极勇敢地面对挫折，并在处理问题战胜挫折后建立坚强的意志品质和积极的人格特质。此后，大学生又会因为这些积极情绪乐观的态度，变得更容易接受高校挫折教育者对他们开展的挫折教育，将不会再有之前特别的反感和强烈的排斥了，然后发自内心地去接受和认同高校挫折教育者所传授给他们的挫折教育理论知识，并帮助他们将自身在高校挫折教育中所接受的专门的挫折教育理论内容内化为自身的思想，进而外化在其具体的行为活动上。实际上，挫折教育的目的就是培养出身心健康的高素质大学生。

因此，在对当代大学生进行挫折教育时，必定要将积极心理学的积极理念内容与高校开展的挫折教育结合在一起，运用积极心理学积极理念来帮助大学生培养其自身的坚强意志和积极乐观的品质，以满足大学生自身的精神需要，来帮助大学生提高他们自身的幸福感和追求创造幸福的能力，这也将成为革新传统挫折教育方法一个必然趋势。

（三）防止挫折教育方法片面性

将积极心理学应用于对当代大学生的挫折教育中，还有利于防止挫折教育方法的片面性。

首先，是教育对象方面的片面。传统的挫折教育，在教育对象上来说主要侧重于中小学生和青少年，教育对象机会没有涉及大学生，之前传统的挫折教育，认为大学生在其自身心智方面更趋向于成熟，因此当大学生遇到问题和困境的时候，能够自主地想办法解决问题克服困难，所以对大学生的挫折教育方面相对来说还是有所忽视的。

其次，是教育方面上的单一片面。传统的挫折教育，主要强调通过挫折教育者人为设置挫折情境为受教育者制造困难，而对挫折教育中的受教育者，在心理方面的辅导比较不够重视，并且在大学生遇到挫折前对学生心理层面的积极鼓励和积极引导也是不够的，如传统的挫折教育一般比较忽视对挫折本身的介绍，在学生对挫折的认识和理解上不能够给予足够的帮助和引导，而将积极心理学运用到对大学生的挫折教育中，就会有效防止挫折教育中出现这些不必要的片面性了。因为积极心理学不仅可以帮助学生在遇到困难和挫折之前积极地认识挫折出现的客观必然性，还可以在大学生真正面对挫折的时候，鼓励学生以积极乐观的心态面对生活和学习中出现的各种挫折困境，使大学生都能够以积极的情感去体验自身所能遇到的困难或挫折，而后在其积极地克服困难战胜挫折之后，积累应对挫折的经验同时，形成积极的人格特质。

三、积极心理学应用于大学生心理健康教育的有效性

（一）提高大学生应对挫折的能力

将积极心理学的内容应用到对当代大学生的心理健康教育中，有利于帮助大学生对其自身所遇到的困难和挫折形成一个科学的认知和准确的理解，即心理健康教育者可借助积极心理学理论内容帮助大学生认知挫折出现或存在的客观必然性。历史经验统计表明，世界上任何一个个体在其一生中，都不可能一直是风平浪静、一帆风顺的，学习中会有学习压力、工作中会出现工作压力、生活中会产生纷繁冗杂的生活压力。总之，人对自身的物质的追求和精神需要都将会受到各个领域各个方面不同的影响，均会产生不同程度的束缚和限制。因此，无论一个人身在何处，困难或是挫折都将是不可避免的。既然避免不了，我们就应该想办法正确地面对它、克服它、战胜它。在高等教育中，对大学生开展心理健康教育时，将积极心理学运用到该心理健康教育的过程中，有助于引导大学生在辩证唯物主义态度的基础上看待其生活中学习中出现的各种问题和大小挫折，帮助他们在遇到困难和困境前做足思想和心理上的准备，以避免大学生在突然遇到困难和挫折的时候出现慌乱不已、不知所措的状况。

除此之外，将积极心理学应用到对大学生的心理健康教育中，还有利于帮助他们抑制在遇到挫折时出现低落的情绪和消沉的意志，以更加积极乐观的态度面对挫折应对困境，进而帮助大学生提高自身的耐挫能力和抗挫能力，最终帮助大学生培养出坚强的意志品质和积极向上的乐观心态，继而为推动大学生身心健康持续发展方面保驾护航。

（二）提高大学生自我认知的能力

将积极心理学应用到对大学生的心理健康教育中，有利于帮助大学生提高其对自身评价的能力和认知水平。大学生是否能够客观地认知自我与评价自我是其心理是否健康的重要基础，如果每个大学生个体都能够正确地认知自我的能力和评价自我，那么他们每个人都将能够对自身应对挫折能力的大小有个准确的理解，这样可以避免大学生出现不必要的挫折感。此外，对当代大学生积极主动有计划地开展心理健康教育，还可以帮

助当代大学生们科学有效地分析其自身所定的各个目标,即在大学生对其自身能力条件有个正确认知的前提下,有意识地自主调节其自身的需要,以帮助他们更好地实现与其自身符合的恰当目标。因此,只有大学生切实地具备了较强的自我认知能力和对自身的客观评价能力,才能使他们恰当地避免因为对自身评价不当引起的严重自卑心理,因为每个人对其自我认知的感受取决于其对自我评价的能力。著名心理学教授黄希庭认为:"我们不能简单地将认知作为一种实体来看待,而应该把它作为主体与客体之间的一种特殊关系来对待,而这里的自我认知主要是指个体在社会生活中对自身的一种主观认可和客观感受,即从心理上接纳自己和喜欢自己。"

有研究表明,自我认知水平是帮助个体预测其自身幸福感的重要指标。而自我认知与主观幸福感的指标有着密不可分的关系,二者又都与其自身的乐观心态及其对生活满意度等是积极相关,那些自我认知水平比较好的大学生更容易拥有幸福感,是因为他们更能够积极准确地认识自我,更能够积极地应对自身所遇到的困难和挫折。同时也正是因为他们能够更加清楚地认识到自我在集体中的真实地位,所以往往能够感受到更充分的归属感和满足感,而越这样越容易得到社会的支持,从而能够追求到更真实的幸福。有心理学的研究表明,每个人在其应对挫折时的容忍力与个体自身的生理条件好坏、遭受挫折所获经验的多少以及其在应对挫折前所做思想准备充分与否都存在很大关系。因此,将积极心理学应用到对大学生心理健康教育中,便于在学习和生活上给予大学生积极正确的指引,以帮助大学生从心理健康教育这一教育过程中得更加丰富的磨炼机会,进而帮助他们磨炼出坚强的意志品质,并使他们都能够在困境中理性调整自身被困境影响的情绪,促使大学生都能够以积极的态度去对待他们所遇到的各种困难和挫折,帮助大学生抑制一些不必要挫败感的产生。

有关研究表明,同样的一个困境,往往第二次的影响力比第一次要弱得多,也就是说,如果在困难出现以前先对大学生进行积极健康的心理健康教育,在此教育过程中,帮助大学生激发其自身的积极乐观的生活态度,以及勇往直前、奋发向上的进取精神,那么将会使得大学生在其周边未来困境出现之前就做好充分的心理准备,而后迅速准确地处理和解决好其所遇到的各种问题,最终帮助大学生实现其自身持续健康地发展。

第二节 积极心理学丰富大学生心理健康教育的内容

积极的心理品质的形成既是一个行为的过程,也是一个心理体验的过程。积极心理学的观点认为,通过增进个体的积极体验是发展个体的积极人格、积极力量和积极品质的一条卓有成效的途径。当个体有了丰富的体验后,就会对自己提出更高要求,更因为这些要求来自个体内部,所以更容易形成某些人格的特征。所以,大学生心理健康教育应该以增强大学生的积极体验为主。

一、采用积极心理测量技术

心理测量是采取某种可以将心理现象量化或划分范畴的测评或量表对测试对象的心理特征或行为进行描述，对人的行为表现或者心理特征做出量化解释。积极心理学致力于发展可靠、稳定和有效的测量。心理测量是心理学服务于社会的一个重要手段。在心理健康中运用积极的心理测量技术，可以比较客观地筛查、评估和判断学生的心理健康状况，从而增进心理健康教育的科学性，促进心理健康教育工作深入开展。

积极心理测量可以通过了解人类优点这一过程促进测试者的积极反应。积极心理学在临床实践中主要有对主观幸福感的测量、对人格力量的测量、对意义的测量。测量的形式和策略则主要有问卷、调查，访谈和信息提供者的报告等。

在大学生心理健康教育中，可以借助一些有关积极品质的量表来评估学生的心理素质，从而为积极品质和潜能的培养与发展提供基础。

（一）主观幸福感测量

"幸福"在当代大学生心目中是一个既充满神秘又令人向往的概念。每个人对幸福的定义都是不同的，但总体来说，幸福心理的原意是指心情舒畅的境遇和生活的心理状态。追求幸福是人类具有的天赋的权利，幸福是人生的最终目标。大学生的幸福感都是从某个方面对幸福的表达，而没有科学全面地总结什么是幸福。

1. 关于幸福的概述

幸福感的真正定义是什么？从哲学意义上说，"幸福感"就是在社会实践过程中，由于感受到人生价值的实现而形成的一种精神上的满足。"幸福感"是人生观及世界观、价值观在思想上的反映。幸福感首先源于物质上的满足，更重要的是体现在精神上的满足。一定的物质生活条件和精神上的满足是幸福感最主要的构成，离开哪一方面，都无法说是真正的幸福感，而精神上的幸福感是最根本的方面。

2. 大学生幸福感产生的心理机制

（1）文化归因的心理比较

对于幸福的专门研究中，有研究表明，东西方文化群体的幸福感水平有所不同，在对幸福的看法上，东西方也表现出较大的差异。西方文化群体倾向于把幸福看作个体的内在体验，如认知评价、态度、情绪感受；而东方群体则更倾向于从幸福的外在标准来评价一个人的幸福，如健康，行为符合社会规范和社会期望等。

（2）人际尊重的心理比较

对幸福感与社会关系的研究主要是受社会心理学事物影响。研究者把家庭关系、婚姻关系、朋友关系、同学关系和邻居关系列为影响幸福感的因素之一。良好的社会关系能增加人们的主观幸福感。而社会关系的好坏的主要衡量标准就是人际交往中的互相尊重。例如，某个个体的特征是温和，忠诚和充满爱心，则这样的人在人际交往中更容易获得尊重，进而他们的主观幸福感水平就高。有研究表明，良好的朋友关系有助于提高个人的积极情绪。一个主要的因素就是他们有共同的爱好，能够一起参加共同感兴趣的事。如打球唱歌聊天等，而与其他人相处时则很少会有这些活动。这些活动虽然看起来很琐碎且微不足道，但却能给个体带来巨大的愉悦感，并使个体之间形成一种永久的支持性的关系。

在心理健康教育中，引导大学生积极地改善社会关系是增强其主观幸福感的有效手段。引导和鼓励他们积极增加社会交往，与他人进行信息交流和情感沟通。同时也应该尽量获得良好的社会支持。一些研究者还给出了具体做法，主要有：和幸福的人在一起；和朋友在一起；让人们对你所说的话感兴趣；照顾别人；吸引异性的关注；做一次直率和开放的谈话；向家人和朋友表达你的爱；感受到别人的爱；让自己在众人面前受欢迎；感激或赞赏别人；给别人提供帮助或建议；和异性同学建立良好的关系等。只要大学生个体平时注重调整，就能够不断地提升自己对幸福的体验和理解，从而具备享受幸福感的心理基础。

（二）积极人格力量测量

1. 积极人格及其测量

人格是指构成一个人的思想、情感和行为的特有统合模式。培养健康积极的人格，已经成为现在家庭教育和学校教育的重点。健康积极的人格就是要努力做到因满足于个人生活而保持乐观态度和和谐心理，具有积极自我形象的人格。

从心理卫生的角度分析，健康的人格表现出以下四个基本特征：一是人格结构中各个方面得到协调、充分发展；二是能有效地适应变化着的社会生活环境和个体身心发展；三是对身心健康潜能发挥以及社会生活诸多方面产生积极有效的影响；四是体现人心和社会性的协调，并代表人类社会发展的积极方向。

积极心理学认为，快乐生活包括愉悦的生活、专注地生活和有意义的生活，而这些都取决于人们在生活中如何施展其人格力量和才华。这就需要对人格力量进行识别和增强。由于对才能以及兴趣的测量传统心理学已经进行了详尽的研究，因此积极心理学把注意力集中于人格力量的测量上。心理学家研究发现，有6种美德和24种人格特质普遍地存在于个体的身上，这些特质可能在不同年龄的人身上会有不同的侧重，但这些特质有助于提高人们的生活满意度。人格力量和美德如表4-1所示。

表4-1　6种美德和24种人格力量分类表

美德	定义	人格力量	定义
1. 睿智	掌握和运用知识的认知力量	创造力	思考出新的具有建设性的方法
		好奇心	对所有经历的事感兴趣
		开明	能从各方面思考和审视问题
		好学	掌握新的技能、话题和知识体系
		洞察力	能为别人提供明智的建议

续表

美德	定义	人格力量	定义
2. 勇敢	在面对内、外部挫折时完成目标的包括意志在内的情感力量	诚实	说话诚实且以真诚的方式展现自己
		英勇	面对威胁、挑战、困难、不退缩
		坚持	善始善终
		热情	生活充满激情与力量
3. 仁慈	照顾他人，待人友善的个性品质	善良	帮助他人，为他人做好事
		爱心	重视与他人的亲密关系
		善于交际	对自我与他人的动机与情感的意识能力
4. 公正	构成健康的社会基础的公民能力	公平	公平公正地对所有人一视同仁
		领导才能	组织活动并监督实施
		团队协作	作为团队成员能工作好
5. 律己	对放任行为的自我约束能力	宽容	能原谅做过错事的人
		谦虚	让成绩为自己说话
		谨慎	对自己的选择谨慎，不做将来后悔的事
		自律	控制自己的所感所为
6. 卓越	追求远大理想并赋予意义的行动力量	鉴赏	注意并欣赏生活中各领域的美和优秀
		感恩	能意识到并感激生活中已发生的好事
		希望	期望最好并努力实现
		幽默	喜欢笑和逗乐并为他人带来微笑
		虔诚	对更高的生活目标和意义的笃信

2. 积极人格的培养

（1）积极的自我观念

自我观念的理论是心理学家罗杰斯（Rogers）提出来的。按照罗杰斯的观点，一个具有完全完善功能的人能够与自己的内部情感和冲动保持和谐，且根据自己的生活经验形成一种对外部开放的态度，并相信自己的直觉，逐步形成一个恰当的、积极的"自我形象"。罗杰斯说，好的人生，是一种过程，而不是一种状态；它是一个方向，而不是一个终点。

自我观念是指个人从经验中对自己一切的知觉、了解和感受，包括对"我是谁？""我是什么样的人？"等问题的可能的答案。这些答案汇集起来，就形成了个人的自我观念。自我观念的形成，是直接性经验和评价性经验综合影响的结果。直接性经验是指个体自身与他人、外界事物接触时的感受；评价性经验是指别人对个体的行为的评价。二者是否一致，对自我观念的形成有着重要的影响。例如，一个4岁的小孩偶然在墙壁上用彩笔画图，这是直接经验，可能使他满足且得意，但母亲发现后对他说那是"坏孩子做的事情"，他又由此得到了评价性经验。这二者不一致，会使儿童的自我观念形成变得困难。假如他不是画在墙壁上，而是画在哥哥剩余的画纸上，母亲发现后大加表扬，在此情境下，儿童的直接性经验和评价性经验一致，将会形成积极的自我观念。

另外，个体根据直接性经验和评价性经验形成自我观念时，对别人怀有一种强烈的寻求积极关注的心理倾向，希望别人以积极的态度支持自己。当个体来自自身的直接性经验获得别人的积极关注时，将易于形成自我观念，且能获得继续健康地成长。自我观念是一种调节变量,它在人的心理活动中起着认知、过滤、行为启动和生活目标设立等作用。社会心理学家指出,正确的自我观念是心理健康的重要条件,一个人心目中的自我是怎样的,他的生活就是什么样的,一个人的自我观念决定着他的整个生存方式。

正确的自我观念是实事求是地正视现实中的自我,树立起理想的旗帜作为自己奋斗的目标,为实现自我的愿望而不断努力。积极的自我观念是至关重要的,它会直接或间接地影响某件事的结果,甚至人一生的命运。所以,高校心理健康教育应致力于促进大学生个体个性化,培养完美的自我观念,认识自我,悦纳自我,延伸自我,创造自我。在充分获得美感的享受之中,健全自己的人格,培养积极的自我观念。

(2)恰当地认同他人

人作为一个生物体,具有这三种根本属性:第一,是生物性;第二,人是一种有情感的动物,与其他的动物不同的是,他有着自身深刻的情感体验,且这种体验会对行为产生巨大的影响;第三,人具有社会性,需要和他人交往和交流。马斯洛认为,一个人不仅要认同自我,更要认同他人。认同自我,就是肯定自我;认同他人则意味着超越自我。而且,只有认同自我,肯定自我的价值,才能认同他人,肯定他人的价值。因为人各不相同,又彼此相同——我在这方面能力突出,别人也会在其他方面很有能力,这正是"心理无障碍"的基点。

引导学生恰当地认同他人,认可别人的存在和重要性,既能认同别人又不依赖和强求别人,能体验自己在很多方面和别人都是相同的、相通的,能和别人分享爱恨、喜忧以及对未来的美好憧憬,并且不会因此而失去自我的独立性,这是超越自我、健全人格不可缺少的部分。

(3)愉悦的情绪心境

情绪是外界客观刺激是否满足主观需要的内心体验。不良心境固然是由客观刺激引起的,但它又是一种主观体验,因而是受意志支配的。情绪与人的心理状态、工作效率、人际关系、身体健康及生活质量等密切相关。它能在很长时间里控制和影响人的心境和感受。因此,当人的情绪低落时,就会变得慵懒,丧失主动性,智慧和才能的正常发挥就会受到阻碍。

积极向上的愉悦心境是心理健康的基础。在高校心理咨询中,大部分同学都是因为情绪问题前来咨询的,所以培养大学生良好的愉悦的情绪心境是健康人格的重要基础。正因为如此,高校心理健康教育者应引导学生在平时就要有意识地对自己的情绪状态进行了解和疏导,以培养良好的情绪表达方式和消除负面情绪的能力。放松训练是一种常用的情绪疏导方式。通过想象自身置身于陶醉于一幅美好的图画中,身心自然慢慢放松下来。

实际上,人类的情绪是可以相通的。在每个人的一生中,都有过积极的情绪,也有过消极的情绪。只是有些人在积极的情绪中时没有意识地去感受它;而当负性的、消极的情绪出现的时候,却在脑海里反复纠缠而久久不能忘怀,每一次回忆都是一次强化,最后就只剩下了负面的情绪了。所以,要培养愉悦的情绪就要反其道而行之。启发学生在高兴的时候尽情享受愉悦的体验,体会快乐的情绪是什么样的一种状态;而在不愉快的时候,要当作没发生过一样,让它悄悄地溜走。久而久之,学生就会通过学习的机制形成愉悦的情绪的条件反射。

同时,也要求学生灌输自己一些基本的理念,那就是如果不了解自己的情感,就更不会表达、运用自己的情感。被压抑的情感需要一个渠道来进行宣泄,一旦被压抑的情感得到充分的表达和宣泄,就不再会成为心理上的负担了。

人自身的行为可以改变情绪。树立起"要改变情绪,先改变行为"的观念。具体措施有以下三种:一是定期疏导情绪,重视情感地再体验。每隔一定的时间,要对自己这一段的情绪状态进行系统的梳理,对积极的情绪要懂得享受,让自己的身心能沉浸于愉悦的情绪中;有了不愉快的时候,能回到愉悦的状态;而对于负性情绪,必在其上做过多纠缠。就要对自己进行积极的心理暗示,让身心要找出其产生的原因,做出结论后,就不必在其上做过多纠缠。二是建立积极合理的认知观念。个人的情绪是可以改变的,关键在于改变个体对问题的认知角度。对同一个问题从不同角度去思考,会导致不同的情绪体验。三是尝试行动,行动能够改变情绪。当陷入情绪的苦恼中不能自拔的时候,可以尝试着暂时停止思考这些问题,一段时间后,就会发现情绪体验和刚开始的时候会明显不同。

(三)意义测量

有意义的生活,取决于热爱比自我重要的人和事物,并运用自己的人格力量和才能为之服务。人们所选择的"比自我重要的事物"很不相同。有些人从他们与家庭、朋友的联系中发现意义;有些人从他们的工作或感兴趣的业余爱好中发现最大的意义。

意义测量的方法有三类。第一类是访谈,在访谈中允许讨论各种话题;第二类是书面记叙,内容通常是一次重要的生活事件、一段生活的转折或是一段挣扎的经历等;第三类是问卷,如克鲁鲍格(Crum Baugh)和麦豪克(Mahoick)的 20 项生活目的测验和彼得森等人《快乐取向问卷》。

生活意义问卷的主要内容由一段导语和 10 个陈述组成。对表 4-2 中的 10 个陈述,问卷都设计了 7 个选项:完全不真实、多半不真实、有点儿不真实、无从说真实与否、有点儿真实、多半真实和完全真实。

表 4-2 生活意义问卷

请花点时间思考是什么使你的生活和存在感到重要或有意义。请真实和准确地回答一下问题,并请记住,这些问题都是主观的,回答无所谓正确或错误。根据每一个陈述对你来说真实与否及其程度从 7 个选项中进行选择
1. 我理解生活的意义
2. 我正在寻找使我的生活感到有意义的东西
3. 我总是注意寻找我生活的目的
4. 我的生活有明确的目的感

续表
请花点时间思考是什么使你的生活和存在感到重要或有意义。请真实和准确地回答一下问题，并请记住，这些问题都是主观的，回答无所谓正确或错误。根据每一个陈述对你来说真实与否及其程度从 7 个选项中进行选择
5. 我清楚地意识到什么使我的生活有了意义
6. 我已经发现了令人满意的生活目的
7. 我总是寻找使我的生活感到有意义的东西
8. 我正在为我的生活寻找目的或使命
9. 我的生活没有明确的目的
10. 我正在为我的生活寻找目的

回答完成后，会得到两个得分：一个是关于当前状况的得分；另一个是关于探索状况的得分。具体有以下情况：

若在当前状况和探索状况上的得分均在 24 分以上，表示被测量者感到自己的生活有重要的目的和意义，并且在以开放的态度进行新的探索。

若在当前状况上得分高于 24 分，而在探索状况上低于 24 分，表示被测量者感到自己的生活有重要的意义和目的，但没有进行新的积极的探索。

若在当前状况上得分低于 24 分而在探索状况上高于 24 分，表示被测量者没有感到自己的生活有重要的意义或目的，但在为此进行积极的探索。

如在当前状况和探索状况上的得分均低于 24 分，表示被测试者可能没有感到自己生活有重要的意义或目的，又没有为此进行积极的探索。

二、积极心理干预

积极心理学在临床实践中的应用称为积极干预，也称为快乐干预。积极心理学家已经发展了一系列的干预方法帮助人们经由愉悦地生活到专注的生活及有意义的生活这样三条途径，来达到增强个体持久快乐的目的。诺·佩塞施基安（Nossrat Peseschkian）认为人具有两种基本能力：认识能力和爱的能力。认识能力和爱的能力是每一个人毫无例外地具备的心理素质，它为每一个个体开辟了广泛的可能性。在现实生活中，它必须分化为各种现实能力：认知能力的进一步分化发展可以产生准时、条理、清洁、礼貌、诚实，节俭等现实能力；爱的能力进一步分化发展导致爱、榜样、耐心、沟通、信任、希望、信仰和肯定等现实能力的产生。人的心理疾病就是这两种基本能力在不同文化背景下分化为个体的现实能力时发生冲突的结果。

积极心理学发展出了一些积极的、干预的方法，如开设传授有关增强快乐的策略的课程，读书治疗，想想你幸运的事情，"三件好事"，感激日记等，这些方法既是积极心理干预的方法，也是心理健康教育的方法。在积极心理治疗过程中，治疗师关注来访者的积极品质，注重培养来访者的积极反应。通过积极的心理测量，来访者能够感觉到正在试图全面了解他自身的品质，而不是仅仅着眼于其问题；同时，这种关注来访者的积极品质的方式使表明其与自身的问题并不等同，可以使来访者改造其价值观，从而减轻其内心不必要的冲突。这种积极的干预方式还有利于治疗者和来访者建立良好的关系，促进治疗工作的开展。在积极的心理治疗中，通过来访者自身具备的积极的品质来帮助其达到心理健康，这一过程也在不断地提高其自身的能力，调动其潜能。

积极的心理干预同样致力于改善人们的日常生活，因为积极的心理治疗是通过考虑个人及环境的优点而进行的积极的过程。所以，在日常生活中怎样积极地沟通，表达、自助，提升交往能力并保持健康也是积极心理干预关注的问题。

（一）五阶段疗法

在心理咨询和治疗实践中，为实现治疗与干预的目标，常使用五阶段疗法。

1. 观察和保持距离阶段

来访者尽可能以书面的形式向治疗者汇报自己什么时候对什么事、什么人会感到烦恼，对什么事会感到愉快。这样，来访者就开始学习区分的过程。治疗师与来访者共同规定冲突的范围，并对他们进行描述。

来访者在观察和保持距离阶段进行重新学习，其目的就是要找到其他可选的态度和行为方式。如表4-3所示，实际反应和可选反映比较法正是在治疗师指导下的来访者自我控制的方法。

表4-3 实际反应和可选反应示意表

冲突场合	实际反应	可选反应
我在何时，何地、对谁、在何条件下、为何感到恼怒和不快？	我的感觉怎么样？我采取了什么样的行动、我说了或想了什么？我在这种场合为什么做了这种反应而不是别的反应？我的这种反映给我自己或别的人带来了什么样的后果？	我本来还可以做其他哪些更好的反应？假如我做出了这样的反应，会导致怎样的后果？

2. 调查阶段

调查阶段的原则是以来访者为中心。来访者根据鉴别分析调查表来确定自己及冲突伙伴在哪些行为领域具有积极的品质，在哪些领域具有消极的品质，从而得到自己及伙伴在行为方式品性和行为方式及能力方面较为系统全面的信息。

3. 场合鼓励阶段

这一阶段的重点不在于消除问题行为，而在于改变习以为常的交往模式，促进伙伴之间的信任和改变来访者的态度。

鼓励阶段的具体做法是放弃对冲突伙伴消极行为的批评，只对对方表现出来的积极行为给予鼓励，这种做法有利于建立新的伙伴关系。治疗师鼓励来访者学着强化伙伴身上的积极品质，注意自己身上与之相关的并且容易引起冲突的消极品质。

4. 语言表达阶段

人际关系障碍的一个重要原因是人际沟通出了问题，也就是作为沟通工具的语言造成了误解。语言表达阶段的目的，就是让产生冲突的伙伴们尽量消除他们之间的误解。

在现实能力因素中，礼貌和诚实的关系是语言表达阶段的关键的冲突点。在这个阶段，治疗师要帮助来访者确立一个以"礼貌—诚实"为核心的、有具体内容的鉴别和规划。

为了让来访者避免把冲突压制在心里或是曲解冲突，治疗师应指导来访者按照一定的规则逐步练习与自己的伙伴进行沟通。

5. 扩大目标阶段

限制自己的目标是心理障碍者最常见的做法，因此要有目的地消除来访者视野的狭隘性。治疗师要指导来访者学习不是把冲突转移到其他行为领域，而是努力追求新的、过去从没有体验过的目标。这五个阶段在治疗程序上并不是一成不变的，可以根据来访者的不同情况来进行调整，但是鼓励来访者的积极品质、发挥其自身积极力量和积极潜力的宗旨是不变的。

（二）增进乐观的 ABCDE 模式

乐观是一种重要的心理素质，它的核心就是对未来充满希望。乐观对人生具有多方面的重要意义：乐观对于很多心理疾病，特别是抑郁有比较强的抵御作用；能促进人们在工作、学习和体育运动中更加良好的表现；有利于建立和发展良好的人际关系；乐观也是道德发展的必要条件。塞利格曼从认知理论的角度分析了乐观和悲观的特征，同样也从认知的角度探讨了克服悲观、增进乐观的方法，即 ABCDE 模式，如表 4-4 所示。这一模式遵循的基本思路是：认识悲观思维，然后像对待别人的错误思想那样去反驳。心理健康教育中可以引导学生结合自己的实际运用这一模式解决日常出现的负性情绪。

表 4-4　增进乐观的 ABCDE 模式

A：（Adversity）	困境，多数情况下指逆境
B：（Beliefs）	思想、观念，这里主要指悲观的思想和观念
C：（Consequences）	结果，这里指悲观的思想和观念所造成的消极结果
D：（Disputation）	反驳、争辩，这里指对自己头脑中导致消极结果的悲观的思想和观念的反驳和争辩，是一种自我反驳和自我争辩
E：（Energization）	激励或赋予活力，这里指在成功地对悲观思想进行反驳或争辩后所获得的充满活力的心理状态

三、积极应对挫折

什么是挫折？《现代汉语词典》（修订本）中解释为：失败、失利。《辞海》解释为失利、挫败。在社会心理学中，挫折是指个人在从事有目的的活动时，由于遇到障碍和干扰，其自身需要不能得到满足时的一种消极情绪状态。

（一）挫折教育概述

关于挫折教育的概念，路易迪蒙曾在其著作《论个人主义》中，提出挫折教育是指教育者在教育中有目的地采取教育方法和教育手段，引导受教育者正确认识挫折，来帮助受教育者有意识地防范应对挫折可能带来的负面效应，以在挫折面前对自身做出适时的调整，使个体尽量保持健康的心理状态，并最终固化为自身良好的心理素质，即能够以乐观的态度对待自身所能遇到的问题或挫折。我国心理学者吴远、郝文清曾在《心理学与大学生思想政治教育》一文中指出，挫折教育是指思想政治教育工作者在科学教育的思想指导下，根据心理学和思想政治教育学相关原理，运用系统的心理学理论和科学的方法，结合当代大学生身心发展的自然规律，对其进行有目的、有计划的挫折心理分析与心理疏导，提高大学生在其生活环境中的适应能力和对挫折的承受能力的一种教育过程。

有学者认为，挫折教育是指教育者有意识地设置或利用比较艰苦的困难条件，使个体在这些困难和挫折中饱受磨炼，接受教训，以帮助他们提高自身应对挫折战胜困难能力的一种教育活动。还有学者认为，挫折教育是以心理学、教育学原理为基础的，运用适当方式方法，以帮助青少年提高其自身挫折承受能力为目的的一种教育活动。以上研究者们对挫折教育概念的各种理解，可以看出，在挫折教育概念的理解上，还是大相径庭的。虽然有的学者认为应该设置挫折情境，有学者主张对大学生现实生活中可能出现的挫折进行分析和引导，但是学者们都指出了挫折教育的目的，就是帮助大学生们正确认识他们所遇到的挫折，预防生活中的挫折，增强大学生们应对挫折的心理承受能力。对当代大学生的挫折教育，是对挫折教育的特定化，它的对象是大学生，我们应结合大学生自身身心发展特点，合理运用挫折教育理论的方式方法，对他们应对挫折时的心理进行分析和疏导，克服和避免挫折等的负面效应，从而提高大学生自身面对挫折的承受力。

总之，挫折教育就是以马克思主义人生观为指导，以咨询心理学、挫折心理学、教育学为基础，专门研究挫折规律和发展趋势，以培养大学生正确地认知和应对生活中的各种挫折能力的一种教育活动。

（二）挫折教育的基本特征

1.挫折教育的引导性

挫折教育是在教育者的指引下开展的一种有计划、有目的的教育活动。在挫折教育的活动中，不仅需要教育者给予受教育者系统的挫折教育的相关理论和知识教育和指导，还需要教育者有意识地、自主地设置一些困难或挫折的情境，来指引受教育者正确且客观地认知挫折的出现和存在，引导受教育者根据其自身的年龄个性特征及其过往的经验，继而能够更加坦然地应对其自身所遇到的挫折困难。

2.挫折教育的渗透性

在人类成长过程中，挫折的出现在所难免，个体在生活中所能遇到的挫折也是种类繁多的，可以说挫折几乎渗透到了个体生活中成长的每个环节。因此，挫折教育具体实践活动不是仅仅通过某个领域的某位教育者单一地采取某种形式或某种特定的方法就能够顺利开展的，那样理解就太片面了，它实际上已经深入地渗透到受教育者所在生活中的方方面面，实际上无时无刻不在潜移默化地影响着挫折教育中的每一位受教育者。

3. 挫折教育的实践性

挫折感属于受挫折者自身的一种主观情绪体验，而它对个体产生的影响是直接且重要的。真实的挫折体验有利于帮助挫折教育中的受挫折者更加迅速地积累应对挫折的经验，并从中学习到甚至掌握应对挫折的多种多样的方式方法，进而提高其自身的耐挫能力和抗挫折能力。由于这种体验是无法被他人直接赠予的，所以只能通过挫折教育中的受教育者的自身亲身体验才能有所裨益。挫折教育不仅仅是一门纯粹的理论课程，它更是一门需要极强实践性的人生必修课，而个体可以在此实践必修课中得到足够的磨炼。因此，应该让挫折教育中的受教育者在切实的挫折教育实践中亲身体验挫折的突发性，认知挫折出现的客观必然性，进而做好迎接挫折的充足心理准备，用其在实践中学到的经验来提高自身的耐挫折能力和抗挫能力，进而有效解决自身所遇到的各种问题或克服自身遇到的挫折和困境。

4. 挫折教育的长期性

精神分析学家荣格认为，每个人其实都是在为自身的自我实现而不断努力着的，当个体们的自我实现得不到恰当的满足时，就会产生所谓的挫折感。实际从某种意义上来说，而所谓的挫折是每个人一生不可回避的问题，每个个体的人格又都是循序渐进的，不断向前发展的。这也就决定了挫折教育这一实践活动，不能像校园理论课程的学习那样，能够被短期学成并取得结业，而是由个体在生活中不断经历磨难挫折，不停地累积挫折经验，才能越来越好地掌握其在生活中应对挫折的方式或方法，即学会应对挫折是一个长期过程。因此，挫折教育也是不能够一蹴而就的，必须通过挫折教育中的教育者和受教育者长期共同坚持的，它是一个漫长的过程，只有长期坚持才能切实收到实际效果。

（三）挫折教育的实施原则

1. 渗透性与集中性相结合的原则

挫折教育中的渗透性原则主要是变现为将挫折教育产生的影响渗透到挫折教育中受教育者生活的各个环节。挫折教育中的渗透教育活动形式主要变现为在挫折教育中帮助受教育者充分利用其生活中所出现的具体实际的挫折情境，使其在其中得到磨炼并且受到潜移默化的影响，而后积累丰富应对挫折的经验，进而增强挫折教育中受教育者自身的抗挫能力和耐挫能力。这种渗透教育使得挫折教育过程更趋向于自然和真实，这种渗透性的教育形式实际更容易被接受挫折教育的受教育者所接受，能够使得挫折教育的效果变得更稳定也更持久。集中性教育是指教育者将受教育者组织到一起，按照自己先前预订好的计划，给他们创设一些具体的困难挫折情境，面对受教育者开展的一种集中式的训练模式，进而帮助其增强自身抗挫能力一种集体形式的活动。这种集中性的教育形式具有目的性强、影响大、时间短等特点，但这种集中性的教育形式，由于组织起来比较困难，一般组织时间也比较集中且短暂，所以教育效果一般不是很理想，其后续也不太容易得到巩固。

因此，在实际的挫折教育实践活动中，渗透性教育和集中性教育应该实现互补，不管只单独使用哪种形式都显得失之偏颇，只有将二者结合起来，才能使挫折教育取得更佳的效果。这就要求开展挫折教育的教育者主动地去挖掘生活、学习和工作中的各种挫折因素，一旦有了时机就有意识地向受教育者渗透挫折教育的相关理论和内容，或是用自身的健全人格和典型模范去潜移默化地感染受教育者。与此同时，还要组织开展科学的集中教育活动，对受教育者进行进一步的强化训练加以巩固挫折教育的效果。在挫折教育实践中，一定要注意避免出现那些只流于形式的活动形式，必定要注重二者的结合与互补，即以渗透性教育为基础，以集中性教育为辅助，用渗透性教育巩固集中性教育，用集中性教育强化渗透性教育，以此来促使挫折教育得到最佳的效果。

2. 教育与自我教育相结合的原则

在挫折教育这一教育实践活动中，教育者属于外因，受教育者属于内因并发挥着其自身的主观能动性，又因为一般情况下外因需要通过内因才能起作用，所以，一定要充分调动挫折教育中受教育者自身的主动性，促使他们能够主动参与到教育者开展的挫折教育中来，并且能够正视其自身在生活和学习中可能遇到的各种挫折，还有教育者会在挫折教育中自主创设一些挫折情境，为接受挫折教育的受教育者自主创设磨炼环境，进而帮助他们对其遇到的各种挫折形成一个正确认知。然后使挫折教育中的受教育者能够加强自我教育，自主经受磨炼，不断积累经验，当其遇到困难和挫折的时候，能够做出正确的判断和分析，当其遇到挫折时，能够运用自我教育，建立健康心理防御机制，消除自身产生的各种不良情绪。然后，激励挫折教育中的受教育者发展完善其自身的心理调节机制，将传统的灌输教育转化为自觉的自我教育，激发受教育者内心深处的自我教育力量，进而实现挫折教育实践活动实现由外向内的转变，以得到挫折教育的理想效果。

3. 提高认识与实际磨炼相结合的原则

挫折教育作为一个在理论指导下的教育实践活动，不仅能够帮助转变传统的教育观念，还能够帮助受教育者提高认识。例如，学校开展挫折教育的教育者会根据受教育者的心理年龄、心理承受水平及其心理问题出现的阶段性等特征，开设内容水平都不同的挫折教育相关课程，并通过开展丰富多样的挫折教育实践活动，将提高挫折教育中受教育者自身对挫折的认识水平与加强对受教育者自身的实践磨炼切实达到完美结合。

此外，挫折教育中的教育者还要积极利用受教育者生活中现成的磨炼机会，有意识地创造更额外的挫折情境，然后引导受教育者积极主动地加强对其自身的磨炼，以提高受教育者自身的抗挫折能力和耐挫折能力。由此，将提高接受挫折教育的受教育者对挫折的认知，通过增加实际的磨炼机会，增强挫折教育实践活动系统性和科学性，实现受教育者对挫折教育理论学习的最佳效果。

4. 家庭、学校、社会教育相结合的原则

在挫折教育中学校起主导作用。在学校教育中，教育者会通过自身对受教育者的观察，从不同的角度分析对挫折教育能够产生影响的所有相关的教育因素，然后对受教育者进行主动科学的施教。在学校开展的挫折教育过程中,首先需要学校的教育者们给出科学的挫折教育方案,同时还需要家庭和社会给出积极主动的配合。例如,可以通过召开学生家长座谈会、学生家长培训班等丰富多样的活动形式,以创造更多机会来向家长们介绍对学生们开展挫折教育的重要性,并且帮助家长们认知挫折教育的本质,取得家长们对学校开展挫折教育活动的认同感。

此外,还需要向家长们详细地讲授挫折教育的理论,使得家长们都能正视自身在挫折教育中的主体地位和重要作用,进而恰当主动地配合学校开展的各种挫折教育活动,以避免不良家庭教育给学校挫折教育带来不良的负面影响。与此同时,还可以通过组织街道、社区开展挫折教育实践活动,使家庭、学校和社会达到完美结合,形成一股强劲的教育合力,以帮助增强学生们应对挫折的主动性和抗挫能力,这种能力将最终内化为挫折教育中受教育者自身积极稳定的心理品质。

第三节 积极心理学拓展了大学生心理健康教育的途径与方法

一、开发积极心理课程体系

教育部规定,高校应充分发挥课堂教学在大学生心理健康教育工作中的主渠道作用,根据心理健康教育的需要建立或完善相应的课程体系。学校应开设必修课或必选课,给予相应学分,保证学生在校期间普遍接受心理健康课程教育。

积极心理学导向的心理健康教育旨在通过培养和提高全体大学生的积极心理品质和积极力量,使其拥有幸福的人生。积极的心理健康教育课程以受益面大、知识传授效率高等特点,可以很好地完成这一任务。因此,开发积极心理课程体系是积极心理学导向的大学生心理健康教育的重要保障。该课程体系的内容应面向全体学生,以积极心理学为指导,以分阶段、分层次发展大学生积极心理品质、塑造积极人格为核心。在教学方法上,应加强课堂的参与性、互动性和体验性,以增强课程的吸引力和感染力,增加学生的情感情绪体验,实现课程的教育教学效果。

(一)积极心理学取向的高校心理健康教育课程目标体系

高等教育不仅要注重知识的传授,更需要关注职业能力的培养,其目标是培养具有创新能力和良好思想品德的综合型人才,这就要求大学毕业生必须拥有过硬的思想政治素质、良好的道德素质和健全的心理素质。目前,许多大学生都是独生子女,生活条件较为优越,父母对子女溺爱,加上社会环境日益复杂,导致高校大学生群体容易形成心理问题,因此高校心理健康教育课程的教育目标必须重点关注大学生现实生活中心理问题的预防和个体积极心理品质的养成，挖掘当代大学生的内在潜能，培养他们的创新能力和创新意识、社会适应能力和应对挫折能力，将培养大学生的综合素质作为高校心理健康教育课程体系的教育目标。

积极心理学是对以心理问题为焦点的消极心理学的有效补充和理论升华，平衡和完善了高校心理健康教育的功能，以积极心理学的理念构建新的高校心理健康教育课程体系并将其运用到课堂教学实际当中去，有助于促进高校的心理健康教育课程体系回归到以人性为本的教育目标上，确立以促进大学生心理素质全面综合发展为本的教育理念，强调大学生个性差异和全面发展相互统一，心理学教师把大学生化为具备发展潜力的个体，挖掘和培养大学生内在的积极心理潜质，有效提高大学生发展积极心理的专业技能，从而形成良好的积极心理品质。积极心理学理念对完善当前高校心理健康教育课程体系的构建，实现大学生心理健康的长远发展，维护高校稳定具有重要的现实意义。以积极心理学理念对高校心理健康教育课程体系进行认真的研究分析，并且完善和创新高校心理健康教育课程体系，已经成为我国大学生心理健康教育的重要课题。

（二）基于积极心理学视野下的大学生心理健康课程体系建设

1. 以积极心理学理念为指导，确定大学生心理健康课程目的

传统的高校心理健康教育重点关注存在心理适应困难、心理行为失调的特殊个体，其关注的对象只是大学生群体中的问题学生。而绝大多数在校大学生的正常心理需求则没有引起重视，导致大部分学生只能了解一些（如焦虑性障碍、强迫性障碍、抑郁性障碍等）不良人格的形成，却没有机会认识自身内在潜能进而发展自信的积极人格品质。积极人格品质可以将个体内在的积极力量有效激发，大学生可以发挥自身的潜力，更好地应对和解决现实问题。要认识和发展大学生个体内在积极潜能，使之形成一种日常行为模式，需要借助一定的教育途径，高校心理健康教育课程则可以有效地充当这一途径。积极心理学所提倡的理念有助于改变高校心理教育工作者对传统心理学认识上存在的误区，从根本上重视和巩固大学生心理的积极特质，将高校心理健康教育课程从"问题"模式转变为"发展"模式，以大学生的实际需要为中心和归宿，帮助大学生学会用积极态度来对待心理问题，帮助大学生学会挖掘自身潜力，为大学生提供积极幸福体验，从而在积极心理学理念的指导下将高校心理健康课程体系的教育目标朝着积极向上的方向转变。

2. 以积极心理学理念为指导，完善大学生心理健康课程体系

积极心理学理念下的心理学课程的内容设置要适应当代大学生的心理实际需求，科学选择和当代大学生最为贴近的相关心理主题，从积极维度入手介绍和解释这些心理学问题，一般应由必修课和选修课构成。

高校心理健康必修课以普及和传授心理学基础知识为主，从积极心理学角度帮助在校大学生主动认识和发现自己的潜在积极品质（如友善、勇敢、智慧、毅力、积极的人际关系和情感，即传授幸福的内容和技巧），有助于大学生增强自我心理保健意识，掌握

并应用心理健康知识，培养其自我认知能力、人际沟通能力、情绪调节能力等，最终促进大学生全面发展。积极心理学必修课侧重教授幸福的内容和技巧，但积极教育不仅仅是简单的、独立的积极心理课程。积极教育可以渗透在大部分的心理素质培养选修课程中，心理选修课应坚持多元化的原则，根据大学生心理发展的不同需求、不同特点和不同兴趣开设相关的心理课程供大学生自主选择。不同选修课的主题要有明显的区分度，不应求大求全，而应注重课程设置的实效性和针对性。

    3. 以积极心理学理念为指导，重构大学生心理健康教学内容

积极心理学始终强调心理学家应该重点关注人的积极发展与可持续性发展，它的基础方法和理论都是紧紧围绕着"人"来研究，充分发现个体的内在潜能从而让每一个普通人都可以积极向上地应付日常问题。传统心理教育课程的内容较少生活化而更具有理论色彩，因此要实现积极心理学的基本价值取向，就必须选取心理健康教育方面的"积极内容"来组织心理教学，避免过多采用"消极问题"。

大学生心理健康教学内容应将心理学理论和日常生活有效衔接，引导高校大学生对社会生活事件的心理学意义进行讲解和探讨，提高大学生解决社会生活事件的能力与技巧。在心理健康教学内容设计上，应关注大学生积极人格的发现和培养，遵循大学生主动体验的原则，从而使大学生通过积极领会和体悟进而自主构建自身完善的心理系统。此外，课程教学内容应该随课程教学的不同时期和不同对象做出相对应的调整和更换，使课程教学内容处于一种相对动态的调整之中，这样才可以为当代大学生提供心理探索空间，从而实现大学生"自主生成"积极心理品质的提升。

    4. 以积极心理学理念为指导，建立大学生心理健康评价体系

心理健康教育课程并非单纯地向大学生传授心理学知识，也不是某种心理素质的训练，而是注重引导和促使大学生心理行为的改变和积极心理品质的形成。因此，对高校心理健康教育课程的评价，很难从知识的掌握方面进行评估反馈。另外，因为大学生的心理变化也是一个动态的演变过程，很难用一种明确的尺度量化大学生心理素质。心理学是一门以大学生个人的直接经验为中心的学科，其教学评价方式应该以大学生的自我体验为主要评价依据。积极心理学理念下高校心理健康教育应注重完善与优化教学评价指标体系，教师应该在课程教学的各个阶段利用量表实测、自我分析报告和问卷调查等工具与方法，同时结合师生交流、游戏互动和个别访谈等措施对大学生心理整体状况进行科学调查，主要考察以积极心理学理论指导下的大学生心理健康教育课程教学体系的教学效果，确定心理教学模式、心理课程内容、心理课程目标和心理课程设计等是否具有科学性和可行性，是否适应当前大学生心理发展的实际情况，从而完善心理课程教学效果科学评价机制，并以此优化心理教学模式和调整教学内容，从而更好地发挥大学生心理健康教育课程教学的科学性与实效性，不断提高高校心理健康教育课程教学的质量。

二、推进积极心理健康咨询

心理咨询是大学生心理健康教育的重要途径。传统心理咨询在消除或缓解大学生心理疾病、减少心理危机事件的发生等方面发挥了一定作用。但与积极心理咨询相比，显得较为消极，不利于大学生积极心理品质的形成。例如，在心理健康观方面，传统心理咨询认为没有心理疾病就等于心理健康，而积极心理咨询认为一个心理健康的人不仅看其有无心理疾病，更要看其是否经常体验到积极情绪、是否拥有幸福感。心理健康观不同，二者的咨询目标也不相同，传统心理咨询以消除或缓解心理疾病，拥有正常生活为目标；而积极心理咨询以增加幸福感、培养积极品质、拥有蓬勃人生为目标。有研究证明，积极心理咨询与治疗对抑郁症的缓解和改善具有明显的效果。

开展积极心理咨询，咨询者要树立积极的心理健康观。通过建立积极的咨访关系，探索与运用人格优势，探寻人生意义，争取更多的人际支持，创设更多成功的机会等方式方法，以达到使来访者增强积极情绪、提高积极心理品质、消除和缓解心理疾病、拥有幸福蓬勃人生的目的。

（一）传统的高校心理咨询存在的问题与弊端

传统的主流心理学主要以研究人类心理问题、心理疾病诊断与治疗为中心，只关注人的心理问题与外在世界的不良事件和恶劣环境，把心理学的研究目标定位于消除人的心理和社会的各种问题，期望问题被消除的同时也给人类和人类社会带来发展和繁荣。

就心理咨询而言，传统心理学一直将工作重点聚焦在有问题的个体身上，通过问题解决来促进个体健康发展，这使心理学研究类似于病理学性质的医学学科研究。在此背景下，心理咨询也局限于关注少数有心理问题的人的消极、病态的，甚至自杀倾向的心理状况，并试图解决相应的问题，以促进个体健康发展，从而形成了以行为主义、精神分析等理论为指导的行为疗法、认知疗法、来访者中心疗法等传统的心理咨询技术和方法。

传统心理学尽管通过心理问题解决，促进个体问题修复和良性发展，为人类和人类社会的发展繁荣做出了贡献，但也暴露了积极心理学思潮下，传统心理咨询研究的问题与不足。

1. 心理咨询侧重思想政治教育，忽视健全人格关注

目前，国内高校心理咨询通常渗透着较强的思想政治教育。很多高校的心理咨询机构挂靠在学生工作部门之下，心理咨询也就成为学生工作中思想政治教育的一部分。有些心理咨询教师就是从德育或思想政治工作岗位转型过来的，缺乏相应的心理学理论知识和专业训练，再加上很难从原有角色中转变过来，致使在心理咨询过程中总是侧重于思想政治教育。当然，大学生思想道德教育和心理健康教育对于学生的成长和发展是至关重要的，都是高校人才培养的重要内容和健全人格的组成部分，但是，从培养身心健康的国家建设人才角度考虑，二者的侧重点是不同的。心理咨询侧重于大学生心理层面，促进学生心理健康；思想政治教育侧重于思想层面，提高学生的思想觉悟和认识能力。

而大学生在成长过程中遇到的多是心理层面的发展性问题，解决不好会导致心理和情绪的困扰，从而影响正常的工作、生活和学习。心理咨询工作应该在配合学生的思想政治教育的情况下，与积极的心理教育和认知发展相结合，将视点集中在增进和发展学生自身的各种积极力量上，通过激发个体自身内在积极潜力和优秀心理品质，使个体能够维护自身心理健康、提高心理素质、塑造健全人格。

实际上，心理咨询工作忽视了学生健全心理品质的关注，对学生出现的心理问题要么用思想政治工作的方法进行说服教育，要么按照传统心理咨询技术和方法进行简单的心理疏导和矫治，却没有从积极心理学角度引导学生面对和处理，从而影响了学生全面人格的发展。

2. 心理咨询教师专业知识不足，咨询理念落后

我国高校心理咨询工作起步晚、专业人才缺乏，以及对心理健康教育重要性的认识不足等因素导致高校心理咨询队伍专业素质不高。一个合格的心理咨询师应该具备良好的个人素质和修养；扎实的心理学理论基础；熟练掌握心理咨询方法与技巧；经过实习，接受督导，有实际工作经验。在教师专业化的今天，教师的专业知识、合理的知识结构是其从业的基础，没有相应的专业知识就无法胜任专业工作；另外，前沿性专业理论知识，先进的专业理念也是相当重要的，它与学历一样是衡量教师理论素养高低的重要标准。然而，目前我国高校专业心理咨询人员还达不到这一要求。

从教师来源看，高校咨询人员队伍主要是由经过短期培训的心理学教师、德育教师、学工处的工作人员、校医院的保健医生等组成，其中多数又属于兼职人员。这些人员一方面因时间和精力有限不可能全身心投入工作中，另一方面也缺少必要的理论底蕴和有效的咨询技术。从其专业知识看，教师专业知识严重不足，专业理念落后；体现在心理咨询的过程中，往往仅限于对大学生常见心理问题的识别与应对，简单的心理疏导和认知、行为矫正，提供心理支持和安慰。这与当前出现的积极心理学所提倡的关注全面人格健康发展的理念是不相符的。在积极心理学视角下，要求心理咨询教师引导学生进行积极的情绪体验，发挥积极的人格特质，形成积极的自我评价，以达到自我情绪调节和消除心理症状的目的。研究发现，人类的力量、勇气、乐观、人际技能、信仰、希望、忠诚、坚韧、智慧等心理品质对抵御生理和心理疾病起缓冲作用。

传统心理学模式下，心理咨询教师贫乏的理论知识和落后的咨询观念，无疑会制约高校心理咨询教师的发展和心理咨询工作有效进行。

3. 心理咨询注重障碍性咨询，轻视发展性咨询

长久以来，心理健康教育与咨询在咨询内容和工作方式上都是以消极心理学理论取向为基础，着眼于"问题心理与行为"，通过对问题的解决来达到目的。

在高校传统心理咨询中，咨询教师大多是在学生出现各种心理问题的情况下被动地进行心理辅导，对影响学生个性发展的诸多因素以及各种潜在问题的主动关注不够。这

种以心理病理学为焦点的医学模式，使长期受传统概念化训练的咨询师形成较为固定化的思维模式，只关注消极的"症状"及其建立在病理学之上的治疗方法。因此，心理咨询就出现了重治疗，轻预防；重障碍咨询，轻发展咨询；重视少数人已经出现的问题，忽视针对大多数人的预防性、发展性教育与咨询这种局面。

尽管这种医学治疗模式在理论的成熟度、技术可操作性上都具有优势，对于某些心理病症的干预和治疗有一定的效果，对促进个体的发展起到了一定作用，但是这种认识和做法与日益发展的积极心理学思潮下的时代和个体的发展要求不适应。社会的迅速发展和竞争的加剧使每个个体面临更大的精神压力，各种问题心理和行为会不可避免地大量出现。这需要以积极心理学的观念既关照全体，注重预防，又关注个体，解决问题，从而促进个体积极心态和健康人格的形成与发展。如果心理咨询工作坐等事后问题解决，那么除了加大工作量外，对治疗效果及来访者的成长和发展都具有消极影响。

4.心理咨询模式单一，缺乏多样性

我国高校传统心理咨询模式比较单一，主要采用个体咨询形式。而个体咨询又多采用个别交谈的方式，往往把谈话作为咨询的唯一方法和手段。面对存在心理问题的来访者，咨询教师通常采用自评症状量表做心理测试，进行鉴别诊断；处理方式也比较简单：如果问题比较严重，就会联系所在院系，转介到医院精神科进一步诊断治疗；如果问题不是很严重，就进行心理疏通和辅导。个体心理咨询有其操作性好、保密性强、对场地要求不高等独特的优点，但是，每次咨询的对象有限，咨询的效率并不高。

另外，由于条件所限，心理咨询很少能借助仪器、催眠技术等先进手段给来访学生进行更深入的、全面的诊治和问题解决，更不要说注重学生个体积极心态、健康人格以及自我发展的关注。此外，咨询教师和来访学生在思想上、认识上习惯性定位于师生上下级关系，致使来访者因顾忌个人身份地位和隐私，暴露的信息缺乏全面性、客观性、真实性，导致咨询结果并非理想。相比积极心理学视角下的心理咨询，传统高校心理咨询模式在团体咨询，网络咨询、热线咨询、朋辈咨询、自我诊治等多样化咨询手段及现代化的咨询技术方面比较欠缺。

（二）积极心理学视角下高校心理咨询的走向

1.强化大学生积极心理品质的培养及潜能开发

积极心理学理论创始人塞里格曼和彼得森把人类所具有的积极人格特质分为美德和性格品质两大类，即6种美德和24种性格品质；并认为不同个体都会有一系列自己独特的个人品质，如果能在生活中运用它们，个体将会体验到生活的满意度和幸福感。因此，高校心理咨询部门可以从积极心理学的理念出发，通过一系列相应的方法和手段面向全体学生进行积极心理品质的培养和自身潜能的激发，增强广大学生群体的抵御心理疾患和抗击挫折的能力。

一方面，心理咨询教师可以通过开展一定的心理辅导和思维训练，帮助学生建立积极的认知图式，学会合理归因，养成乐观解释习惯。当学生面对心理压力、心理冲突及各种情绪困扰时，能够认识到个人的消极负面的自我认知，从而挖掘其积极信息，强化积极因素，进行积极归因，促进情绪转化和问题解决。

另一方面，心理咨询教师通过开设健康教育课程、专题讲座、心理拓展训练等方式，激发学生积极的情绪体验包括主观幸福感、满足、希望、快乐和乐观主义等积极行为或行为倾向的情绪。消极的情绪体验会压抑个体的思想和心理发展。因此，教师要引导和鼓励学生发掘自我优势和特长、开展成功的想象、提高认知，并以欣赏和开放的态度给予真诚的鼓励、肯定、赞美和表扬，使学生获得快乐、愉悦和兴奋的情绪体验。一旦积极情绪体验产生，学生就会主动思考和接纳自我，从而自信地面对生活、面向未来。此外，无论是心理咨询过程中还是课程教学和辅导训练，教师都要通过对个体的各种现实能力和潜在能力的激发和强化来培养学生积极的人格特质，从而提升自我调控和心理抗压能力，树立乐观向上的健全人格。

2. 建构积极心理理念导向的高校心理咨询模式

积极心理学认为，单纯地关注个体身上的弱点与缺陷是不能产生有效的治疗效果的，通过发掘个体自身的力量才能更有效地预防、治疗心理疾病；并且主张从两个方面寻求问题的积极意义：一是探寻产生问题的根本原因；二是从问题本身去获得积极的体验，以此来培养和增进个体自身的积极力量。

因此，积极心理学理念下的心理咨询，首先，不是否定和排斥学生的问题，而是强调在心理教育过程中，更应定位于学生自身积极品质，调动学生自身潜能。在咨询和治疗的过程中，让学生在敢于面对自身问题的同时，善于看到事物的积极面，充分发掘和利用自身资源和积极力量，自觉、能动、创造性地解决问题。大学生具有较高素质，较强的理解、接受能力和自我发展意识，采用积极的心理辅导和咨询方式来解决其心理问题会更加奏效。

其次，对于有心理问题的学生，通过开展自我探索、挖掘资源、团队合作、勇敢自信等为主题的团体辅导活动，使其对自身问题产生积极认识和体验，并能借助积极的力量扩视物显大症野，摆脱心理阴影，保持一种良好的心态，实现助人自助的咨询终极目标。另外，现代社会心理咨询的内涵涉及个体生活和发展的更高层次，包括个人的职业规划、优势和能力的发挥、自我价值的体现以及积极情绪的培养等。因此，立足学生发展，以人为本，以促进学生身心协调发展为宗旨，将障碍性咨询、调适性咨询、发展性咨询层级递增，并最终以发展性咨询为主导。

最后，建立和完善心理咨询评价机制，规范心理咨询操作过程，完善咨询机构规章制度，强化伦理道德观念，对咨询结果进行科学严谨的定量定性分析，把心理咨询和辅导是否能够通过激发学生的潜能来解决问题、实现自我恢复与成长纳入心理咨询过程评估体系。

3. 提升心理咨询教师专业素养

建设一支结构稳定、素质较高、健康向上的心理咨询队伍是构建积极心理咨询模式的人力资源保障。

首先，加快心理咨询教师的专业化发展，提升专业素养，增强工作胜任力。从事心理健康教育与咨询的教师不仅具有相关专业的学历学位和心理咨询师的资质，而且要与时俱进，坚持学习先进理论知识，确保专业能力不断提升以适应不断发展的工作要求。积极心理理念的师资建设要求心理咨询教师系统地学习积极心理学理论知识，并灵活地在咨询和治疗中加以运用。

其次，优化心理咨询教师人格品质，树立积极的人性观和价值观。研究表明，心理咨询师的个人品质对咨询效果也具有重要影响。心理咨询教师的人格特质制约和影响对咨询职业的理解、人性的判断，直接决定咨询方式是以消极的病理特征为重心，还是以积极地建立幸福人生的健全心理为重心。具有积极个人品质的心理咨询教师会调动来访者的积极认知和积极情感，挖掘积极经验，最终问题得到解决并达到自我恢复和自我实现。

最后，培养心理咨询教师积极的工作理念和心态，成为积极心理学的实践者与受益者。高校要重视和关注心理咨询教师的身心健康和自我发展，给咨询教师提供自我调节、改善状态、提升心智的时间和空间。高校心理咨询教师也会面临各种生活和工作的压力与挑战。因此，教师自身能够运用积极心理学思想，从积极乐观的视角面对问题、解决问题，提升应对压力的能力和信心，增强主观幸福感和职业效能感。同时，建立并完善高校心理咨询督导制度，以促进高校心理咨询教师的专业成长，提高心理咨询工作的成效。心理咨询教师要定期参加学习和专业培训，及时主动地接受专家的咨询督导，提高自身的理论水平和业务素质。

4. 丰富心理咨询模式，促进心理咨询本土化

首先，从单一的个体咨询形式转变为涵盖团体咨询、网络咨询、朋辈咨询、与学生组织合作展开心理咨询等多样化的心理咨询途径。

其次，根据咨询对象情况，实施差异性心理援助。对于全体学生进行预防性心理援助，目标是促进发展和适应环境；对于在学习、情感、就业等方面出现问题的学生，进行适宜性心理援助，目标是促进问题修复和自我心理调适，保持良性发展；对于有明显心理问题的学生，进行特殊心理援助，目标是去除心理问题，提升心理抗压能力，回归良性发展。

最后，根据我国高校具体特点，建立"五级心理辅导模式"，即学校、院系、班级、宿舍和朋辈等五级心理咨询。学校心理咨询中心负责全校的心理咨询和辅导工作；院系建立二级辅导站，辅导员通过系统专业培训，掌握心理辅导的基本理论和方法，负责本院系学生日常性的心理问题解决工作，提高心理辅导的针对性、科学性和实效性；定期对班级心理委员开展培训，宣传心理健康知识，介绍自助和助人的知识技能，学习识别

心理疾病症状，提升班级心理委员发现问题、解决问题、早期预防的能力；通过对心理咨询知识、技能、观念的传播，鼓励学生组建以宿舍和朋辈为单位的心理问题解决小组，提高学生在日常生活中关注、预防心理问题及早期干预的能力。这就形成了专业咨询教师、专业辅助人员及学生朋辈辅导员相结合的层层递进、覆盖全面的咨询网络，便于第一时间给学生提供有效及时的心理帮助。

同时，建构心理健康社会支持系统。心理咨询中心可以与家长建立联系，为家长提供咨询、培训、保健等服务，共同为学生提供有效的支持系统。我国的心理咨询观念、理论、模式大部分来自国外，需要高校心理咨询教师结合我国民族民众的心理特征、历史文化传统、民众的价值观和人格特点，发挥自身优势，促进高校心理咨询的本土化，建立有中国特色的心理咨询理论和模式，形成适宜国情的高校心理咨询体系。

三、挖掘自助式的心理健康教育资源

大学生自助式心理健康教育是指大学生个体自我教育或群体通过相互间的帮助、分享、影响，以达到维护和促进大学生心理健康发展为目的的教育。大学生自助式心理健康教育以其近水楼台、润物无声的特点让学生更易接受，也因其更符合大学生现实的心理诉求，能够充分调动学生的主动性、积极性和创造性。在大学生自助式心理健康教育模式中，大学生既是教育的主体又是教育的客体，这不仅可以缓解当前师资匮乏的局面，更是传统的以教师为主体的心理健康教育模式的有益补充。

在发挥大学生自助式心理健康教育优势时应注意教育方法的选择。可以借鉴朋辈心理辅导、团体社会工作等方法。朋辈心理辅导是指非专业心理工作者经过选拔、培训、监督向寻求帮助的年龄相当的受助者提供具有心理咨询功能的人际帮助的过程。有研究表明，朋辈团体心理辅导对开发大学生的心理潜能，提高学习和生活质量，增强幸福感具有良好的效果。因此，朋辈心理辅导的形式可以有效开发大学生群体的辅导资源，助力积极心理健康教育效果的提升。

团体社会工作是社会工作的基本方法之一，又称为小组工作。它将两个或两个以上具有共同或相似社会问题的成员组成小组，采用科学手段组织有目的的小组活动，通过小组活动过程及组员之间的互动和经验分享，促进行为改变，帮助小组成员增强社会功能，使个人获得成长。团体社会工作以其"以人为本、助人自助"的理念优势，丰富实用、贴近学生的内容优势，团体活动的媒介优势，人力资源最大化的规模效应优势等，已经在国外及我国港台地区的高校学生辅导中得到广泛的应用，效果良好。这为创新我国高校的心理健康教育及辅导工作提供了理论依据和实践依据，将为积极心理学导向的心理健康教育增添助力。朋辈心理辅导及团体社会工作方法的应用有助于创新工作理念，拓展工作方法，提升工作水平，充分挖掘大学生自助式心理健康教育资源，最终提高积极的大学生心理健康教育工作的有效性。

四、搭建课外积极心理健康教育平台

"近朱者赤，近墨者黑"，大学生所处的环境对其身心发展具有重大的影响，因此，要建设好大学生生活和学习的环境空间——班级、宿舍和网络，并把这些环境空间作为开展积极心理健康教育的校园课外教育平台，使学生能身处其中，耳濡目染，潜移默化，随时得到心灵的关爱和净化。

传统心理健康教育主要着眼于学生的课堂，注重学生学习空间的打造，但没有充分利用学生的生活空间和虚拟空间。积极心理学导向的大学生心理健康教育应注重学生的生活空间与学习空间、现实空间和虚拟空间的系统联系和有机融合，全面利用各种教育平台，填补各种空白空间，助推教育实效性的提高。一方面，要进一步加强班级、宿舍等现实心理健康教育平台的建设。可以充分利用班级两周一次的主题班会进行有计划、有体系、不同主题的积极心理团体活动；可以倡导学生以宿舍为单位进行各类主题的积极心理团体活动；可以在宿舍楼内设立积极心理聊天室，在专职心理辅导老师指导下，选派训练有素的学生志愿者组织协调心理聊天工作。另一方面，要充分利用博客、微信等网络虚拟资源。网络的虚拟性、便捷性及大学生使用网络的普遍性，使网络成了积极心理健康教育的有利空间和平台。高校可以利用博客、QQ、微信等多种方式开展形式多样的大学生积极心理健康教育。如积极情绪促进空间、积极人际沙龙、兴趣发展平台、成功三人行论坛、名人或热点人物人格优势分析、心理影片或心理剧赏析等。虚拟平台的充分利用将大大提高学生的参与性、受益面，促进心理健康教育效果的提高。

五、举办积极心理健康教育各类活动

心理健康教育活动作为大学生心理健康教育的途径之一，因为参与度高、趣味性强而得到大学生的喜爱。它能够在轻松愉快中，潜移默化地促进身心的健康发展和个体潜能的挖掘与发挥。列昂捷夫曾指出："人的个性的现实基础不在他原有的遗传程序列表中，不在他的天赋素质和欲望深处，甚至也不在他后天获得的熟练程度、知识和技能中，而在借助知识和技能实现活动的系统当中。"活动的形式和种类尽可能多种多样，这既能增加趣味性，又能促进多方面优秀心理品质的培养和发展。例如，积极心理团体辅导系列活动，包括积极人际辅导、积极情绪辅导、生涯规划辅导等；大学生心理素质拓展活动系列，包括信任之旅，无敌风火轮，分分合合等，另外还有心理剧、心理文化活动等形式。

总之，打造课上与课下、现实与虚拟、全方位、立体式，以丰富和深化积极心理体验为核心，以丰富多彩、喜闻乐见为特征的方式方法，是提高积极大学生心理健康教育的成效、实现其教育目标的有效手段。

第五章 积极心理学视域下大学生心理健康教育的现状

第一节 大学生心理健康教育偏重于心理问题矫正教育

对于心理健康教育，一些高校缺乏积极心理健康教育理念，人员相对不足，所以更关注已经产生心理问题的学生。这就引发了一个怪现象，高校心理健康教育资源集中在少数有心理问题的学生身上，但对于每一个心理正常的学生如何提高心理素质、对于心态积极健康的学生如何使他们变得更优秀则很少有人谈及，更没有具体的做法和措施。

一、心理健康教育的方法未得到推广和广泛应用

心理健康教育在目前的高校中开展得并不平衡，特别是在心理健康教育的方法运用上，各个高校有很大区别。

第一，心理普查方面，部分高校按照教育部的要求做了大量的工作，印制了普查问卷，购买了光电仪器，并建立了相应的档案室，对新生进行了详细的心理普查。但也有部分高校，根本没有开展这项工作，即使在已经开展了普查工作的学校中，也存在简单应付、走走过场的问题，很多问卷收上来之后便束之高阁，既不能调查出新生中存在的心理问题，也无法对有问题的学生进行重点教育，更谈不上建立心理档案，有备可查。

第二，方法单一。部分高校只是建立了一个心理咨询室，心理健康教育仍然停留在被动的接待学生来访的层面上，没有形成完整的心理健康教育运行机制。一些有效的方法，如团体咨询、心理健康讲座、心理剧表演等没有被充分地利用，不能吸引更多的学生参与到心理健康教育中来。

第三，方法运用的范围小。由于受到观念、资金的限制，部分高校在开展心理健康教育时，没有开展范围更广的宣传和教育工作，只是片面地针对那些有心理障碍的学生，忽视了心理健康教育预防为主的方针，致使很多大学生享受不到心理健康服务，一些潜在的心理隐患也因此被忽视。

二、心理健康教育的课程建设尚不完善

（一）高校心理健康教育课程目标的特征分析

1. 课程目标的发展性与建构性

"心理健康教育"比"心理教育"更为狭窄，但又大于"心理辅导"，并不是以预防为主的教育，而是以学生发展性为主的教育。并不是说预防不重要，而是要把发展性放在第一位，在此基础上加之预防性目标。课程目标的发展性指向学生的终身发展，在培养学生心理素质的同时，提高学生面向未来生活困扰的技能与解决问题的能力。课程目标对课程实施起导向性作用，课程实施不是对目标的简单实现，在目标指导下，不同的教师、学生甚至环境会影响课程实施的过程，学生会形成不同的认知体系，这就是课程目标的建构性，表面上具有确定性，但在课程实施中会被不断丰富与创生。在课程目标的具体设置中，要以发展性为出发点，考虑学生"最近发展区"，把握学生特征与需要，让学生能够成为学习的主动建构者。发展性与建构性是不可分割的，为具体目标的界定提供指导。

2. 课程内容的实用性与体验性

实用性指的是课程内容要对学生有用，也就是课程内容要与学生的现实困扰与问题有关，要符合社会发展需要，也要预见学生可能出现的困惑，课程内容要丰富学生对心理健康教育理论知识的了解与积累，更要关注学生心理的健全发展。在进行课程内容的选择时要贴近学生的现实生活，立足学生心理发展特点，以学生的生活经验为基础，只有这样才能提高学生的学习兴趣，增加学生课堂投入。心理健康教育课程是通过对生活的切身体验、切身感悟来实现的，在体验与感悟中获得积极的、愉快的心理情感，对与之交汇的学习生活事件做出积极的解释，并由此发展出积极向上的人生态度和价值观。

心理健康教育课程不同于传统课程，不是简单地通过教师讲授获得知识的过程，而是要协助学生解决问题并且开发学生潜能的过程，这种不同于一般学科课程的特性，要求其课程内容必须具有体验性。学生亲身参与心理健康训练的实践活动，经历情感体验，才能让学生将获得的知识、技能与感受内化为稳定的人生观与价值观。

3. 课程组织的互动性与开放性

互动性指的是教师与学生、学生与学生之间的交流与合作。在其他知识性传授的课程中，教师绝对的领导与控制，对学生知识的积累与巩固会有一定益处，但在心理健康教育课程中，教师的绝对强制与权威性的管理会适得其反，甚至导致课程的失败。心理健康教育课程需要走近学生心灵，倾听学生感受与需求，改变学生的内心状态，要以平等的师生关系为基础，巧妙的活动设计为保障，增加课程组织的互动性。学生与教师是共同探索、沟通与经历的关系，巧妙的活动设计会淡化师与生的界限，让教师成为学生学习上的引导者、生活上的指路人。课程组织的开放性，不仅指教学空间的开放性，也

指课堂氛围的开放性。一方面，注重课程物理环境的布置，包括场所的选择、光线强弱、空间大小、设备摆放以及环境布置等，这些都会对心理健康教育课程实施效果产生间接性影响；另一方面，重视课程心理环境的营造，只有在轻松愉悦的氛围与关系中，教师与学生双方才能更加放松，才能反映学生最真实的情绪与感受，才能激发学生最佳的学习意识与学习状态。

4.课程评价的综合性与灵活性

高校心理健康教育课程涵盖心理健康教育学科知识和技能，内容的多样化在一定程度上决定了课程评价的综合性，学生个体之间的差异也决定了课程评价不能以单一方式进行。另外，高校心理健康教育课程是以提高学生心理素质、促进学生全面发展为目的，课程评价不能以成绩作为唯一衡量标准，而应以学生的感受与行为改变为重要指标。课程评价的灵活性指的是评价主体、评价内容与评价方式要依据课程的具体开展情况有所不同。心理健康教育课程注重学生的主动性，是与学生心理成长密切相关的课程，要发挥学生在课程评价中的作用，教师不再是评价的主体，学生积极参与评价过程，无论是培养学生自我反思与成长的素质，还是对提高心理健康教育课程实施效果，促进高校心理健康教育课程的可持续发展，都是百益而无一害的。

（二）高校心理健康教育课程教学基本要求

对高校心理健康教育课程教学基本要求梳理结果如表 5-1 所示。

表 5-1 高校心理健康教育课程教学基本要求梳理表

课程阶段	影响因素	具体内容	教学基本要求
课程前	课程设置	课程类型	将心理健康教育课程设为公共必修课
		课程时间	间课程的学时为 32~36 个学时。一般在第一学期开设
		课程学分	作为公共必修课的心理健康教育课程至少设置 2 个学分。
		课程教材	教科书一定要使用优质教科书
		课程体系	提供与心理健康教育课程相关的选修课程，比如：大学生素质教育、心理学专业知识等
		课程总目标	使学生明确心理健康的标准及意义，增强自我心理保健意识和心理危机预防意识，掌握并应用心理健康知识，培养自我认知能力、人际沟通能力、自我调节能力，切实提高心理素质，促进学生全面发展

续表

课程阶段	影响因素	具体内容	教学基本要求
课程前	教学计划	学情了解	教学设计之前,对学生的学情进行了解
		教学目标	每一节课程都必须有明确的主题或目标,教学目标要具有发展性与建构性
		教学规模	心理健康教育课程人数最好控制在 15~30 人
		教学内容	心理健康教育课程的教学内容要具有实用性,包括心理健康基础知识;了解自我,发展自我;提升学生自身的心理调整能力
		教学方法	心理健康教育课程主要教学方法要包括课堂讲授、课堂活动、案例分析、角色扮演、小组讨论、心理测试、体验活动、情景表演、团体训练等
		课程作业	心理健康教育课程结束后必须有一定的课程作业,且符合学生水平
课程中	教师行为	教学态度	按照课程设置完成每一节心理健康教育课程
			在教学过程中亲切和蔼
		教学水平	由心理学专业或获得职业资格的教师担任课程教师
			教师教学案例贴近生活,有实践意义
			教师与学生经常有互动与交流
			教师教学组织能力与授课能力非常好
	学生行为	学习态度	学生对心理健康教育课程的看法积极,态度端正
			学生按照课程要求参与每一节心理健康教育课程
		学习参与度	学生经常与教师、学生互动
	教学环境	教学场所	根据课程内容与活动需要选择不同的教学场所
		教学设备	为课程教学提供必要的设备和资料,如心理测评系统、心理教育软件、音像教学资料等,配备合适的教学场所
		课堂氛围	课堂氛围轻松愉快,学生们积极参与课堂,有收获
课程后	课程评价	考核方式	对心理健康教育课程的考核要以平时学习表现或者实际运用为主
		考核结果	学生期末课程成绩优秀
		学习感受与收获	学生认为心理健康教育课程对自己有帮助
			班级和谐健康的心理文化氛围开始形成,班级凝聚力得到提升

（三）心理健康教育课程建设现状

1. 将心理健康教育简单的课程化

部分高校在进行心理健康教育过程中将其像对待其他学科课程一样课程化。认为心理健康教育就是开设心理健康教育课，任课老师像对其他学科一样备课，上课，认真讲述心理学的概念、原理，让学生看书、划书、背书。

另外，既然此门课是列入课表中的课，就也要通过考试来督促、检查学生学与教师教的效果。教师讲，学生记，从概念到概念，从理论到理论。这种用考试分数强迫学生听课，背书的方法，不仅使学生对心理健康教育课的好奇心理及美好期望荡然无存，而且会使其因此产生反感。另外，这样过于课程化的方式，虽然每周固定课时，使心理健康教育在时间上有了保证，并有了稳定的传播知识的阵地，但是心理健康教育中有许多知识和内容，是要通过活动实践、训练才能获得，而且，心理健康教育课侧重解决一般性，整体性及共性的心理问题，无法深入解决特殊、个别学生的心理问题，也不能灵活地、及时地顾及学生在学校生活中表现出来的方方面面的心理问题。

2. 忽略了心理健康教育在其他学科课堂教学中的渗透

谈到心理健康教育，人们首先想到的是心理健康教育课及其教心理健康教育课的老师，却很少有人想到开展心理健康教育的另一主阵地，即在学科课堂教学中渗透心理健康教育。从目前来看，许多教师缺乏心理健康教育理论，不重视心理健康教育理论，只注重本学科的教学，不重视学生心理品质的发展，将学生心理发展中存在的各种障碍视为一般的思想品德问题，将学习过程中出现的各类适应性问题简单地视为智力问题或学习动机问题。他们只会单纯地进行知识传授，完全依赖高强度的重复练习来实现学业成绩的提高，不注重教学过程中非智力因素的作用。而这些都会阻碍学生个性的充分发展。使学生的心理素质不能得到提高。

此外，一些教师认为进行心理健康教育是心理教师的工作，与他们无关，以致使学校心理健康教育工作只能靠心理教师势单力薄地开展着，而如果在各科教学的课堂上能够渗透心理教育，那么将会使心理健康教育在内容上具有广泛性，整体性。因为它不是针对学生的心理缺陷来针对性地咨询，辅导或训练，它是针对学生的整个心理世界而言的，它既有兴趣、情感因素，也有意志、个性成分。所以，课堂教学中的心理健康教育有重要意义，但它往往容易被人忽视。

三、高校心理健康教育的机构设置存在问题

高校心理健康教育，是当前高等教育中最具活力的研究与实践领域之一。在其十多年的自身发展历程中，研究者与实践者从各自不同的角度和立场出发，加深了对心理健康教育的认识，设置了心理健康教育的工作机构，提出了心理健康教育的一些工作模式。但同时也带来了认识上的纷争、实践上的混乱，其工作机构、工作方式的研究多局限于经验层面的探讨，使心理健康教育的工作实践呈现出形式化、简单化的倾向。

（一）建立高校心理健康教育工作机构、工作模式的原则与任务

从工作机构定位来讲，一是心理健康教育是德育的重要组成部分，二是心理健康教育要结合学生学习生活实际去开展；从工作模式定位来讲，一是心理健康教育是以面向全体学生的正面心理健康知识和心理健康意识教育为主，二是心理健康教育要把正面教育、个别咨询、课外活动及日常教育管理有机结合，三是心理健康教育要立足解决常见问题，注意识别并及时转介特殊重症。鉴于这样的认识，我们认为高校心理健康教育工作机构应设立于学生德育工作的主管部门——学生工作部内，或建立隶属于党委领导下、具有协调指挥功能的独立机构。其工作模式确立的立足点是：要以面向全体学生为主要目标，以实施正向教育为主要职责，以密切结合学生日常教育和管理实际为基本工作渠道，以能承担心理健康教育教学和心理咨询并协调第一课堂与第二课堂为经常任务。

（二）确立高校心理健康教育工作机构、工作模式的问题与思考

到目前为止，一些高校心理健康教育的机构设置与基本工作模式还存在一定问题或困惑。主要有以下几个方面的原因：一是部分专家学者将心理健康教育当作一门心理学课程或学科来看待和建设，强化了专业性和学术性，淡化了工作性或实践性；二是部分思想政治工作者铭记了心理健康教育是德育工作的组成部分，强化了其日常操作性，淡化了其专业性和学术性；三是心理健康教育的特殊性决定了它不同于纯粹意义的心理学教学或思想政治工作，它需要两者有机结合并在实践中不断磨合，这种高难度的结合使许多人对这项工作的定位产生困难。

从心理健康教育工作的具体职责和内容看，它是专业教育与日常教育兼有的工作，其工作机构设于学校相关的职能部门、教学部门都有其道理，同时也都有其弊病。工作机构设于教学部门或许在专业上具有天然优势，但教学部门难以承担对全校在日常工作层面实施指导、协调的职能，一般来讲，纯教学部门及教学人员不愿意参加管理和协调工作，弥补其弱势部分相对困难；学生工作部是学生日常德育工作的职能部门，指导协调是其职责和优势，专业方面是其弱势。综合考虑心理健康教育的专业要求、指导与协调等职能，我们认为工作机构隶属学校党委或设于学生工作部门比设于德育或心理的教学部门或研究部门更为合适。

对于学生工作的弱势问题，可通过制订相关政策、引进专业人才、专兼结合等渠道来解决，相比之下，弥补其工作弱势相对容易。此外，特别关注的是，从日常工作角度来看，学生的心理问题大多是在学习、交往、择业等环节中产生的，解决心理问题必须联系学生实际，学生工作部门的职责与之关系最为密切；从专业角度来讲，思想工作与心理教育相互交叉，业务关联性大，思想工作者从事心理教育也有天然优势；从学生工作队伍建设角度看，学生思想工作者开展心理健康教育有利于提高思想工作者的业务素质和工作能力，其结果必将反作用于学生工作，有利于学校德育工作水平的提高。

第二节　大学生心理健康教育偏重于心理问题预防教育

由于心理健康教育偏颇，学生接触到的心理健康教育知识多为消极的，比如什么是精神病、神经病、心理问题，如何预防这些疾病等。这就造成两个不良后果：一是学生误以为心理健康教育就是帮助学生预防精神和心理疾病，有病的人才接受心理健康教育；二是对学生造成消极暗示，总是在想自己如何能够避免心理问题，对如何提高自己的心理素质则缺乏思考。

一、心理健康教育观念滞后

观念的陈旧、保守，认识上的误区，是高校心理健康教育问题突出的首要原因。国内外的实践证明，心理健康教育不仅是一套方法和技术，更重要的是它体现了一种实践性很强的、先进的、科学的教育观念。纵观十几年来我国的心理健康教育工作状况不难发现，无论是管理者还是教育者对心理健康教育的认识都不够到位。

从社会角度看，由于历史文化传统原因，人们对个性心理品质问题的关注、认识、研究都不够。一般人往往把心理问题神秘化，甚至把有心理障碍的人看作是不可理喻的邪恶之人或洪水猛兽，致使心理问题得不到科学的青睐，有心理疾患的人也不敢张扬、不能就医，这种世俗的眼光使得部分有强烈心理咨询愿望的学生对心理咨询中心只好敬而远之，从而使心理健康教育流于形式。从高校自身来看，部分管理者和教师对心理健康教育认识存在误区，导致教育实施过程中出现了以上的问题。

从学生角度来看，部分同学的价值观念还停留在传统保守的层面上，面子观念强，难以开放自我，担心去心理咨询被人发现而被扣上"不正常、有问题、有心理障碍"的帽子，因此他们求助对象多是身边的同学、朋友，而不是陌生的具有专业技能的咨询服务人员。由于我国大学生心理健康教育工作开展得比较晚，社会、个人、教育者和受教育者都存在一个观念转化、加深认识的过程，因而在大学生心理健康教育实施过程中难免出现一些不良倾向。

二、心理健康教育观念错构

在长期的应试教育体制影响下，传统的教育人才观和旧的习惯思维模式使得人们更加看重学生的成绩、考试能力。学生从一入学接受的就是这种教育，一直抱着升学第一、分数至上的观念，往往忽略人格、心理素质及社会适应能力等因素，致使学生过分注重分数，在情商、自我控制方面表现出严重的不足，以致厌学。这也是初高中教育留给大学教育的一大问题，成为大学生心理健康教育的缺陷。

这种以"应试教育"为主的思维模式，使人安于现状，不能"居安思危"，放眼世界，面向未来，面向现代化，导致心理健康教育意识淡薄、狭隘，手段陈旧落后，难免走形式化道路。教育部门虽然多次提出要改革现行教育体制，大力推进素质教育，实际上目前的教育体制仍然在一定程度上严重阻碍了整个心理健康教育工作的积极开展。多年来高校的专业设置和以"学科本位"为主题的课程设置，其实质就是专业教育的模式。不可否认，这种教育模式对培养大学生的专业知识、专业技能发挥了重要作用，但也应该看到这种教育模式所产生的弊端。

由于这种教育体制的影响，很多高校管理者为了显示其对心理健康教育的重视，于是纷纷把心理健康教育纳入正规课程，按照专业课程方法安排教学，学生通过考试取得相应的学分。由于传统教育模式的影响，沿袭了几千年的教师"注入式""填鸭式"讲课方式也被带到了心理健康教育课堂，老师们往往是按照现有的心理学教材按部就班地讲解系统化的心理学知识，结果学生接受的是一大堆枯燥的心理学名词、理论，而真正能运用到自己身上的所剩无几，出现了心理健康教育课程化。更有甚者，一些从事思想政治工作的教师兼任心理健康教育工作，他们受自身专业的束缚，受传统教育思想的影响，往往将心理健康教育演化为国家、社会对学生个人的思想政治素质、道德品质等方面的要求教育，对学生心理健康的发展性教育极为贫乏，往往会出现心理健康教育德育化。

三、心理健康教育的条件得不到保障

随着高等教育的改革和发展，大学生心理健康教育日益受到重视，但真正开展得好而且收效也很好的高校并不多。目前，绝大部分高校实施了心理健康教育，但相应的保障条件存在较大的差距，心理健康教育难以按照教育目标实施，从而导致实施中出现的上述问题。

（一）心理健康教育保障制度缺乏可操作性

我国的心理健康保障制度存在一系列的问题，如制度条例大而粗、制度的落实问题、制度中分工的不明确以及管理的不到位。从淮海工学院心理健康教育保障制度看：预警谈话制度中包括保密要求、备案要求、报告制度，但没有关于对预警谈话老师的培训。

高校在进行心理健康工作时一般把主要目标定位在部分心理预警库中的学生，而在库之外的学生出现心理问题常常被忽视，缺乏心理疾病预防机制以及发展性的心理教育理念，这样就会限制心理健康的管理效果以及心理健康教育的普及程度。年度工作考核制度包括组织管理工作、基本条件、队伍建设、心理咨询服务、教育活动、测评与科学研究几个方面，内容全面，已经形成基本的考核制度体系。年度工作考核制度不仅考核校心理中心，也考核二级学院的心理工作，但是一些二级学院，平时不够重视心理工作，考核时容易出现临时抱佛脚的现象。

心理危机干预制度缺乏规范，制度落实不到位。心理健康教育保障制度缺乏操作性的原因：起步较晚，相关研究发展较慢，研究人员较少，尚未形成成熟的制度体系。

(二)经费少或者落实不到位

高校二级学院没有心理健康专项经费,学生处下拨到心理中心的费用只能维持基本运行,设施和条件的缺乏制约着心理健康教育工作开展,资金的短缺制约大学生心理健康教育工作开展方式的多样化,导致内容单一;资金的缺乏制约了心理咨询室的建设,导致教师工作条件不佳、学生咨询环境不佳,直接影响咨询效果;资金的缺乏制约了计算机以及心理治疗设备的更新,制约了资料室及时更新心理健康书籍、音像资料和学术期刊;资金的缺乏制约了心理健康工作人员的奖励性绩效,导致教师工作缺乏热情。

心理健康教育保障发展的经费缺少原因:受我国经济发展水平限制,心理健康教育现阶段可以维持基本水平,难以有充足经费支持,同时,由于心理健康工作只要不出现或者少出现问题就是取得的成绩,不像其他岗位的工作那样容易做出大家看得见的成绩,所以在多方面影响下,高校在经费使用上,也倾向于先把经费投入在校园建设和硬件上,心理健康教育投入未能得到优先安排。

(三)师资力量缺乏

心理健康教育是一项专业化程度很高的工作,它对从业者的品德、知识结构、专业技能和工作经验都有十分严格的要求,而我国目前无论在专业人员的培养还是对在职人员的资格认证方面都远远没有进入正常发展轨道,我们甚至还不知道应该有什么样的人来从事心理健康教育工作。目前大部分学校的心理健康教育教师是非专业人员,一般是担任思想政治工作的老师、校医等组成,大多数是兼而不专的老师,有些老师对心理健康教育一窍不通或是一知半解。对学生进行心理健康教育常常捉襟见肘,困难重重,所以开展的活动也很零散,这势必会影响学生对心理健康教育老师的信任感。

1. 师资队伍的整体专业水平较低

心理健康教育是一项专业性很强的工作,国外从事此项工作的人员都必须有咨询心理学、临床心理学、教育心理学、社会工作博士以上学位,还要有一定的实践经验,相比之下,国内的从业人员还远远不能满足这种要求。尽管一些高校已经设有心理健康教育机构,但调查发现,高校从事心理健康教育和辅导的人员以兼职居多,专职人员少,其中大部分是经过短期培训后上岗,缺乏系统的专业训练。大学生心理咨询队伍建设亟待加强。

2. 师资队伍缺乏定期培训

高校心理健康教育人员面对的是思想活跃、接受能力特别强的大学生,因此,除了必需的专业技能外,还应该定期参加相关培训,关注社会热点、发展趋势,了解学生的思想动态、心理动态,学习和掌握当前最新的心理健康教育理念、教育技术、教育方法。但是,部分高校并不能及时对心理健康教育人员进行培训,也不能对学校的相关德育工作者进行有关的心理知识培训,造成心理健康教育工作者无法适应当下的大学生心理健康状态,在工作理念和方法上难免出现偏差。

（四）心理健康组织管理体系不健全

组织领导机制多层次并且纵横交错，但是彼此之间联系不够紧密，日常工作也很少有交集，因为每个部分独立分工，归属的部门也未必相同。在我国心理健康教育还在起步阶段，特别需要理论的支持和指导。与社会对大学生心理健康的研究相比，高校由于其条件的便利性、师资的丰富性、收集样本的便利性都具有明显的研究优势，高校可以提供社会需要的研究成果，然而实际中高校往往缺乏心理健康教育保障的科研机制，在提供荣誉、经费，鼓励教师研究相关课题等方面，都有待提高。心理健康科研鼓励程度不够，究其原因，是我国当前经济发展水平正处于飞速进步的时候，在当前经济水平下，还没有发展到具有足够的认识来重视心理健康教育。由于条件所限，大学生进入校园时建立的档案不够全面，入学前也没有建立心理健康档案，需要科学建设和管理大学生心理健康档案，对大学生的心理健康状况实行动态监控。

高校通过社团开展的活动和宣传，促进学生心理健康。由于大学生学习、就业压力较大，高校的校园文化生活虽然丰富，但是却不能完全调动大学生的积极性，部分学生不能积极参加校园社团活动和关注校园文化。

四、高校学生的心理咨询服务问题

在心理问题比较严重时，大学生更多采用校外心理咨询服务，究其原因：一方面，学生需要精神科医生、心理治疗师等更专业的治疗服务；另一方面，学生需要心理咨询的时间较长，也往往超过学校提供的限次。同时，由于学生们对环境安全感、隐私保护、病耻感等方面的顾虑，以及学校心理咨询工作中人力不足、时间限制以及流程不畅等因素，校内咨询服务学生成长的效果受到了一定影响。

（一）推进高校心理健康教育与咨询示范中心建设的重要性

近年来，我国大学生群体心理健康问题日益突出，个人极端情绪引发的危机事件时有发生，这不仅关系大学生个人发展的顺逆，更关系到高素质人才培养工作的成效。同时，也对高校心理健康服务提出了新的要求和挑战。加强高校心理健康教育与咨询示范中心建设，既是新形势下高等教育综合改革的客观要求，又是促进大学生身心健康发展的重要保障，更是提升高校心理健康服务水平的有效途径。

1.促进大学生身心健康发展的重要举措

由于社会高速发展，越来越多的学生产生心理困扰，且内容已不仅局限于学业和人际关系范围，更涉及家庭冲突、职业选择、人生意义、情感纠纷等，在数量上不断增多，在内容上不断拓宽。随着高校心理健康教育工作的深入开展，很多学生开始正视自身不良心理状况，积极寻求心理帮助。积极推进高校心理健康教育与咨询示范中心建设，有助于拓展心理健康服务领域，帮助学生应对心理困扰，提升心理调适能力，形成良好的心理品质。

2. 推进高校心理健康教育专业化建设的有效途径

我国高校心理健康教育与咨询工作近年来取得一定进展，但还存在重视程度不够、机制不完善、专业水平不高等诸多问题，难以达到心理健康教育与咨询的目标，无法满足更多学生对心理健康服务的现实需求。积极推进高校示范中心建设，一方面，有助于提高示范中心的专业化水平，不断完善推进自身在体制机制、管理制度、队伍建设、辅导和咨询服务、危机干预和转介机制等方面建设，形成自己的特色、优势。另一方面，有利于发挥示范引领、辐射带动作用，将示范中心打造成心理健康教育与咨询工作的样本，将其成熟做法、成功经验进行推广，促进高校心理健康服务科学、规范、有序地发展。

（二）高校心理健康教育与咨询示范中心建设的要求

1. 要符合标准性示范中心要符合标准性

标准化是设立示范中心的基本前提和要求。心理健康教育与咨询示范中心应做到两个标准化。一是机构标准化。示范中心涉及制度、部门、师资、资金、场地、设备等方面，应严格按照教育部《普通高校心理健康教育教育工作建设标准》要求，做到机构高度标准化。二是职能标准化。示范中心要具备宣传教育、咨询服务、危机干预、引领带动四大职能，不仅要广泛普及心理健康知识、加强人文关怀和生命教育，更要分类指导、规范发展，厚植示范引领基础，培育辐射带动优势。

2. 要彰显创新性示范中心要彰显创新性

创新性是示范中心始终保持优势地位的现实要求。心理健康教育与咨询示范中心要不断发展自我、完善自我、形成自己的先进性、代表性。

首先，要立足全局、超前设计、前瞻研究。要对心理健康教育、心理咨询、危机预警及干预、队伍建设等工作深入思考、整体架构、超前设计，保证工作的深入性、普及性及前瞻性。

其次，要加强规律性问题的研究与探索。开展学生心理问题的早期识别与干预研究，进行本土化心理健康基础理论的研究和成果转化，加强国际交流与合作，借鉴国际先进技术及成功经验。

3. 要体现特色性示范中心要体现特色性

特色性是示范中心的重要特征，更是示范中心建设的重要任务。示范中心要做好两个特色建设，一是要保持原特色，立足自身学校实际，切合本校学生心理状况，形成个性化的心理教育与咨询模式。二是培育新特色，示范中心之间要加强彼此之间的交流，积极吸纳对方的有益做法，形成新特色。如东北大学立足学校工科专业主体背景，坚持每月组织一次以心理健康教育为主要内容的大型发展咨询活动，由问题型干预向发展型咨询转化；大连医科大学依据心理学科特点，注重学生心理需求特点，将环境心理学的研究成果应用于咨询环境的整体设计和装修，集艺术之美与现代治疗理念于一体。

4. 要具有带动性

示范中心要具有带动性。带动性是示范中心建设的核心原则，更是其发展的重要方向。

示范中心要始终坚持带动性建设的目标导向，一是应做好实践探索、积累经验、保持示范优势地位。二是应做好理论总结，及时将实践探索进行分析、归纳和升华，将实践成果转变成全面、具体、可操作的成熟经验，通过研讨会、培训会等多种途径，宣传推广新理念、新方法，带动兄弟院校共同发展。

（三）高校心理健康教育与咨询示范中心建设的现状

随着国家政策及资金支持力度加大，地方政府有力推动，各高校积极参与，高校心理健康教育与咨询示范中心建设工作取得了一定成效，但同时也应该看到培育与建设中的示范中心还存在教育规范不够等问题，亟待解决和完善。

1. 高校心理健康教育与咨询示范中心建设取得的成效

（1）数量不断增加

当前，我国高校心理健康教育与咨询示范中心培育和评选的数量不断增加，出现了遍地开花的大好局面。自2014年至2016年年底，国家层面，教育部分三批次对27所高校进行重点培育，打造国家级示范样本；省级层面，各省市教育厅深入开展高校心理健康教育工作测评，筛选省级示范校，实现以评促建。如辽宁省评定37所，陕西省评定18所，广西壮族自治区评定18所等。

（2）建设水平稳步提升

一方面，各高校专职人员和兼职人员比例进一步优化，专职人员比例不断提升；另一方面，资金投入和硬件设备条件进一步改善，为教育与咨询活动开展提供了有力的保障。同时，教育内容和教学方式进一步丰富，咨询服务范围和服务人数逐年增加。

（3）示范带动作用增强

由于示范中心的数量和水平的双提升，其示范引领、辐射带动作用明显增强，不仅通过心理健康教育研讨会、座谈会等形式交流经验，更通过开展心理健康专业人员培训等方式提升能力，合作交流方式呈现多样化，示范带动的途径不断拓展，效果日渐明显，整体水平大幅提升。

2. 高校心理健康教育与咨询示范中心建设中存在的问题

（1）规范度不够

标准化与规范性是示范中心的必然要求。目前各高校心理健康教育与咨询示范中心结合本校特点形成了各具特色的组织架构及管理制度，一些高校仍存在部门设置不科学、职责定位不准确、管理制度不严谨的状况。在示范中心评选后和培育过程中，相关部门目标管理和各层管理不具体、评选验收不及时、标准不严格。

（2）覆盖率不足

部分示范中心工作重点在问题咨询服务上，普及化教育和发展性咨询服务相对薄弱，难以满足学生日益多样化、个性化的心理服务需求。多数高校在心理健康教育活动中没有做到知识性、体验性、趣味性的高度融合，学生喜闻乐见、生动活泼的品牌性活动不够深入,导致普及度不高、参与度不够,学生的心理成长需求不能得到全面满足。

(3) 研究水平不高

目前,我国高校心理健康教育学科建设不深入,专职人员多数同时承担教育宣传、教学、咨询、危机干预、行政等多项工作,难以及时将实践成果转变为理论成果。同时,全国示范中心之间没有形成一个长期稳定的交流平台和研究机制,结合当代大学生心理发展特点及规律、深入开展工作研究的力度不够。

五、缺乏科学的指导和全面的发展规划

心理健康教育是一项新生事物,在我国起步比较晚,实施过程中缺少本土特色,大多是借鉴国外的理论和实践经验,致使心理健康教育效果并不理想。心理健康教育是一个系统工程,是全局性工作,必须有全面的发展规划,才能保证这项工作健康持续地发展。而在实施过程中,绝大部分高校都没有做到全面规划,这也说明了我们部分高校还没有把心理健康教育放到学校工作应有的位置,还没真正意识到这一工作也是培养人才的一个重要环节,于是出现了心理健康教育工作忽轻忽重的现象。出了问题大家都感到重要,平安无事时则可多可少,使本应常抓不懈的心理健康教育变成了围绕高校稳定状况转的临时性工作。如果各高校在开展心理健康教育的过程中,能得到及时的、科学的指导,有明确的发展规划,那么就可以避免很多误区,大大增强了心理健康教育的实效性。

(一) 发展的相对不均衡

由于受地区发展水平、重视程度、工作基础等因素的影响,全国各高校心理健康教育的发展水平相对不均衡。总体而言,各高校对心理健康教育的重视程度,资金、场地等硬件及软件的投入,师资配备的数量及学历层次,区域的整体开放性,经济发展的程度等与心理健康教育的发展水平呈正相关。特别是在心理学教学和研究方面有一定学科积淀的师范类院校等,表现出了较为明显的优势。

(二) 心理育人的价值认识尚有差距

高校开展心理健康教育活动,常常聚焦于心理问题的解决,聚焦于心理出现问题的学生,容易陷入就事论事的局面。事实上,作为德育工作的重要组成部分,心理育人在青年思想政治教育中发挥着重要的不可替代的作用,需要思政工作者,特别是心理健康教育工作者主动挖掘心理育人的空间、手段和内容,主动利用心理育人的方法,育人先育心,育德与育心并行,从治"已病"向治"未病"转移,建立先导性思维,积极推动社会主义核心价值观入脑入心在前,用积极正能量化解可能出现的心理问题。

(三) 课程及教材建设有待加强

目前,少数高校未面向新生开设心理健康公共必修课,一些高校必修课还存在学分缩水、学时缩短等问题。一些学校使用网络课程替代面授课程,存在心理健康教育的主渠道作用疲弱。同时,教材建设还不能很好地跟进学生健康心理建设的需求,集中在理

论讲解和知识灌输，理论性足够，但实践的指导和针对性作用还明显不够，按照学生不同成长阶段给予更有针对性的课程设计和教材建设还不够到位。

六、对理论与实践相结合的研究不够

心理健康教育工作是针对人的工作，是服务于人类健康发展需要的工作，工作的理论性、专业性和技术性比一般的学科更强，如果偏离了理论研究的指导，心理健康教育就会缺乏科学性。同时，心理健康教育又是实践性很强的工作，每个学生在不同时期的心理需要是不同的，出现的心理问题也千差万别，很难用一个标准去衡量。

在实践中，部分高校理论研究与实践结合不紧密的现象比较严重。从近年发表的文章数量来看，我国大学生心理健康教育工作的成绩是可观的，但从心理健康教育开展的实际来看，收效并不理想。这说明了我们的理论研究针对性、应用性不强，没有很好地把握新时期大学生身心发展特点及其真实的心理需要。从期刊网查阅有关文献，我们也可发现部分文章存在重复性研究，缺乏实践指导意义。大多针对大学生的心理问题进行研究，而很少关注大学生的心理帮助与求助方式。

从教育实施情况来看，有的高校心理健康教育以课堂讲授为主，重知识、轻体验，重讲授、轻活动，导致心理健康教育课程化。这样不但对学生心里没有多大帮助，反而加重了他们的学习负担，解决不了实际问题。有的高校心理健康教育虽然形式多样，开展得轰轰烈烈，但大部分是凭着工作者的热情或者上级领导的重要指示在开展工作，对教育形式和内容是否符合学生的心理现实需要，教育者们缺乏深入研究，具有很大的盲目性，心理健康教育形式化现象突出。

第六章 积极心理学视域下大学生心理健康教育模式

第一节 积极心理健康教育目标

心理健康教育目标的制订必须以人为本，以教育为本，以心理为本。心理健康教育的目标定位是学校心理健康教育最基本、最重要的理论问题和实践问题。从理论上说，它直接决定心理健康教育的功能、内容、原则、途径、方法和评估等，是影响心理健康教育全局的灵魂；从实践上看，它决定着受教育者应该从心理健康教育中最终得到什么，形成什么样的素质，并最终成为什么样的人。

一、心理健康教育目标制订的依据

（一）心理健康教育目标的制订必须以人为本

心理健康教育是最人性化的一种教育，它所关心的就是人本身，而不像其他学科侧重于自然或社会现象。因此，制订心理健康教育目标，必须从人性出发。人性是什么？按照马克思主义的观点，人的需要即人的本性。马克思在《神圣家族》一文中曾指出：人"既不善，也不恶，就只是有人性。"他还指出："自由自觉的活动是人类的特性""他们的需要即他们的本性。"那么，人的最基本需要是什么？1891年，恩格斯从物质资料的角度第一次论述了社会主义社会人的需要层次。他说，在一个全新的社会制度下，"通过有计划和进一步发展现有的巨大生产力，在人人都必须劳动的条件下，生活资料、享受资料、发展和表现一切体力和智力所需要的资料，都将同等地、愈益充分地交归社会全体成员支配。"由此可见，在马克思主义看来，人的本性就在于，他是一个活生生地具有自觉能动性的有需求欲望的人。人的一切活动无非就是为了满足生存需要、发展需要和享受需要。因此，制订心理健康教育目标必须要考虑人的自觉能动性和人生在世的最大追求，以人的切身利益为出发点。

从心理学意义上讲，作为一个人生活在这个世界上的最大追求无非可以概括为三个方面：一是和人的生存需要相对应的是要解决好适应问题；二是和发展需要相对应的是人要解决好发展问题；三是和享受需要相对应的是人要解决好幸福生活的问题。因此，概言之，人生心理上的最大追求就是心理上的适应、发展和幸福。

（二）心理健康教育目标的制订必须以教育为本

因为心理健康教育属于学校教育的一个组成部分，必须受学校教育目标、功能的制约，教育性是心理健康教育的最基本的属性。

1. 从教育目的上看

现阶段我国的教育目的就是要实施素质教育，以提高民族素质为根本宗旨，以培养学生的创新精神和实践能力为重点，造就"有理想、有道德、有文化、有纪律"的、德智体美等全面发展的社会主义事业建设者和接班人。受教育目的的支配，心理健康教育目标就是要以培养受教育者的心理素质来为其整体素质的提高奠定基础，以促进人的心理发展来推动人的全面发展。心理健康教育的目标毫无疑问就是要定位在为受教育者的素质提高和全面发展服务。

2. 从教育功能上看

教育是一种有目的、有计划地促进人的全面发展，加速人的社会化的活动，心理健康教育作为这样一种活动，旨在从心理层面上塑造人、促进人和提升人。因此，心理健康教育不应定位于仅满足于受教育者心理上的适应、发展和学会生活，而是应该强化教育功能，定位于使受教育者在心理上积极适应、主动发展和幸福生活。

（三）心理健康教育目标的制订要以人的心理为本

制订心理健康教育目标必须从人的心理出发。

第一，心理是人脑的机能。人脑是特殊的物质，有其独特的活动规律，心理健康教育目标的制订应该考虑科学地遵循人脑活动的规律开发人脑的潜能。

第二，人的心理是对客观现实的能动的反映。客观现实复杂多变，做到对复杂多变的客观现实的能动而积极的适应，应该是心理健康教育的应有之义。

第三，人的心理是不断发展的，呈现出一定的阶段性，心理健康教育目标就是要遵循心理发展的规律，促进其健康发展。

第四，人的心理是多种心理成分（认知、情感、意志、个性、人际关系等）交互作用而构成的有机系统，心理健康教育目标就要使受教育者的心理元素优化并达到心理健康的标准。因此心理健康教育目标要具体落实在各种心理成分的优化上。

二、心理健康教育目标结构

（一）心理健康教育总目标

心理健康教育总目标就是作为整个心理健康教育工作最终要实现的结果。既然心理健康教育属于教育的一种形式，其总目标必须为我国的教育服务。因此，心理健康教育的总目标就是优化全体受教育者的心理素质，促进受教育者心理健康发展，为实施素质教育，培养德智体美全面发展的人奠定了心理基础。其定位是：通过优化受教育者的心理素质和促进受教育者的心理健康发展而为教育目的服务。为心理健康教育制订这样的总目标不仅在理论上顺理成章,丰富了我国教育目标的体系和内涵,更重要的是,心理健康教育总目标地实现对实现整体教育目标有不可低估的价值。因为没有心理素质作为基础和中介,所谓人的全面发展和德智体美整体素质的提高就是一句空话。

可以说,心理健康教育总目标是一种理论性和抽象性的目标,这样的总目标是心理健康教育航船的"灯塔",在理论和抽象意义上规定着心理健康教育的总航向。但它必须转化为可操作性的目标才有实际意义。下面从纵维目标及横维目标论述它的可操作性。

(二)心理健康教育的纵维目标

纵维目标即从心理发展的层次或不同水平的角度来考察。从上述心理健康教育的人本性、教育性和心理性出发,笔者以为,我国心理健康教育的纵维目标可以表述为:使受教育者在心理上积极适应、主动发展和幸福生活。其中心理上的积极适应是心理健康教育的基础性目标;心理上主动发展是心理健康教育的高级目标;而心理上的幸福生活是心理健康教育的终极目标。这样的表述贯穿了积极心理健康教育的理念,既体现了人性和教育的功能,又使心理健康教育同其他诸育区别开来,从而揭示了心理健康教育的本质特征。

1. 积极适应

积极适应侧重积极满足人的生存需要,做到心理上对内外环境的协调和统一。心理上的积极适应,指人在适应环境和事物时,心理各构成要素(认知、情感、意志、个性等)均处于有意识的、肯定的、活跃的和进取的状态。它不仅要适应环境,还要改造环境;不仅是一种人生态度,还需要相应的本领或技能。

例如,学生在学习心理上的积极适应,就表现为他在认知上是积极的,由"要我学"上升为"我要学"的境界,是一种对学习材料的积极感知、积极记忆、积极思考、积极想象和积极建构,是情感上乐意学、意志上志于学、个性上好学、技能上会学的状态。这样的适应不是靠本能,而是靠教育,尤其要靠心理健康教育才能实现。心理健康教育不同于学校其他诸育的根本之处就是全方位培养和主动建构学生积极适应各种环境变化的心理品质。

外界环境(包括自然环境和社会环境)处在不断变化之中,特别是在改革开放的今天,人们为了能生存生活或生存生活得更好,就必须善于适应多种多样的变化,特别是社会的急剧变化。事实上,当前学生诸多心理问题的产生常常和不能够积极适应环境变化有关。因此将心理上的积极适应作为心理健康教育目标具有时代意义。

2. 主动发展

所谓主动发展就是在积极适应的基础上,充分发挥个体的主观能动性,对心理潜能的主动开发、对心理素质的主动优化,从而使人的心理得到更快更好的发展。主动发展包括这样几层含义:发展需要充分调动个体的主体意识,需要主体自觉积极地参与;发展是有目的、有计划的,对发展结果的憧憬往往是发展的诱因之一;发展是对心理潜能的主动开发,往往需要克服心理惰性和惯性,调动人的意志品质和积极个性品质的参与才能完成;由于主动意识的参与,主动发展是比被动发展更快的发展。心理健康教育的重要目标之一就是要培养人的这种主动性,使受教育者无论接受什么样的学科教育,参与什么样的学科活动,都伴随主体意识,做到主动发展。

发展才是硬道理。这句话同样适用于心理健康教育。没有心理上的主动发展,一个人终将平庸一生,碌碌无为,更谈不上做出成就和自我实现。因此将主动发展作为心理健康教育的目标之一,有利于尽早尽快地为社会主义建设培养更多的高素质人才。

3. 幸福生活

这个心理健康教育目标同马克思所说的人的享受需要密切相关。这不同于物质上的幸福生活。这里的幸福是指主观感觉上的幸福,或称为主观幸福感。因此"幸福生活"展开来说就是"在主观上感觉幸福地活着或从事为生存和发展而进行的各种活动"。这个命题本身就体现了主观和客观的统一,体现了主观对客观的意识能动性,如果生活是幸福的,主观上意识到了这种幸福,他(她)就会感到幸福,如果意识不到,就不会感到幸福;如果生活是不幸的,他意识到了可能会产生两种情况:若他是悲观型解释风格,就会感到不幸和痛苦;若他是乐观型解释风格,就会尽量减少不幸或痛苦感,甚至笑对人生的不幸,在不幸中看到发展的机会。一个人能否幸福地生活,体现着他的综合心理素质,是一个人心理健康与否的最终体现,也是一个人心理健康的最高境界。

因为幸福需要认识,需要感受和体验,还需要追求与创造。所谓幸福教育就是要教育学生善于调节生活,能够以欣赏的态度对待学习、工作和他人,并从中得到享受和乐趣,使其能够正确地认识幸福,培养正确的幸福观,增强感受幸福的素质和体验、培养学生创造幸福的能力。

上述三个目标既相互区别又互相联系。积极适应侧重于过去和现在的维度:个体要做到对环境的积极适应首先要积极解决过去已有的心理问题,并积极防止类似的心理问题再度发生,积极应对现在环境所发生的一切变化,甚至对突发性的恶性事件也能够应付自如,因此积极适应是沿着"由外及里"的路线,对已经和正在发生的外界变化做出心理上的积极应对;主动发展侧重于将来的维度:是在积极适应的基础上,发挥主观能动性,主动推动心理上由低级到高级、由简单到复杂、由旧质到新质的变化过程,甚至人为地制造一些外界变化,以此来加速这一发展过程。因此主动发展侧重于"由里及外"的路线,在心理上开发潜能,优化素质,以便更好地应对外界变化。幸福生活则体现了外化目标和内化目标的统一,是二者交互作用后的结果,是心理健康教育的终极目标。当然,三者又不是截然分开的,而是你中有我,我中有你,相互促进,共生共长。它们都和变化有关,积极适应外界环境变化是主动发展的基础,主动发展更有利于积极适应外界变化;积极适应在客观上往往会导致心理上的发展,心理上的主动发展有利于心理上的积极适应；心理上的幸福生活是心理健康的最高境界，但它又往往通过心理上的积极适应、主动发展加以实现并体现出来。

三、心理健康教育的横维目标

横维目标即从心理素质的结构（包括认知、情感、意志、个性等）层面来构建心理健康教育的目标。心理健康教育的横维目标是上述纵维目标的具体化。从心理健康的横维结构上看，心理健康教育的纵维目标可以分别在认知、情感、意志、个性、人际关系等方面得到实施，而且每个方面又可以用纵维目标来做出不同的要求，这是心理健康教育目标心理化的具体表现。

（一）积极适应的横维目标

培养积极适应的心理品质首先应该积极避免消极的心理品质，因为消极的认知品质不加以避免，将直接影响受教育者在各方面的适应，影响受教育者在心理上各方面功能正常发挥。为此，在认知上，要避免观察的盲目性、片面性，做到观察的目的性和全面性；避免记忆的模糊性、无序性，做到记忆的精确性和有序性；避免想象的被动性、单调性，做到想象上的主动性和丰富性；避免思维上的定式或刻板，做到思维的灵活与机动；避免注意力不集中，精力分散，做到注意力集中，精力旺盛。

对于学生来说，积极适应的认知品质主要体现为积极认真的学习态度，掌握高效学习的认知策略和方法。

在情感上，要避免冷漠、冲动、紧张、焦虑、抑郁、忌妒、喜怒无常等不良情绪，做到学会和善于情绪认知和情绪识别，情绪表达和情绪理解，学会情绪主导和情绪平衡，情绪控制和情绪宣泄，情感发展和情感培养。

在意志上，要避免易受暗示性和武断性，优柔寡断和草率决定，动摇性和执拗性，易冲动和感情用事，做到意志的独立性、果敢性、坚毅性和自制性。

在个性上，要避免孤僻离群、粗鲁狂妄、畏缩自卑、自由散漫、逃避责任等不良个性品质，培养学生自主、自信、自制、自立、自强、负责、利他、真诚等优良个性品质。

在人际关系上，要避免恐惧、敌意等心理，做到善于交往，在交往中保持独立，不卑不亢，尊重、信任、宽容、理解他人，能在集体中与人和谐相处。另外，积极适应还表现在对身心变化方面，例如，对进入青春期的学生要进行青春期性心理教育，使学生对第二性征的出现及由此产生的心理上的变化能够良好适应。

（二）主动发展的横维目标

这表现在通过有目的、有组织的各种丰富多彩的活动，以及人为制造的各种变化，主观能动地推动心理构成的各个要素的优化和潜能的开发上。

具体表现为，在认知方面，使受教育者开发智力和创造力。帮助受教育者不断提高和挖掘自己的积极的认知品质，改善自己的注意力、观察力、记忆力、想象力、思维力和创造力，增进自我效能感；积极认识人与人之间的智力差异，使受教育者了解、认识自己的优势智力，并鼓励、支持受教育者充分发展自己的优势智力，寻找适合自己的发展方向、发展途径和发展领域。

在情感方面，培养受教育者爱祖国、爱集体、爱人民的高级社会情感，培养对人的关爱、情爱、友爱等；培养爱科学、爱知识、爱真理等的求知情感；培养爱岗敬业的职业情感；注重义务感、责任感、成就感和荣誉感的培养，关注人的美感、愉快感与幸福感的培养。强化受教育者的情绪智力和情商培养，帮助受教育者形成对情绪的主动控制和调节。

在意志方面，培养学生主动制订活动计划，在活动中既能尊重事物的客观规律，又能虚心听取别人合理的建议，为了实现合理的目的，能主动自觉地遵守纪律，克服困难，提高挫折忍受力和恢复力。

在个性方面，着重培养学生充满乐观和希望的个性品质；树立自尊和自信，完善积极人格，挖掘人格中的积极力量。具体来说，人格中的积极力量包括对世界的好奇和兴趣、爱学习、创造性、判断力、批判性思维和开放性思维等24种。

在人际关系方面，培养学生主动建立和谐的人际关系的意识和能力，使学生能够积极主动地交往、沟通并积极有效地处理沟通交往中的心理障碍，积极主动地培养和谐的亲子关系、师生关系和同学关系等。

（三）幸福生活的横维目标

在认知上，使学生发现美，欣赏美，创造美，正确认识幸福，感受幸福的素质，培养学生感受和创造幸福的能力；使学生以学为乐，欣赏学习过程，享受教育乐趣。培养"游于艺"，乐而知之的境界；在情感上，侧重增进学生的主观幸福感，提高生活的满意度；促进学生的沉浸体验，即"人们投入一种活动中去而完全不受其他干扰的影响，这种体验是如此让人高兴，使人可以不计较任何代价与付出，人们完全出于对事物本身的兴趣而做它"。在意志上，培养学生坚持不懈地培养正当爱好和追求正当幸福，体验奋斗之乐。在人际关系上，善于充分利用人际关系的资源而自得其乐。在个性上培养乐观豁达地积极人格。在休闲生活方面，积极主动地寻找并享受健康有益的各种活动。

第二节　积极心理健康教育内容

一、坚持"四位一体"的教育原则

积极心理学导向的大学生心理健康教育的原则是根据高校教育的总体要求与大学生心理健康教育的特殊要求确立的，是长期实践工作的规律概括和经验总结，反映了积极大学生心理健康教育的基本规律，是高校开展大学生积极心理健康教育工作必须遵循的基本要求。遵循和贯彻心理健康的教育原则，对促进心理健康教育工作的科学化，提高其实效性，具有重要的理论和实践意义。从教育目标出发，根据积极心理学视野下大学生心理健康教育的现实状况和实际需要，积极性、主体性、全体性、系统性四位一体的原则，应是积极心理学导向的大学生心理健康教育应遵守的原则。

（一）积极性原则

积极性原则，是指教育者坚持正面教育，从积极的视角出发，通过激发被教育者积极的情绪，挖掘其潜能、发挥其美德，培养其积极品质及积极力量，最终使其成为积极、乐观、丰盈蓬勃、幸福的人。积极原则应贯穿在包括教育目标、教育内容、教育途径与手段、教育队伍和教育评价等环节的心理健康教育的全过程。

具体地说，贯彻积极性原则要做到以下六点：

一是要坚信积极人性观。即每位普通大学生都拥有积极力量和美德，都有积极向上的力量，都有追求美好、幸福生活的本能。

二是坚持心理健康教育应走在心理问题的前面。积极情绪、积极心理品质及积极力量等可以预防心理疾病、提升心理健康水平，对它们的培养是一项长期而复杂的工作。心理健康教育应未雨绸缪，及早采取措施，主动对大学生开展各种各样适合其实际需要并受欢迎的心理健康教育。

三是心理健康教育的内容要坚持聚焦在大学生的积极方面，以挖掘、培养全体学生的积极品质和积极力量为核心，而非学生的心理问题和心理疾病为核心。

四是应坚持采用吸引力大、参与率高、学生喜闻乐见的教育手段和途径，如团体心理训练、朋辈心理辅导等。

五是应培养一批积极心理学专家，充实师资队伍。因为积极性原则的贯彻依赖于具有积极心理品质和积极心理学知识和技能的教育队伍。

六是在心理健康教育的评估环节应体现积极性。在评估目标、评估方式、评估内容和评估过程等环节均应体现相应的积极因素。

（二）主体性原则

主体性原则是指在积极心理学导向的心理健康教育的过程中要充分体现大学生的主体地位，充分调动大学生的积极性、主动性。之所以要遵循主体性原则，原因有三点：一是由积极心理学导向的大学生心理健康教育的本质属性决定。积极心理学导向的大学生心理健康教育的目的在于增加学生的积极情绪，培养学生的积极心理品质，保持生命的最佳状态，拥有健康幸福的人生，要达到这些目的，需要大学生有自觉意识和主动精神。教育是否有效主要取决于大学生个体主体性水平发挥的程度，如果教育对象缺乏主动自觉精神，其效果将大打折扣。同时，心理健康教育是助人自助的过程，通过教育者的助人手段达到受助者自助的目的。只有学生以主体的身份充分参与心理健康教育活动，才能掌握自助的技能，达到自助的目的。二是由大学生的心理特征决定。大学生处于青春后期，其自我意识和独立意识比较强，他们渴望通过自己的独立思考和主动探索来独立解决问题。主体性原则的贯彻，不仅发挥了学生的主体作用，学生追求独立的心理需要也得到了满足。三是贯彻执行教育部文件精神的需要。在教育部办公厅关于印发《普通高等学校学生心理健康教育工作基本建设标准（试行）》中明确规定，高校应充分发挥广大学生在心理健康教育工作中的主体作用，满足学生自我成长的心理需要；应重视发挥班集体建设在大学生心理健康教育中的重要作用，支持学生成立心理社团，组织开展心理健康教育活动，普及心理健康知识，充分调动学生自我认识、自我教育、自我成长的积极性、主动性。

贯彻主体性原则，需要做到三点：一是尊重大学生的人格与尊严。心理健康教育同其他教育一样，是师生双方的互动过程，教师尊重学生的人格和尊严是师生人格平等、心理相容、互动融洽的前提和保证。只有这样，学生才能敞开心扉、畅所欲言、积极参与，充分发挥其主体性。二是积极的大学生心理健康教育应以大学生的心理需要为出发点。苏霍姆林斯基指出："只有学生把教育看作是自己的需要而乐于接受时，才能取得最佳的教育效果。"积极的大学生心理健康教育的直接任务是把大学生心理健康的要求转化为自身的需要和行为，"转化"的成功与否取决于大学生主体性和积极性的发挥程度。因此，对大学生进行积极心理健康教育，必须从大学生的心理需要出发。实践证明，符合需要的，他们就会接受和追求；不符合需要的，他们就会拒绝和反对。因此，积极的大学生心理健康教育应围绕大学生的实际需要，引起他们的共鸣和兴趣，激发他们的主动性和积极性。三是多措施并举，充分发挥大学生的主动性和积极性。课堂上宜采用启发式教学，给予大学生充分思考、讨论和交流的机会；在教育活动中，应采用能充分调动大学生参与性和积极性的活动形式，让大学生唱主角，发挥他们的主动性；教师发挥指导和协调的作用。在咨询时，应多交流开放式问题，引导来访者思考，充分发挥来访者的能动作用，助其自助。

（三）全体性原则

全体性原则是指要从全体学生的心理发展需要出发，面向所有学生，为促进全体学生的心理发展服务。确立和强调全体性原则，是与大学生的心理发展特点、心理需求的相似性、积极心理学的发展目标以及积极心理学导向的大学生心理健康教育的作用和任务紧密联系在一起的。

首先，由于大学生的年龄相仿，心理特点具有相似性，心理需求具有普遍性，这是贯彻全体性原则的前提和基础。

其次，心理素质尤其是积极心理素质是大学生素质的重要组成部分，心理健康教育是高校教育体系的重要组成部分，积极的大学生心理健康教育应该像思想政治教育一样，面向全体学生，促进全体学生积极心理素质的发展和提升。

最后，积极心理学致力于提升全社会所有人的蓬勃和丰盈程度。积极心理学导向的大学生心理健康教育的主要目标是努力提高全体大学生的蓬勃、丰盈程度，唯有以全体大学生为教育对象，才可能实现教育目标。如果只是以个别有心理问题的学生为教育对象，即使这些学生的心理问题都得到妥善解决，但由于绝大多数学生的积极心理素质没有得到发展和提高，新的心理问题将会层出不穷。由此，不仅基本的教育目标无法实现，更高层次的目标—拥有蓬勃丰盈的幸福人生更是空中楼阁。

贯彻全体性原则，需要做好三项工作：一是积极心理学导向的大学生心理健康教育的所有工作都应面向全体大学生。从大学生普遍存在的心理特点和共同心理发展需要出发，如教育政策、计划、内容的制订，教育途径和手段的采用等。二是给每个大学生提供参与的机会。不论是课堂教学、心理咨询还是心理健康教育活动，都应想尽办法，创造条件，采取多种方式、途径和手段，让尽可能多的学生积极参与其中。三是贯彻全体性原则并不否认关注个别。个别也是全体的一部分，忽视了个别也无法保证全体性原则的贯彻。在关注面向全体的积极心理健康教育时，对少数学生的心理问题，要给予更积极的关注。

（四）系统性原则

一般系统论的创始人贝塔朗菲认为，系统是处于一定相互联系中的与环境发生关系的各组成部分的总体。我国当代最杰出的科学家之一，被誉为"中国导弹之父"中国航天之父的钱学森曾把系统概括为："系统是指依一定秩序相互联系着的一组事物。"根据系统的概念属性，积极心理学导向的大学生心理健康教育是一个有机系统，此系统由依一定秩序相互联系并与环境发生关系的各要素（如目标、原则、队伍、内容、方法、途径等）组成。每个系统都有自己独特的功能，其功能的大小，不仅取决于各要素的功能，也取决于各要素的组合方式（结构），同时还要受到系统外环境的影响。任何系统都是一个有机的整体，它不是各个部分的机械组合或简单相加，系统的整体功能大于各部分在孤立状态下功能之和。

在积极心理学导向的大学生心理健康教育过程中，教育者要运用系统的观点指导教育工作，把大学生心理健康教育看作一个有机系统，通过发挥系统中各要素的最佳功能，优化系统结构、创设优良环境，促使系统发挥出最大整体功能。之所以坚持系统性原则，是因为大学生是知、情、意、行等多方面协调发展的有机整体，因为积极心理学导向的大学生心理健康教育自身也是一个有多因素构成的有机系统，更因为大学生积极心理素质的培养是一个巨大的系统工程。只有坚持系统性原则，运用系统的观点开展工作，才能发挥积极心理学在大学生心理健康教育的最大效能，最大限度地提高大学生的积极心理素质，发挥大学生的心理潜能，最大可能实现大学生丰盈蓬勃的幸福人生。

贯彻系统性原则，要做到两点：一是系统地培养和发展大学生的积极人格。按照积极心理学的内容，积极人格主要包括六大美德、二十四种积极心理品质，他们之间相辅相成、自成体系。高校应以学生为本，面向全体学生，分层次、分阶段、系统地安排教育课程和教育活动，促进大学生积极人格全面、系统的发展和提升。二是积极心理学导向的大学生心理健康教育是高校素质教育的一个重要组成部分，是一项子系统，要把它纳入学校教育的总系统中予以考虑。要从主客观、内外因、社会、家庭、学校、院系、班级、宿舍等多种影响因素中剖析出积极因素和消极因素，通过创设和优化环境系统，充分发挥学校教育的整体资源效益，促进积极心理学导向的大学生心理健康教育的良性发展。

总之，以上四原则相辅相成，各有侧重。积极性原则强调教育的价值观和理念，是贯穿在整个积极心理学导向的大学生心理健康教育过程中的"灵魂"，发挥方向引领作用；主体性原则强调教育对象的积极性、主动性和参与性，是积极心理学导向的大学生心理健康教育的"心脏"，发挥动力作用；全体性原则强调教育对象的范围，体现了教育惠及的全体性，是积极心理学导向的大学生心理健康教育的细胞组织，发挥肌体保障作用；系统性原则强调教育的要素、结构和环境的协同作用，以便通过发挥系统中各要素的最佳功能，优化系统结构、创设优良环境，促使系统发挥出最大的整体功能，是积极心理学导向的大学生心理健康教育的"神经系统"，起统筹调节作用。四项原则相辅相成，共同指导积极心理学导向的大学生心理健康教育顺利开展。

二、丰富积极心理体验的方式方法

方式和方法，是高校心理健康教育内容实施、目标达成的关键因素。好的方式方法会事半功倍；反之会事倍功半，甚至一事无成。积极心理品质形成的复杂性决定了积极的心理健康教育适用的方式方法应以丰富和深化积极心理体验为特征。

（一）促进自我潜能的开发

1.塑造积极个人特质

积极心理学认为，主观积极的心理品质是个人价值观如何和外部世界与生活质量之间进行协调的，发生在个体身上的事件决定了他们是否能够积极面对和解决问题的态度。个体对现有生活的满意度是不是达到了想要的生活指数。

目前，对于个人的情绪主要观点是：幸福感、满足感、愉悦感，创造将来人生的快乐姿态和生活质量的态度。在对待过去，主要是个体满足度等体验；在对待当下，主要是美满、愉悦等体验；在对待未来，主要是积极和理想等体验。

随着高校对招生的不断增加，导致了大学生数量大大增加，从而引出了教育资源分配上缺乏均衡、毕业后就业困难的现象。这造成大学生现实生活与理想差距过大，这是大学生心理问题凸显的一个根源。塑造个体的积极品质，是当下心理健康教育的首要目标。

塑造积极个人特质，是指让个体适应学校生活，正确认识自己、自我意识、利他、宽容、自我价值等。在教育过程中采用案例、故事来进行分析和论述。让大学生发现问题，并说出如何做、怎么做，并对案例、故事中的角色进行扮演，如果你是当事人，针对问题你会怎么办，你会采用别人对你的建议吗？在活动中，你的观点和在角色扮演中的体会、认知上存在哪些差异，针对这一现状的体会，怎样避免这类问题的发生。所以我们要通过案例、故事引导正确认识自我、完善自我人格成长，从而达到塑造个体的积极品质的目的。

2. 培养积极情绪体验

积极情绪体验是个体对过去生活满足和当下幸福状态以及未来美好向往的一个心理活动表现。

强化积极情绪体验有助于消极情绪、矛盾冲突等削弱和祛除，使个体合理利用社会资源建立一个良性的关系，从而保障大学生的健康成长。邓丽芳、郑日昌指出，情感变量与 SCl-90 中的因子有一定联系，其中正向情感与负面情感分别与 SCl-90 中的因子呈负相关和正相关。所以，积极情绪是当下大学生心理健康成长中是不可缺少的一面，是实现大学生心理健康成长发展的必要环节。

强化大学生适应社会现象的能力。通过积极情绪体验，来提高大学生的主观幸福感、对未来人生的希望、面对问题的信心和能力，这样有助于大学生在踏入工作岗位后有一个良好的心理素质和适应能力，对当下大学生具有重要意义。

乐观向上的态度是心理健康的基本条件。以 S 省某高校为研究对象，发现多数学生存在情感问题，其中负面情感是大学生咨询频率最高的问题，所以，积极情绪是保障大学生健康成长的关键因子。经过正确的情感指导，帮助大学生养成良好的自制力和积极的一面。通过发泄室、运动、听音乐、看书等方式缓解或消除不良情绪，有意识地引导个体形成乐观、自信、理想的心态。

3. 挖掘潜在的力量

挖掘大学生的潜在力量，这是目前社会对大学生提出的新要求，所以挖掘自身潜在力量也是目前教育发展的必要环节。潜在力量的教育内容主要有以下两个方面：一是心理素质教育，帮助大学生树立抵御压力和挫折的能力；二是创新创造的能力的教育，丰富大学生的求知欲。保障大学生有足够的创新创造动机，重视培养大学生在未来生活和工作中不怕失败的信心及坚强的意志，提高大学生的心理素质。大学生潜在力量的教育内容围绕自我意识教育和挖掘潜在能力教育的内容来进行的，以此为未来社会培养更多的创造型人才。

4. 创建积极的环境

积极情绪体验和积极个人特质都离不开积极的社会环境，意思就是说两者都受到社会环境的影响和约束。不同的环境适应力标志着不同的人格特质，所以说一个环境的好坏是衡量个人特质的发展程度。我国的传统文化教育背景，导致人民以广泛议论来判断幸福指数，所谓的"三人成虎"理论。主要观点依靠家庭成员和社会关系来衡量生活的满足度。所以，建立一个良好的生活氛围和社会制度是建设积极环境的关键。从而得出，大学校园环境好坏是影响学生心理健康成长的因素,所以创建和谐、积极的校园环境是保证大学生心理健康的重要条件之一。

然而良好的校园环境建立,就要保证校园规章制度的正常运行和校园内学生行为礼貌等,形成一个正能量的校风。正能量的校风不仅促进大学生良好行为和风气的养成,同时也能促进大学生树立远大的目标和正确的价值观。建立一个充满正能量、积极向上的生活环境,是为大学生未来人生发展和成长打下了坚实的基础。校园环境具体表现主要反映在:课程、学术、社会实践等活动。通过活动的进行和参与,帮助大学生在实践中领悟自我意识的养成、良好人际关系的建立、自我调整的心理活动。从而能够引发大学生内在的积极品质,实现改变传统心理学教育方式建立教育的新观念。

5. 挫折教育

大学校园其实是大学生踏入社会的一种实践模拟环境,我们通常认为大学校园是一个半开放的社会化环境。在这个半开放的社会化环境中,大学生处于青春发育时期,这是对外界探索、好奇的心理活动最活跃的阶段。有花前月下的爱情、学术研究的趣味、两性交往的情谊等。这些美好的事物相对也存在一些求爱失败、失恋和单相思、人际交往不顺等消极因素。针对这些消极因素所带来的挫折和失败,是无法避免的。所以,我们要针对大学生出现消极因素所带来的挫折要正确认识和坚强面对,树立不惧困难,不畏挫折的心态,培养大学生坚忍的意志。

根据所发现及可能出现的问题,加入针对受挫及抗压训练等内容。

第一,培养面对困境和压力的信心。困境和压力虽然带给大学生消极的影响,但同时也是一种机遇,困境和压力在某种情况下也能转化为一种动力,鞭策大学生努力前进的内在力量。所以,困境和压力是一把"双刃剑",是消极对待和积极面对这需要大学生的理解和认知。塑造大学生面对困境和挑战压力的信心,这是未来大学生心理健康教育发展的必要内容。

第二,适当地发泄和疏导。在受到挫折时,可以在心理发泄室进行适当的情绪发泄。当然,还可以采用运动、音乐、兴趣转移的方法来疏导困境和挫折带来的消极情绪。但是,发泄和疏导自身不良情绪时,要以不出现自残、伤害他人为前提。帮助大学生树立良好的发泄方式,并对发泄不良情绪的渠道和方式进行教育和指导,确保自身安全和他人安全,这也是未来心理健康教育发展的必要内容。

第三,引导大学生坚毅意志,主要以克制力、自发性、毅然性、稳固性体现。塑造大学生坚毅意志就是要帮助大学生树立面对外界环境和诱惑时,坚持正确的自我认识,面对丰富复杂的环境不但适应变化,还要保持初心,明确目标和正确的认识,而不是对欲望和贪婪的释放。从而培养大学生坚毅意志,这是面对复杂环境变化和诱惑时的必要条件。也可以通过在社会实践活动中不断总结经验和学习,保持坚持不懈的心态,从而达到了对大学生坚毅意志的培养。

第四,教会学生剖析问题,能够帮助大学生对挫折起源进行理解和分析,厘清挫折产生的原因；能够在面对困境及压力时参考自身的情况来制订适合自己的解决方式；能够在处理过程中发现自我的不足并加以学习和弥补自身的不足。

（二）以积极心理学为取向

1. 幸福感

大学生心理健康教育内容上并不能课程内容定位在心理问题的评估和矫正上。而是在积极心理学取向下，心理健康教育的内容上应培养学生的幸福感为教育内容，引导学生理解并培养自身的主观幸福感、沉浸体验、培养大学生拥有智慧与知识、勇气、仁爱、正义、节制、精神卓越的美德。从而在大学生心理健康教育课程的内容应更多地融入乐观品质的养成、积极人格的实现、良好人际关系的建立、保持长久幸福的法则等内容。

2. 积极心理测量

心理测量是采用某一种将心理活动量化的测评或量表对研究对象的心理特征或行为描述，对个体行为表现及心理特征的数量化解释。心理测评是心理学中的重要手段，使用积极心理测量技术，客观地筛查、评估和判断学生心理健康状况，促进心理健康教育工作的深入开展。积极心理测量不但提供研究数据，还可以通过了解个体优点的过程中促进测试者的积极反应。第一，研究对象可以正确理解自己的相关信息。第二，对研究对象表明其与他人的问题不是相同的。第三，研究对象没有增强自己"有了心理问题"的想法，只鼓励其优点。第四，促进学生回忆和改造个人价值观，这些价值观可能在通过填写量表慢慢消失，从而达到心理问题的消解作用。第五，强调学生的优点可以产生信赖，使学生在学习心理健康教育内容上建立良好的关系，促使学生并提供自我信息，为进一步的积极干预做好准备。

3. 积极心态

在心理健康教育内容上，通过积极心理学理念来学习和掌握积极力量、积极品质、积极体验等。促使学生在学习中体验到快乐和满足。并结合积极体验来塑造个体的积极心态，培养学生积极向上、乐观开朗的性格。让大学生明确理解建立积极心态的重要性。并组织大学生对案例、故事上的一些人物进行角色扮演，然后根据自己扮演的角色进行分析，说出角色的心理活动，启示出积极心态的重要性。

4. 积极的社会实践

积极参加各种公益社会的实践活动促进大学生的健康人格培养，在实践活动中不断形成和完善健康人格。实践活动是大学生与外界接触、感受外界环境的一种方法，利用所学的知识和技能回报社会、奉献社会、培养大学生的健康成长。在心理健康教育内容上增加社会实际活动主要以通过参加公益活动、社会服务、社会调查、勤工助学等社会实践活动，促使大学生间接接触外界环境，从而帮助大学生塑造健康的人格。丰富大学生社会实践的内容，鼓励大学生积极参与社会实践活动，在实践活动中发展自我、完善自我、促进大学生全面发展。

5. 积极的自我教育

积极自我教育是以大学生积极品质展开的，以培养大学生积极品质，消除消极品质的产生为目的。通过积极的自我教育使个体保持健康、积极的心理，从而更好地适应社会。积极心理学认为个体都有潜在力量和自我成长的能力，这些正向的、积极的人格因素本身就存在于我们自身当中，在没有充分被挖掘情况下，这些潜能大都被忽视。高校心理健康教育就应当帮助学生挖掘其自身存在的积极心理品质，以培养大学生形成积极人格和形成积极的自我教育方式为主要目标。

培养和强化大学生积极心理品质是形成，预防心理问题的产生和形成良好适应性，对有效提高大学生心理健康水平具有一定的实施性效果。而在培养大学生形成积极心理品质的过程中要适当注意性别及学生差异，形成积极自我教育对大学生形成积极、良好的人生价值观有一定的指导意义。

三、大学生心理健康教育理论分析与实践

心理效应是社会生活当中较常见的心理现象和规律，是某种人物或事物的行为或作用，引起其他人物或事物产生相应变化的因果反应或连锁反应。

心理辅导和心理咨询最终就是要巩固辅导和咨询的心理效应和成果。充分运用心理效应的理论与方法，在开展心理辅导和咨询时就要注意观察教育对象的情绪，观察其思想认识上的变化，并认真听取对方的表态，恰当地提出希望要求。作为教育者应该主动关心他们，给予他们充分的帮助，特别是通过对某些心理障碍严重、情绪失调的教育对象进行能产生针对性心理效应效果的心理辅导，可以有效防止他们可能出现的严重后果。

心理认同是指人们在情感及认知方面对事件所要表达的意义的认同程度，明显地影响他们对这一事件的评价、态度和行为，即心理认同制约人们对特定事件的态度和行为。例如，教师上课时提问学生，如果学生认为是教师器重自己才让自己起来回答问题，他就会以积极的态度配合教师；有的学生可能认为是教师惩罚自己，出自己的洋相才让自己起来回答问题的，他就会以消极态度对待教师的提问。心理认同作用给我们带来的启示是：要想在思想上或行为上影响某个人或某个群体，我们要尽量取得他们心理上的认同。

（一）心理效应在高校心理健康教育中的作用

1. 运用心理效应促进受教育者积极进行自我完善

要使大学生思想政治素养特别是心理素养得到有效提高，形成良好品质，不仅需要定期进行针对性较强的教育，更重要的是要让受教育者对教育者的教育理念和思想产生认同，这不仅是一个知、情、意相互作用和转化的过程，同时也是受教育者自我改造和逐步完善的过程。这个过程和受教育者的心理活动和个性心理特征是密不可分的。

因此，在这个过程中合理地运用心理效应，可以有效地激发大学生自我完善的内在积极性，促进其自我反省、自我教育。培养什么人、如何培养人，是我国社会主义教育事业发展中的根本问题。要使大学生成长为中国特色社会主义事业的合格建设者和可靠

接班人，不仅要大力提高他们的科学文化素质，更要提高他们的思想政治素质，特别是要对大学生进行理想信念教育。理想信念是超越现实，对未来美好远景和远大价值目标的自觉追求；是超越自我、塑造自我、发展自我，面向未来，努力实现更高价值的自我意识。

理想信念对人们的思想言行具有决定性的影响，是一种最重要的价值观念，是思想政治建设的核心。大学生处于理想信念的成熟稳定期，拒绝偏见、危机意识增强，成长成才愿望强烈，然而理想与现实又有一定的反差。

伴随着经济全球化进程的日益发展，潮水般涌入的各种文化思潮和价值观念冲击着大学生的思想，某些腐朽落后的生活方式侵蚀着大学生的心灵。因此，我们需要调动自身的一切积极因素，通过个体的自主选择、自主内化、自主发展、自主评价一系列过程，有效地开发人的潜能，推动大学生不断发展和日趋完善。

2. 运用心理效应促进教育者与受教育者关系的改善

在心理健康教育过程中，教师和学生都是活动的主体，不过两者在教育过程中的地位有所不同。教师处于主导地位，学生处于服从地位，这是由教师的社会角色、资历和智能水平所决定的。活动的内容是师生在课堂教学过程中传授和学习的对象，也是学生得以发展的中介和工具。长期以来，人们往往忽视教育对象对心理健康教育的认同、接受和实践，影响了教育的效果。

因此，心理健康教育需要建立包容、平等的主客体关系。教育者只有尊重受教育者，了解其合理需求，并努力帮助其满足需求，以此提高受教育者对教育者的信任感，进而对教育内容、形式产生兴趣，顺利地接受教育。心理效应的运用就是促进心理健康教育的进程，帮助教育者消除学生的对立情绪和逆反心理，以利于得到学生充分的理解和信任，营造一个平等、融洽的心理健康教育氛围，让学生顺其自然地接纳教育。同时，运用心理效应可以促使学生由被动接受变为主动自我激励，有利于提高心理健康教育的有效性。

3. 运用心理效应增强心理健康教育有效性

大学生是社会中的特殊群体，同时也是高校心理健康教育的主体对象，他们有特殊的思想特点、心理需求和行为方式。因此，要使心理健康教育行之有效，首先就要充分了解和把握受教育者的思想动态、心理状态和行为特征。传统的高校心理健康教育因为脱离社会现实，不能正确把握大学生的思想特点和心理活动规律，给人以空洞、枯燥、乏味的"说教"感，很容易令学生厌倦。

运用心理效应，有助于思想政治教育工作者深入了解和研究被教育对象，有针对性地进行教育，理论联系实际，提高心理健康教育的有效性。

（二）心理认同的基本类型及其在高校心理健康教育中的作用

1. 心理认同的概念及基本类型

心理认同现象是一种对人际关系的稳定与和谐发展起着潜移默化作用的客观存在。

"认同"从社会心理学讲大致可以分为以下两类：

一是自我认同，是个人认同，是指自己对自我现况、生理特征、社会期待、以往经验、现实情境、未来希望、工作状态等各层面的觉知，统合成为一个完整、和谐的结构。亦即追求自我同一性及连续性的感觉。

二是社会认同，是个人拥有关于其所从属的群体，以及这个群体身份所伴随而来在情感上与价值观上的重要性知识。亦即个体身为一个群体成员这方面的自我观念。每个人将他的社会世界区分为不同的等级或社会类别，社会身份涉及个人将自己或他人定位为某一社会类别的体系。个人用来定义本身社会身份的总和就是社会认同。

随着个体发展与生活环境的不同，每个人一生可能发展出各种不同的认同形式：在个人方面，如自我认同、性别角色认同；在群体部分，如阶级认同、文化认同等，所以族群认同是个体可能发展的众多认同之一。初步的认同处于认知层次上，较深的认同进入情感认同的层次，完全的认同则含有行动的成分。当个体对他人、群体、组织产生了完全的认同后，个体就会与这些对象融为一体，休戚与共。

当代大学生对心理健康教育的心理认同机制是指大学生心理中的意志、情感、认知、信念和行为等因素的相互关系和相互作用，进而对心理健康教育的内心体悟、心理认同和自觉践行。

从方向性上看，心理认同一般分为自我认同和他人认同两种。自我认同是指个体依据个人的经历所反思性地理解到的自我。自我认同有明确的人生目标，并且在追求和逐渐接近目标的过程中会体验到自我价值以及社会的承认与赞许。同时能够积极而独立地生活，理智地看待并接受自己及外界，热爱生活，不会沉浸在悲伤、悔恨或抱怨之中。既能从自我认同感中巩固自信与自尊，又不会盲目地屈从于他人的舆论。自我认同是自信心的来源，是对能力的肯定，是独立思考的基础，是自尊心的体现。没有自我认同，而一味地附和他人，就会丧失独立的人格，没有自信心。无论从社会学、心理学或是哲学的角度来看，每个人的自我都必然是形成于日常生活持续与他人互动过程中，也就是说，我们之所以能够认识自己、肯定自己、喜爱自己，都必然通过与别人相处，从别人给予我们的回馈中产生自我认同。就像社会心理学家顾里所说的"镜中之我"一样，我们对自己的了解与评价，通常都是来自旁人对我们日常生活中各种表现的评语。所谓他人认同，即他人或社会对某个个人的品质、能力、行为、观点的承认和认可。

自我认同可以使人富有主见，一往无前，百折不挠，越挫越勇。但有时候个人的力量是有限的，正所谓"独木难支"，没有他人认同，没有他人的支持与合作，又很难真正有所作为。成就一番事业之后，倘若这事业的价值未能得到发掘，人生的价值也不能算是真正实现。正如一滴春雨虽然本身就有滋润万物的属性，但必须得融入大地才能发挥作用，实现价值。所以一番事业也必须得到他人认同才能融入社会，进而造福社会，充分发挥积极作用，实现价值。

2. 心理认同是凝聚人心的黏合剂

相容的心理环境、融洽和谐的气氛是师生间实现沟通的重要条件。教育学生，基础是凝聚学生。作为老师，最让学生欣赏、佩服、敬重的，是正直的人品和过硬的素质。正如陶行知先生所说的"身正为师，学高为范"。学生只有"亲其师，信其道"，才能在人际交往中愿意接受自己佩服、喜爱和尊敬的老师。这样才能使心理健康教育收到最佳效果；而对那些自己难以认同的老师，他们则表现出逃避、冷漠、敷衍等心理，在这种情况下，任何努力都可能是徒劳。

3. 心理认同是"因情明理"的推进剂

"感人心者，莫先乎情"。老师一句关切的话语和一个亲切的手势都会给学生带来无限温暖，点燃他们进取的火花，从而拉近师生间的距离。在高校心理健康教育中，面对情感丰富又极其复杂的学生，教育者绝不能忽视或低估了情感的作用。情不通、理难达。现实生活和工作中大量事例告诉我们：有理未必能够服人。"理"因"情"明，而"情"由"感"生。作为教育者不能用"好"和"坏"的标准去衡量学生，而应该善于发现学生身上的闪光点，因人而异，因材施教。要关注学生的需求，为学生点亮心灯。只有给学生以真挚关爱，才能赢得他们信任和认同；也只有以此为基础，寓理于情，托情言理，充分发挥"情"的感染力，才能让学生心悦诚服地接受教育者的意见、建议和要求。

4. 心理认同是消除逆反心理的特效剂

青少年中常会发现个别人就是"不受教""不听话"，常与教育者"顶牛""对着干"。这种与常理背道而驰，以反常的心理状态来显示自己的"高明""非凡"的行为，往往来自"逆反心理"。通常情况下，人们都有维护自己选择客观事物和行为自由的倾向。当外界压力使其行为受阻或失去自由时，人们就会产生对抗心理；外力增大，人就有可能拒绝或做相反的事。

心理健康教育如果不能以学生心理认同为根基，而是建立在学生认为不得不遵从和依从的基础之上，就会使学生时常处在易感、担心、戒备、忧虑和苦闷的心境中，从而影响或降低教育应有的效果。

教育者要懂得心理学和教育学，要掌握好大学生心理发展不平衡性这个规律；不失时机地帮助他们克服消极心理，使其心理健康发展。在教育过程中要努力与学生建立充分信任的关系，要与他们交朋友，以诚相待。要爱护和尊重学生的自尊心，选择合适的教育方式，注意正面教育和引导，坚决反对以简单、压制和粗暴的形式对待学生。

（三）高校心理健康教育应充分发挥心理认同机制的作用

1. 遵循当代大学生的认知特点，充分发挥理性认同机制的作用

心理认同是一种情感、态度的移入过程，是外化与内化统一的过程。人们接受某一理论或价值观首先是从表面上转变自己的，再逐步认同和接受这一观点和态度，通过内化过程不断修正自己的思想与行为，最后主动地把这些新思想纳入自身的世界观和价值

观中。心理健康教育的理性认同机制是指引导大学生达成理性共识，使他们在思想上认同心理健康教育的内容，并以此作为规范自身行动指南的标准。马克思在《〈黑格尔法哲学批判〉导言》中曾经指出："批判的武器当然不能代替武器的批判，物质力量只能用物质力量来摧毁，但是理论一经掌握群众，也会变成物质力量。理论只要说服人，就能掌握群众；而理论只要彻底，就能说服人。"

所谓彻底，就是抓住事物的根本。但人的根本就是人本身。大学生对心理健康教育的认同取决于心理健康教育理论的彻底性。但是当代大学生处于瞬息万变、信息膨胀、思想纷繁的时代，这对思想活跃的大学生来说往往会出现认识多元化的倾向；加之大学生的抽象概括能力逐渐提高，并在思维活动中占据了主导地位，同时又由于缺乏丰富的阅历和经验、认识事物的能力有限，在考虑问题时难免失之偏颇。

因此，大学生心理健康教育要引导大学生实现价值认同。在心理健康教育过程中，教育者要从大学生的思想和心理活动规律出发，深入研究大学生认识的心理过程，借助科学的理论体系，纠正学生认识上的偏差，努力解决他们的困惑，进而帮助他们形成正确的道德观念，以形成正确的认知。

2. 把握当代大学生的情感特点，充分发挥情感认同机制的作用

我国学者肖川教授认为，学生主要有探究的需要、获得新体验的需要、获得认可与欣赏的需要、责任承担的需要，关注与尊重学生的需要是教育取得成功的必要条件。所以，在学生思想教育中，要全面了解、正确对待、合理满足学生的需要，使其形成高尚的动机，充分调动其积极性。应将思想教育内化为学生的需要，变"要我学"为"我要学"，使学生认识到教育者与其自身接受思想教育目的的一致性，即都是为了他们成长成才以及继续发展的需要，以此来激发大学生对思想教育的认同感，那么心理健康教育便可以行之而有效。情感认同机制是指在对心理健康教育已有的认知基础上，通过调动学生的积极情感因子，为学生对心理健康教育认同的机制作铺垫。"没有'人的感情'，就从来没有也不可能有人对真理的追求"。

情感控制着人们心灵的开启和闭合，对外来信息起着支持或排斥的作用。学生的情感是提高心理健康教育效果的重要条件，影响着他们的认知与行为。在高校思想政治教育中遇到的往往是情感、情绪障碍而不是认知障碍。苏霍姆林斯基曾说："没有情感的道德就变成了干枯、苍白的语句，这语句只能培养伪君子。"

因此，在心理健康教育过程中要遵循学生的情感心理过程规律，了解学生的情感需求、情绪倾向和状态，才可能有的放矢地进行教育。这要求在心理健康教育过程中要真诚地关心和培养学生的积极情感，克服消极情感，发挥情感认同机制的作用，争取以情感叩开学生的心扉，去引导学生不断提升自身的精神境界，强化社会主义的理想信念。

3. 针对大学生的意志和信念特点，充分发挥信念引导机制的作用

在我国高校心理健康教育中所说的信念引导机制，是指以心理健康教育的内容体系

为思维框架,以中国特色社会主义共同理想为核心信念,引导当代大学生不断磨炼意志,在思想观念的矛盾冲突中,逐渐认同思想政治教育内容体系的机制。

爱因斯坦说过:优秀的性格和钢铁般的意志比智慧和博学更重要,智力上的成就往往依赖性格的伟大。大学阶段是人生中理想信念的成型期,此时人的思维活跃,成才愿望强烈,意志行动具有较为明确的目的性,但是在遇到关键问题时往往会出现迟疑不决或盲从、草率等心理状态。如果意志不强,不能及时对自己做出调整,就可能产生心理问题。

因此,高校心理健康教育的信念引导机制应当重视培养大学生的信念意志品质,通过教育,帮助大学生树立自信心,培养在困难面前百折不挠的坚韧性和情感与理智发生冲突时的自制性,养成自觉学习的习惯等,使大学生成为一个具有坚定意志的人;通过运用先进的思想理论和核心价值理念体系引导学生,用教育者自身的人格魅力感召学生,通过榜样的力量鼓舞学生,使学生的目标得到进一步明确,促使其自觉塑造优良品格。

4. 依据大学生的行为特点,充分发挥实践强化机制的作用

个体的思想道德品质一般是在"知中行,行中觉,觉中悟,悟中从"的过程中形成的。实践强化机制的目的就是让学生通过践行心理健康教育内容,进一步强化对心理健康教育心理认同的机制。参与社会实践,增才干、长见识,规范自身思想和行为,以符合社会规范要求。

大学生思维敏捷,在实践过程中,能够更深刻地领悟原有认知。实践强化机制的作用就在于让大学生自己体验自己的观念想法是否可行,并在实践的过程中不断完善,逐步掌握正确认识世界和改造世界的能力。大学应该为学生提供各种实践的条件与机会,拓展心理健康教育实践的空间,让大学生从学校走向社会、体验社会,在知与行的相互作用中体会到思想道德的真谛,提升自己的思想道德品质,从而提高心理健康教育的效果。

第七章 积极心理学视域下大学生心理健康教育的实现途径

第一节 心理健康教育应积极促进大学生的终身发展

学校心理健康教育的总目标是提高全体学生的心理素质，充分开发他们的潜能，培养学生乐观、向上的心理品质，促进学生人格的健全发展。认识自我，悦纳自我。具体目标有：使学生不断增强调控自我、承受挫折、适应环境的能力培养学生健全的人格和良好的个性心理品质；对少数有心理行为问题和心理障碍的学生，给予科学有效的心理咨询和辅导，使他们尽快摆脱障碍，调节自我，形成健康的心理素质，提高心理健康水平。学校心理健康教育工作者首先要使学生学会满意地对待过去，把它当作一种成长的收获，而不是更多地去感到遗憾和哀怨；其次，使学生学会幸福地感受现在，投入地做好当前的事情，认真体会每个人与每件事；最后，使学生学会乐观地面对未来，以积极主动的态势面对未来形势、人际氛围与周围环境的变迁，树立对学习与生活的信心和竞争意识，从而增强终生幸福的理念和态度。

一、秉持社会主义核心价值观引导

社会是铸造人格的大熔炉，受社会主义市场经济的影响，近年来，利益分配越发地吸引人们的注意力，越来越多的人开始热衷于追逐财富、权力与地位，这几乎成为有关普世成功的标准，大学生也由此形成自己的功利观，导致他们在处理个人与社会、个人与集体的利益关系时，往往更倾向于自身。为不断减弱市场经济的负面影响与腐朽没落思想滋生的土壤，社会要不断加强意识形态教育，弘扬国家层面的价值理想、坚持社会层面的价值导向、恪守公民层面的价值准则，使新时代青年自觉弘扬并践行社会主义核心价值观，为祖国培育有理想、有道德、有文化、有纪律的社会主义合格公民，从而促进大学生自身人格的健康发展。

（一）重视教育引导

教育者，养成人格之事业也。培育青年一代的健康人格，是教育工作的首要任务，需要社会的正确引导。教育是一个双向互动的过程，需要教育者与受教育者并肩努力、一致前进。社会在要求教育者不断提高自身的专业素养之余，还应注重对学生学习能力的培养，引领正确的教育导向。学习是塑造青年一代健全人格的主渠道，重视教育引导，就是要提高政府机关、企业组织、社区乃至乡镇的教育参与意识，履行社会责任，为大学生提供丰富的教育资源，进而激发广大青年自主学习的积极性，引领学生努力学习科学文化知识，通过自省、慎独、与他人交流等方式，不断提升自身的道德修养。只有系统地学习、科学地掌握基础理论知识，将人格素养奠定在扎实的理论基石之上，才能坚定对社会主义核心价值体系的理性认同，也才会有青年一代积极向上的健全人格。

（二）加强舆论宣传

社会主义核心价值观呈现出我们国家的总体精神面貌，是推动社会进步最为持久、最深层次的力量。为此，主流媒体要善于运用、掌握互联网这一强有力的新媒体平台，充分利用微信、微博、QQ 等新媒体的文化育人功能，使其成为传播社会主义核心价值观的重要阵地，准确把握新时代大学生的思想动态，以此提升青年一代的人格修养。比如，经常性地将时下某些青年人关心的热门话题作为切入点，运用生动活泼的语言、广大青年喜闻乐见的形式进行报道，抓准意识形态导向，弘扬主旋律，宣传正能量，在保证各部分内容之间环环相扣、逻辑清晰、证据确凿的前提下，加强舆论宣传，鼓励广大青年学史立志、崇德向善，使得大学生从心底认同、信服社会主义核心价值观，进而产生向心力，完成理性引领，最终推动中国特色社会主义从胜利走向辉煌。

（三）强化社会熏陶

现代社会文明程度的提高使人格素质具有更大价值，政府各部门要加大改革力度，对政治、经济、文化、科技等方面进行相应配套变革，在为大学生健康人格的培养提供良好的教育环境之余，发挥社会熏陶的隐性教育功能，潜移默化地影响并改变青年一代的态度与行为，纠正大学生在人格养成过程中出现的好高骛远、不切实际等问题，全面提升其人格修养。诸如发挥升国旗等重要仪式的思想熏陶作用，弘扬主旋律，宣传爱国主义精神；发挥民族传统节日、重大纪念日的文化传播功能与文化馆、博物馆、科技馆等的文化引领作用，加强社会主义文化建设，坚定中国特色社会主义文化自信，逐渐形成有利于青年一代塑造健全人格的生活情景与社会氛围，增强大学生的社会责任感，规范并约束自身思想与行为、明确奋斗的目标与方向。

二、依托教育者的主体支撑

高校作为培养全方位发展的社会主义建设者与接班人的摇篮，是实现中华民族伟大复兴中国梦的重要阵地，也是新时代大学生得以培育其健康人格的主要场所，要充分发挥高校在大学生健康人格培育过程之中的主导作用。校领导应高度重视，制定相关政策及文件，把加强大学生人格教育纳入高校思想政治理论课的发展规划与评价体系之中，引导学生塑造健全的人格品质，为人格培育创造良好的氛围与政策条件，这是高校德育工作的首要任务。

（一）打造高素质思政人才队伍

高校思想政治教育理论课是大学生人格教育的重要渠道与核心课程，教育工作者则是引领大学生塑造健康人格的重要旗帜，整个思想政治教育队伍是加强与改进思想政治教育工作、培育时代新人、塑造健康人格的重要组织保证。思政课教师之于学生的意义，不仅在于传道、授业、解惑，更重要的在于承担起传承中华文明、弘扬优良道德品质的使命与重任。孔子曰："其身正，不令而行；其身不正，虽令不从。"

1.思想政治教育工作者的综合素质

做好思想政治教育工作、培育大学生的健康人格，不只要依靠真理的力量，还有赖于教师各方面的综合素质。

首先，没有爱，便没有教育。优秀的教师应当学高为师、德高为范，在教育教学过程中始终发挥人格标杆的重要力量，去关爱学生、温暖学生，感染并打动学生。

其次，要培养一批坚定不移地以马克思主义理论为指导，基础功底扎实、勇于探索创新，严于律己、以身作则，有着崇高情操的学科带头人与教师队伍。建设一支政治觉悟高、党性修养佳、管理能力强的思想政治教育骨干，营造为人师表、教书育人的环境氛围与工作格局，以良好的思想政治素质与道德风范来引领学生，充分发挥优秀教师的榜样示范作用。

最后，课堂是新时代大学生学习各类科学基础知识与基本技能的重要环节和主要抓手。课堂教学既是对学生进行思想政治教育的主要渠道，也是培养健康人格的立足点。因此，高校应特别重视课堂教学，尤其是思想政治理论课的重要熏陶与引导，帮助学生树立科学的世界观、人生观与价值观。

第一，理论课教学要坚定不移地以社会主义核心价值体系为指导，在此基础上着眼于增加有关健康人格培育内容的授课比重，把课堂教学变成人格教育的"主战场"。例如，引导式教学中有关学生自主型人格的培育、探究式教学中有关学生创造精神与创新能力的培育，再比如活动式教学中有关学生实践意识、集体精神的培育等内容，适度增加关于爱国主义信仰、理想价值信念、社会主义公德、思想道德品质、心理健康等方面课程的教育熏陶，全方位地培育新时代大学生的人格素养，使其更加自觉地将健康人格的养成内化于心、外化于行。

第二，由于教师的授课方式对学生的学习效果有着举足轻重的影响，因此应即刻敦促思想政治理论课教师对传统的教育方式施以变革、避免空洞说教，善于运用灵活多变的授课方式，将人格教育融入课程的每一章节、每一课时之中，讲究教育的科学性与艺术性，丰富人格教育的内容。教师要树立新的教材观，对教材内容有自己独到的解读，逐渐摆脱陈旧、古板的纯理论式灌输教学法；充分利用新时代背景下更为现代化、信息化的传媒手段，将幻灯片、视频、图表、漫画等新生媒介的使用引入课堂学习，使其持续生成,并转化为人格教育的宝贵资源;采取启发式教学方法,充分挖掘人格教育资源,使学生主动参与课堂,将抽象的理论知识转变为生动的、形象的现实体验,增强人格教育的说服力与感染力。

此外,还可组织与人格相关的专题学习、讨论、演讲、辩论等学术研究活动,培养学生独立思考的能力,帮助学生在加深理论理解的同时,充分发挥主观能动性与自主创新精神。

2. 思想政治教育工作者的人格修养

在高校,教师是与学生相处最多的人群,所谓师者,传道、授业、解惑也。在传授科学基础知识之余,教师还承担着教育教学的研究者与反思的实践者这一重要社会角色,成为唤醒大学生人格心灵的启迪者,是大学生人格教育的潜在标杆。教师的人格魅力是影响大学生健康人格养成的重要因素,在教学活动中起着潜移默化的熏陶、示范、激励与引导作用。因此,全校各学院各专业课教师,尤其是与学生朝夕相处、奋斗在德育工作第一线的思想政治理论课教师,应当加强自身的人格修养,发挥人格示范作用,做好大学生健康人格发展的道德模范。

首先,教师要转变教育观念,善于发现并接受新时代背景下的新思想、新知识与新观念,开辟知识视野、更新知识结构,形成良好的学术人格。在课堂教学与社会实践活动中,教师要凭着渊博的学识、深厚的理论功底与灵活的创造性思维,深入浅出、旁征博引,通过细致入微的思想政治工作、组织工作与管理工作,传授科学的理论知识,使大学生更加自觉地接受教育与指导,引领大学生形成健康人格。

其次,正所谓"身不正,不足以服;言不诚,不足以动",教师要不断提高师德修养,优化自身人格,涵养品性、砥砺前行。将"学高为师、德高为范"渗透至教育教学的全过程,坚定理想信念,意志坚强、人格高尚,充分发挥自身道德人格魅力,严于律己、以身立教,好学多思、诚实正直;深入参与大学生学习与生活的各个方面,并有针对性地开展各项工作,使学生在体验平等、自由、尊重、信任、宽容、友爱的同时,受到激励、鞭策、感化、召唤与指导,以言传道、以行垂范,鼓励学生学会给予爱并接受爱,利用自身的健康人格魅力对学生施以影响,成为学生除污去垢、塑造理想人格的一面明镜,从而引领大学生人格教育。

(二)大力加强校园文化建设

人格培育离不开具体的文化与环境,否则只会变成空洞的、口号式的说教,难以达到应有的教育效果。著名学者季羡林先生说过:"一个大学,人才不是在课堂里教出来的,而是在大师所创造的氛围中熏陶出来的。"良好的校园文化,既能为大学生完备知识结构、实践志趣爱好开辟一个广阔的天地,又能为大学生提供顺应社会变革的条件与机会。大学以文化育人,校园文化是一个学校历史传统与精神文明的多重积淀,它凝聚着有史以来所有在校师生的理想信念与价值追求,以其间接、内隐的方式,对新时代大学生健康人格的形成起着润物细无声的规范作用，因此，要大力加强校园文化建设，注重大学校园氛围浸染力的提升，营造一种健康、有序、和谐的人文环境。

1. 校园文化的分类

按照不同的层次与标准，可以把校园文化分为校园物质文化、校园精神文化与校园制度文化三个方面。物质文化是校园文化的空间物态形式、是学校精神文化的物质载体，为新时代大学生健康人格的培育提供了物质环境与基本保障。加强校园物质文化建设，首先，要合理规划校园结构与总体布局，努力塑造出符合校园文化形象的，别具匠心的建筑艺术与人文景点，标志性的办学场所更要精心设计，其中既要秉承传统、呈现文化底蕴，又要面向未来、展示时代特色，以提升整个学校的物质文化品位；其次，要及时做好卫生、绿化与美化等工作，引导学生积极参与并支持学校的自然环境建设，适时适量地参与校园绿化劳动，自觉形成爱护校园一草一木、一碑一石、一桌一椅的主人翁意识；最后，要完善图书、教学仪器、实验设备、办公设备、后勤保障等的维修与使用，逐步强化硬件设施文化的建设，为在校师生的学习与教研提供充分的后台保障。

2. 校园精神文化的内容

校园精神文化包括办学宗旨、教育理念、共同愿望、道德观念、共有价值观、校风、班风、教风、学风等多个方面，是校园文化的灵魂与精髓。与其他文化形式相比，精神文化是一种最深层次的隐性文化，通过打造一定的文化氛围，寓教育于文化之中，潜移默化地影响着学生的心理感应与思想升华，使其在价值取向、理想信念、行为模式及人格素质层面与校园主流文化产生心理认同，最终起到调节情绪、唤醒意识、矫正行为、塑造人格的积极作用，深化对学生的健康人格培育。

加强校园精神文化建设，首先，要合理地优化、重组高校领导班子队伍，坚持把思想作风建设放在首位，着眼于提升学校领导班子的思想政治素质、道德品质素质，坚守科学治校、民主办学的宗旨，创建高效廉洁的校园文化氛围。

其次，教师作为学校先进文化的创造者与传承者，是校园精神文化建设的中坚力量，应该适时适当地开展高校教师职业培训工作，大力加强教师人格建设，依据师风、师德的民主评议筛选出优秀教师，选好学生的榜样。

再次，校园精神文化饱含所有在校师生的责任感与荣辱感、认同感与归属感，是校园文化中最具感召力、凝聚力与生命力的文化力量，具有强大的辐射功能。因此要大力弘扬校园精神，注重涵濡浸渍，在"文化育人"上下功夫。

最后，要充分利用学校官方微信公众号、微博、校报、新闻网、广播站等宣传媒体的育人功能，将新时代大学生健康人格培育与各种媒介的舆论导向有机结合，引导学生寓学于乐、寓乐于学，在良好的文化氛围与舆论环境中实现学生人格的自我提升。

3. 校园制度文化

与观念相比较而言，制度具有更为深刻的教育力量。校园制度文化主要指保证学校正常运行的组织形态、规章制度与角色规范，具体包括教育方针政策、学校规章制度、管理体制、行为取向、公共关系与文化传播等内容，为新时代大学生健康人格的培育塑造提供了鲜明的政策导向。

加强校园制度文化建设，首先应不断完善教育方针政策，落实各项规章制度的建立，并引导学生积极地参与到制订过程之中，实现凡事有法必依、事事有章可循，着重形成党政合力、师生一体的教育工作机制，正确把握社会主义办学方向。

其次，要全方位地加强对师生道德规范与行为准则的监督和指导，开拓与发展师生自我约束、自我监督与自我管理的制度文化，不断扩大民主参与、民主监督、民主协商、民主评议的范围与程度，营造公平、公正、富于正义的校园文化氛围与风清气正、乐育善教的学校育人环境，从而确保健康人格培育工作能够顺利施行。

（三）高度重视心理道德教育

人格之道，当治于心。行为主体施行的一切社会实践活动，都是在一定的心理作用支配下完成的，心理健康是学生成才的基础与保障。加强心理健康教育，既有助于维护学生身心健康、减少心理疾病，又能充分培养与激发学生独立的自主意识、积极的进取精神、勇敢的开拓意识以及较强的社交能力、和谐的人际关系等优秀人格品质。因此，高等院校必须重视心理健康问题，通过有目的、有计划、有组织地对学生心理素质施以影响等方式，培养学生良好的协调与适应社会环境的能力，调动人的潜能，增强人的记忆，丰富人的情感，激活人的思维。一方面，学校要根据学生身心发展的特点与规律，开展专门的心理健康知识咨询或讲座，时刻保持对人格问题的警觉，以一对一、一对多等交流方式予以及时指导，全面了解大学生的成长经历、家庭情况及生活环境，通过自信心训练、团队合作、人际交往等辅导方式，借助积极心态培养法、自卑克服法、理性情绪培养法、人际适应提高法等有针对性地制订治疗方案，增强学生的情绪调节与心理承受能力，培养积极健康的人格；另一方面，学校要组织形式多样的心理健康教育宣传与实践活动，提高学生的自我心理保健意识，解决学生在学习、成才、交友、恋爱、择业等方面遭遇的心理困惑，帮助学生及时缓解内在压力，消除心理障碍，纠正人格偏差，预防心理疾病，促进人格和谐发展。

当今大学生置身于一个社会变型、文化变迁、革故鼎新的时代，受社会主义市场经济浪潮的冲击，许多学生在面对日益激烈的竞争与错综复杂的利益关系时往往不知所措，充斥着个人得失的压抑与焦虑，他们迷惘、困惑、不安、难以适应，甚至有相当一部分数量的学生道德品质急剧滑坡，令人担忧。培养富于强烈社会责任感的大学生既是思想政治教育的重要任务，也是健全人格塑造的应有之义。道德教育的基本目标在于受教育者所内化的社会规范，旨在抵达行为主体知、情、意、行的全面发展与和谐与统一，与人格培育息息相关。道德品质是人格素质的核心，因此，良好道德品质的形成过程，实际上是健康人格的形成过程。在新形势下，学校应高度重视道德教育，从社会发展与人类自身发展的统一要求出发，唤醒学生的主体意识与责任担当，使大学生具有更高的思想境界、高尚的道德情操与强烈的社会责任感。"诚信是衡量一个人道德品质的尺度，精神状态的准则，思想修养的标准，是内心美与行为美的统一，也是对真善美的追求、假恶丑的鄙视。"

在新的时代背景下，市场经济呼唤诚信，主流意识形态呼唤诚信，学生之间的人际往来同样呼唤诚信。高校应重视诚信教育，把"诚信"教育作为塑造健康人格的突破口，建立健全完备的、与时俱进的诚信教育管理机制，通过树立道德标杆、主题宣讲、组织教育实践等形式，适时、适当地引导学生讲诚信、重诚信，把诚信作为人格来追求、来检验，使诚信教育深入课堂、深入学生、深入生活等方方面面，逐步扩大诚信教育的影响力，从而最大限度地取得对大学生诚信教育的效果，最终引导学生树立健康和谐的人格品质。

（四）积极倡导社会实践活动

为学之实，固在践履。马克思主义认为，一个人的人格是在其独特的环境下，在他的社会实践中形成的。社会实践活动是大学生人格历练与提升的重要平台，是深化课堂效果的有力支撑。知识的获取、能力的培养、价值观的培育与健全人格的养成，关键环节在于实践，否则再完善的理论也只是空中楼阁。

健康人格培育是一项长期的、循序渐进地工作，理想人格的最终成型，既需要理性的深刻认识，也需要实践的千锤百炼。塑造大学生健康人格的关键之处在于实践过程中的不断培养与锻炼，社会实践既是社会改造行为主体的过程，也是行为主体认识自我、发展自我、创新自我的人格升华之过程。开展丰富多彩的社会实践活动，是提升大学生健康人格水准最为直接与生动的方式，是培育健康人格的必由之路。如今，不少高校已将社会实践活动列为学校教学计划，鼓励学生走出校门、接触工农、融入社会，并将其纳入人才培养体系之中。

积极倡导社会实践锻炼，培育新时代大学生健康人格。

首先，高校要重视制度层面的建设，将社会实践早日纳入正常、有序、持续发展的轨道上来。通过构建满足各专业需要的学院专属基地，诸如见习基地、实习基地、创业园等形式，为在校学生提供良好的社会实践环境，引导学生积极参与、确定发展方向与目标，树立奉献社会、服务于基层人民群众的责任意识，不断提升专业基础技能与人格修养、提高分析问题与解决问题的能力素质，使其终不再局限于书本知识，经受住社会这个大熔炉的考验，进而拓展更为广阔的发展空间。

其次，教师应高度重视专业性社会实践，引导学生在努力践行典型性行为实践中历练健康人格。在学科教学的过程之中，除却课堂学习，还应积极地组织学生参与学科专业与学术性研讨活动，通过建立实习基地、参观纪念馆与博物馆、开展调研等形式，引导学生在此过程之中真实体验，使学生在实际的生产与生活中不断加深对专业知识的理解与运用，更新知识结构、拓宽知识视野，强化专业认识、提升专业素养，能够学以致用、学用结合，充分挖掘人的潜能的内在价值，培育学生坚韧、刻苦、进取、沉着等优秀宝贵的健康人格品质，从而深化健康人格培育的教育效果。

再次，要围绕健康人格开展科学合理、丰富多彩的校园文化活动与社团组织节目，完善社团活动机制，善于整合、利用各种校内外资源，尽可能地丰富学生多种层面的情感体验。通过完善校园文化与社团活动机制，加强与外界社会的良好接触，同时增大宣传力度，以此来培养学生的主动参与意识；通过各种各样的社会实践活动，鼓励同龄人之间多交流、共协作，锻炼大学生的人际交往能力，开阔大学生的视野，增强大学生的责任感与使命感。

最后，要大力推行各类公益性质的社会服务活动，诸如志愿者服务、实地调查、假期"三下乡"活动等。有计划、有步骤地组织大学生深入街道、社区、工厂、农村等地，参与劳动锻炼，深入社会生活，投身社会实际，关注社会现实，用所学知识进行考察，总结经验，不断深化对社会各个阶层的认识，提高辨别是非的综合判断能力与承受挫折的适应环境能力，增强学生的社会责任感与使命感，从而一步步确立与其社会进步和经济发展相适应的人生价值体系，为健康人格培育工作提供必要的社会基础。

三、加强新媒体平台建设

新媒体载体层出不穷且部分平台使用较为单一薄弱，这就导致在高校心理健康工作中所发挥作用不大。因此，在新媒体环境下，巩固高校心理健康教育阵地建设，整合载体资源是推动高校心理健康教育的有力手段。

（一）加强校园网站及论坛建设

主题教育网站或网页的建设要体现其服务性、思想性、知识性和趣味性。关键是形成线上教育与线下教育相结合的教育手段。虽然大部分高校建立了形式迥异的心理健康教育网站，但在网站平台及资源的利用上要避免形式化。校园论坛大多是学生使用率较高，参与性较强的网站，他们经常被当作宣泄情绪、了解动态、集中发表看法的场域。这就间接启示高校注重心理健康教育主体网站的开发和使用的功能是必需的，加强学生登录心理健康教育网站的频率和兴趣。

因此，在新媒体环境下，各高校要善于把握学生的心理需求，在网页设计、功能浏览、互动形式、语言习性等方面给予完善及考究。做到网页主题突出且形式美观；做到能够给予学生更多便捷、菜单式的功能服务。同时扩宽为大学生学习和生活服务的空间，为他们提供更多的便利和帮助。在语言方面，做到能够符合大学生语言习性、可以产生兴趣和共鸣，避免枯燥、缺乏生动力。

（二）建立即时通信平台体系

随着科技的发展，即时通信工具日新月异，他们多为大学生接受并喜欢，高校在迎合时代变化的前提下,积极利用好这些通信工具服务于大学生心理健康教育,是提高高校心理健康教育专业化的体现。

1. 打造"QQ"交流平台

QQ群是一个以聊天、信息交流为渠道的一个群聊工具,它通常是基于某个共同话题及兴趣爱好而建立起来的,具有即时性、平等性、直观性、言论自由性、虚拟性等特点,为学生所喜爱。QQ交流群的打造,平台管理员的选拔是关键,从群中甄选出具备一定影响力和号召力的学生,确保他们的高素质能力水平及新媒体使用能力,充分利用好QQ平台资源,肩负起搜集、管理、引导学生的心理状况的责任。在平常的运营管理中,对话题的选择要精心设置,如话题选择的主题要贴近大学生生活、围绕社会现实。

2. 打造"微博"交流平台

微博是用户与用户之间以关注度为联系的集信息交流、分享、获取及传播的一个平台。近些年来,微博在高校的使用也越发密集。基本形成了高校官博、院系部门微博、团系统微博、学生组织微博的四层结构。一部分高校推行了健全的矩阵式微博组织结构,全面地推出了"五微五阵地"。实现了班级团支部、学生组织、团系统微博、院系部门、学校官微的纵向发展。筑建了心理健康教育发展的新领地,变革了服务管理新平台、使团学工作进入一个新台阶,引领了人才培养新模式,为网络心理健康教育的工作树立正确性的标杆。"纵向到底、横向到边"的微博组织架构在高校的建立是十分必要的。纵向指的是从班级到院系再到学校垂直建立起官方微博,以保障各属性之间相互贯通,相互参与。横向指的是积极关注各部门机构中与心理动态相关联的官方微博,扩大网络心理舆情工作的方向与范围,对网上心理工作的开展一横到边。

高校要做到横向到边、纵向到底的双向微博交流平台,同时确保微博管理中心在运作过程中对各组织机构和关注内容的辐射范围进行综合管理和监督。可通过议题设置的手段对有关大学生的心理动态问题如大学生抗挫折能力、抗抑郁问题等具体相关议题引入高校官方微博交流平台中去,主动掌握学生心理状况,对大学生心理健康进行积极引导。

3. 打造"微信"交流平台

微信作为新媒体的新星之秀,以其即时方便的语音短信、视频通话;新颖独特的手机群聊、在线图片、随拍随传等集非限定时空为一体的功能广受学生群体的依赖。在微信推出之后,越来越多的高校也开通了微信账号。如调查访问中的山东大学、华东理工大学、临沂大学等都有自己高校的微信公众号。这些高校中的微信公众平台除了推送校园相关资讯以外,还逐步实现了校园支付系统、电子充值系统、校园快递、教务管理、在线图书馆一卡通等服务,极大地满足了学生的需求。所以说,高校心理健康教育者可以利用微信平台的优势,主动增加学生为微信好友,积极关注学生朋友圈动态后了解他们的生活习性及心理状况;也可以通过技术团队组织编写校园心理健康活动咨询、心理危机预防及干预等微信报,并把这些信息服务以直接或间接的方式呈现给学生。

4. 打造校园 App 系统交流平台

校园 App 系统是服务于高校师生的一款有效平台方式。它的综合应用集中体现在高校信息的咨询与服务。校园 App 软件以学生和教师的需求为行为准则，在提供校园咨询、就业信息链、大学生生活和服务等方面存在很大的优势空间。校园 App 有着实用性、新颖便捷性等优点深受师生的喜爱，各类动态信息都在大学生的"手掌上"，只要用手机稍微操作，各类信息便"一网打尽"。如黑龙江大学的"黑大青年"、华东理工大学"微校园"、山东大学"微服务、临沂大学"微生活""等校园 App 的使用就是成功的案例。

随着智能手机的盛行和普及，手机 App 的引入打破了时间和空间的限制，由于手机上网的便捷性替代电脑已逐渐盛行。手机 App 的使用在校园中很是流行。师生在校园 App 系统的运用中可以平等互动，相互交流。因此高校应加大校园 App 的研发，通过研发一款专门服务于高校心理健康教育的 App 软件来拓宽大学生心理健康教育的路径。App 软件在研发内容上要将心理危机干预、线上预测与学习、校园文化建设等元素引入其中，并保证心理健康教育在内容的延展性和工作开展上的可评估性。因此，鼓励高校自主研发校园心理健康教育 App 软件系统是十分有价值的。

（三）建立新媒体式慕课平台

慕课是基于网络环境背景下而盛行的一种新颖的学习模式，大学生慕课式心理健康教育课程体系的开展是提高高校心理健康教育工作专业化水平，缓解学生心理障碍问题，增进大学生心理健康水平的有力体现。建立新媒体式慕课平台，高校可以依据心理健康教育知识、技能、自我意识三个层面的课程目标为基础，分别对三个层面的课程目标进行内容上的模块划分，然后制作成一些类如学习资源的视频、在线小测验、配音 PPT 等相应的慕课学习材料，上传至慕课平台以供大家学习之用。对于心理健康教育知识点的讲授，如大学生心理健康教育的判断标准、心理发展特征等教育内容，可以利用配音 PPT 或简约视频讲解来呈现。对于心理健康教育的自我意识如人格的自我了解与探解或自身的心理健康状况等，采取在线心理测试的策略是最有效的，而对一些心理健康教育技能，如渐缓式减压放松训练，最好采取音频治疗法。配音 PPT、视频、在线小测验等是慕课形式的惯用表现方式。需要注意的是，心理健康教育课程要区别于其他专业课程学习，心理健康教育还体现在对于人际互动的参与体验。所以，在慕课制作时如视频插入及音频讲解时，学生可以参与进来，提出自己不同的观点，以加强学生对课程设置的认同感。

（四）构建新媒体心理健康教育机制

1. 建立新媒体时代高校心理健康教育工作的监管机制

（1）议程设置把关，加强内容监管

议题设置理论（the agenda—setting theory），它是由美国传播学者麦克姆斯·唐纳德肖最早在《大众传播的议程设置功能》一文中提出。这一理论在传播学领域被广泛应用，高校心理健康教育工作者可以把传播学理论与心理学理论相结合，在高校心理健康教育工作中充分发挥议程设置的有效运作机制作用，推新的教育内容和方法，推动高校心理健康教育工作实施的针对性。

由于新媒体媒介的传播具有"议程设置"的功能。议程设置在能够指引大学生在平常所关注的热点、难点等问题上做出正确的选择。高校心理健康教育工作者通过对信息进行目标性的筛选，在各种"议题"的设置上努力让积极向上、具有正能量的信息处于最重要的位置，并能够普遍为大学生所接受和认同。而负面的信息即被过滤掉，以达到内容监管的作用。高校心理健康教育工作者通过议题设置主动支配大学生注意力的派遣，通过对问题轻重次序的安排，起到能对大学生的思维观念达到间接舆论影响的作用。

首先，议程设置的建立要把学生平时所关注的舆论心理热点问题设置为心理健康教育的主要议题。新媒体平台的兴起，尤其是微信、微博平台的热潮，让学生在轻松浏览网页的同时很快便可对天下事了如指掌，把理论性较强的心理健康教育知识与当今社会中的心理热点问题相互融合，对学生的心理动态和心理现象进行理性分析。

其次，把发生在学生身边或身上的议题作为心理健康教育的引子。议题设置的理论认为：信息在传播过程中会着重对某一时间段内发生的重要事件进行强调陈述与报道，这能够极大引起受众人群的兴趣与反思。在学生身边的话题设置上，一方面要确保能够激发学生兴趣，另一方面能够引导学生积极地参与心理实践活动才是关键。教育工作者在实施议程设置的选题时要深入剖析学生的思想动态，洞察他们所想，知其所需，引导学生的参与意识并与师生形成互动，以便在议程设置实施过程更有针对性。

高校心理健康教育工作者要选择那些大学生身边熟悉的，能够积极参与的心理健康教育的议题，引导学生展开激烈的讨论，开展系列的教育活动，提高心理健康教育的有效性。

（2）提高大学生新媒体素养

在互联网新时期，大学生在信息接受方面由被动变主动，他们可以利用新媒体选择适宜自己需要的信息。然而，由于媒介的开放性，新媒体传播过程中有其不可避免的消极信息，面对交错庞杂的媒体信息，提高大学生媒介素养是做出正确选择的关键。要增强高校心理健康教育的有效性，就必须提高高校学生的新媒体素养，提高他们自主利用新媒体获取知识、判断、甄别知识的能力。

首先，高校可以引进媒介素养专家讲座、新闻工作者讲座、开设媒介素养教育课程等方式进行大学生媒介素养教育。这些教育形式主要包括对媒介的认知、媒介判断、媒介使用等一些基本能力素养的培养。在新媒体认知上，要着重对媒介素养的含义、基本特征、重要功能阐述给学生，并让其深刻理解。在媒介判断和媒介使用上，确保学生在了解传播规律认识的基础上，让学生合理使用大众传播媒介工具，同时，提高大学生有建树性地处置各种负面信息和消极事件的能力。

其次，大学生媒介素养的提高，离不开媒介素养的自我教育意识的增强。大学生在发挥主观能动性的基础上，不断提高自己的媒介素养理论知识，努力提高自身的自我教育；不断提升自己的自我实践能力，增强媒介使用的技能。

2. 构建新媒体时代高校心理健康教育预警机制

新媒体时代高校心理健康教育预警机制，就是凭借各种方式途径，精准了解不同年级、不同专业的学生群体在不同时期的思想状况和心理动态的基础上，通过建立心理健康教育信息预警数据库，对各类预警信息进行归类总结，供以找出学生心理危机干预的策略，从而提高高校心理健康教育的实效性。

高校心理健康教育预警机制的建立必须依赖新媒体技术的运行。管理执行层在预警机制的实施过程中，要有效利用新媒体技术优势如BBS论坛、在线咨询、网上调研、空间动态等及时了解和把握本校学生的心理状况，为下一步高校心理健康教育的开展提供借鉴。然后，要及时将经过综合处理动态和信息反馈给核心领导层。领导层根据反馈得到的信息进行分析探讨，并准时给出预警提示，关键是给出指示性的预警建议，管理执行部门根据领导层给予的预警建议，结合学生实际情况，及早采取应对略，避免不健康的思想和认识范围的蔓延，促进高校心理健康教育理性发展。

3. 构建高校心理健康教育新媒体平台的联动机制

迎合高校大学生的身心发展特点，高校可以利用新媒体平台建立起"学工部、心理咨询室、辅导员、心理委员、学生"五级网络化心理监控联动机制。

第一级，学工部：对心理健康教育网站进行开发、设计、管理，并定时对网站进行规范及专业排查。再次，要以专业各异和年级各异的学生的不同需求点为基准，设计出个性新颖、吸引力强的心理健康教育网站专栏。同时对各种新媒体平台的统筹与指导也需要精心维护。

第二级，心理咨询室：主要任务是建立网络心理咨询室，对高校心理BBS论坛进行管理，对大学生心理障碍性问题进行教辅，对心理发展性问题进行针对性工作。

第三级，辅导员：辅导员在高校心理健康教育中充当的重要角色是对大学生心理健康问题进行预警，与心理咨询室协同配合对大学生心理疾病问题进行帮扶。辅导员可开通电子邮箱、个人微博等服务于学生，方便学生反映问题和进行咨询。积极组建社团、学生会、班级心理委员会、班级微信群和QQ群，借助这些平台关注大学生的心理状况，重要的是，辅导员应在这些平台中承担起到网络舆论指引的作用。

第四级，心理委员：其成员一般包括班干部、学生党员。责任是对班级微信群和QQ群进行管理，做好辅导员的帮手，对班级内学生的心理动态进行及时汇报和网络舆论监督。

第五级，学生：充分调动每个学生参与网络心理健康调适的热情，认识到心理健康对自我成长的重要性，共同创造积极向上的心理氛围。

第二节　心理健康教育应善于发掘大学生的优秀品质

积极心理学对学生的要求是在心理咨询的指导下，使他们通过合作、学习、感悟来获得积极的心理品质，关注自己和世界、生活的积极面，形成乐观、合作、善良、勇敢、信任等积极思想。当学生关注世界的积极面的时候，是不会有消极思想的，学校心理咨询的主要目的是帮助个体形成积极思想，增强个体的"力量"和"美感"，用积极的态度面对生活，而不是像传统学校心理咨询关注学生的消极面，以治疗学生的心理问题为主要目标的。学生的思想正处于形成阶段，学校心理健康教育工作者应以积极的思想对他们加以引导、指引和开发，使他们逐渐形成乐观、合作、善良、勇敢、信任等积极思想；学校心理健康教育工作者应该更多强调学生具有的积极思想，并认为他们都能在正确的积极思想的指引下发展出适应社会的积极思想和品质。

一、提升自我效能感

自我认识是人格的核心，是衡量人格是否成熟的标准，是一个人具有自信心的前提条件。心理学研究显示"对自己的认知和评判越接近事实，其社会适应能力越强。而那些过分自卑或夸大自己的人，经常会备感紧张和压力，容易产生心理问题。"大学生可以通过各方面的反馈信息正确认识自己，客观地看待自身的优劣成败，扬长避短，形成良好的自我意识。

（一）大学生自我效能感的培养意义

1. 优化学生行为，引导学生成长

学生进入高校学习后，虽然生活在相同环境，学习相同知识，但是在思想认识及个人心理等方面都会逐渐走向不同，这主要是因为学生在自我认知方面是存在差异的，并且不同学生在兴趣爱好等方面也有所不同，因此在接触文化、思想、价值观等方面也会产生较大的区别，而且大学校园注重的是包容并蓄，在学校内部，中西方思维并存，新旧文化碰撞，这也为学生差异化成长创造了条件。

高校内部环境虽然可以给予学生更自由多元的发展，但也在一定程度上加重了学生对生活的迷惘，尤其是一些刚进入校园的学生，会在思想文化的碰撞中逐渐对自己原有的思想观念产生怀疑，导致学生在自我提升和自我发展方面出现问题。

因此，需要高校对学生心理以及思想上的这种迷惘与困惑给予重视，并从优化学生自我感知的角度，对学生进行针对性培养。鉴于此，学校应该重视对学生的自我效能感的培养，借助自我效能感的作用，让学生更好地适应环境，使其对在高校的行为进行调整，能够勇于面对生活中存在的冲突和弊端，并从中找到自己的关注点，对自己的生活进行规划，找准发展方向。

2.增加学生自信，激发学生兴趣

人的任何一项行为都有某种动因的支持。也正是有了这些动因的存在，使个体在进行某项活动时，有了参与的积极性和目的性。支持个体产生行为的动因比较复杂，会受到个体自身以及所处环境的影响。而自我效能感作为个体自我认知的一种表现，也对行为动因有着较强的作用。在实际生活中，自我效能感与行为动因之间存在正比关系，如果个体自我效能感较高，那么他所获得的动因也会相应有所升高，进而促使个体更愿意投入活动之中，增加积极性和主动性。

由此可见，高校对学生进行自我效能感的培养，实际上就是为了激发学生对学习的兴趣，增加学生在学习以及课外活动方面的自信心，优化其参与教学活动的动因，使其能够更好地融入大学生活之中。

3.减少负面情绪，提升自控能力

当前大学生在情绪方面的问题较为严重，很多学生都缺乏情绪自控能力，经常受到负面情绪的影响，导致学生出现厌学、社交恐惧、暴躁、偏激等现象。因此，各大高校在进行教育教学过程中，一直在探寻减少学生负面情绪的有效策略。而经研究证明，学生的自我效能感与学生的情绪变化之间存在一定的相关性。如果学生的自我效能感高，就代表学生做事充满自信，对行为掌控能力较强，学生的情绪就会一直处于较为平稳的状态，不会因为失败、自卑等原因而出现情绪上的低落；如果自我效能感低，学生在进行活动的过程中就会出现行为上的畏缩，心理压力不断增大，进而导致情绪不稳。可见，在高校培养学生的自我效能感可以有效帮助学生抵御负面情绪，并增加学生对情绪的掌控能力，使学生在今后的生活中一直保持积极向上的心态。

（二）高校大学生自我效能感的提升路径

1.强化全面发展，增加学生信心

成就感对自我效能感能够产生直接影响，因此高校要想对学生的自我效能感进行提升，就一定要让学生获得更多的成就感，在学习生活的过程中不断增加其自信心，只有这样才能给予学生自我效能感提升更有效的支持。

（1）成就感要通过不断成功才能获得

而要想获取成功自身必须具备一定实力，要有扎实的理论知识和高质的生存技能。因此，高校要将技能培养、知识培养作为学校教学的重点，鼓励学生多进行实践，在实践的过程中既能够锻炼学生的技能，也能够通过完成实践任务让学生获得更多的成就感。

（2）帮助学生形成越挫越勇的精神

学生失败次数越多其自信心就越低，但是在学生成长过程中要想完全杜绝失败是不可能的，因此为了减少失败对学生自我效能感的影响，教师在教育教学的过程中，应对学生进行思想教育和思想熏陶，让学生用正确的心态面对失败，通过不断挑战的方式改写失败的历史，使其能够看到自己的优势，形成坚韧不拔，勇于面对的精神。

（3）学校在教育教学的过程中应促进学生全面发展

掌握多个方面的知识和技能，能够适应社会发展的新需要，在步入社会之后可以快速融入社会，而不会因为自身素养上的问题，导致自我效能感下降，进而在社会中格格不入。

2. 树立学生典范，完善评价制度

个体在对自己进行认识的过程中难免会存在一定的偏差，因此必须借助外部的力量才能帮助个体更全面客观地了解自己。鉴于此，高校在对学生自我效能感进行培养的过程中，可以增加评价制度的应用，使得学生通过加深自我了解，而在自我效能感方面有所改变。

首先，高校不要以分数论英雄，考试成绩的优异并不能代表学生一定是优秀的人才，考试成绩过低，也不能证明学生没有发展潜力。高校应注重评价的公平性，将学生的日常表现、活动情况、提升速度等都当作评价的一部分，这样评价结果将更加准确，对学生的认识也将更加立体，这对于改善学生的自卑心理，减少学生的挫败感将很有益处，可以在最大限度内挖掘学生的优点和长处，避免因为评价失误而造成学生自我效能感的降低。

其次，为了让学生明确自己的发展方向，找准自己努力的目标，高校还可以在学校树立学生典范，让广大学生了解到一个优秀的学生所应具备的能力和素养，进而向着榜样的方向靠拢。

值得注意的是，在实际生活中如果学校树立的榜样过于优秀，学生就会对自身产生怀疑，认为自己难以达到榜样的标准，进而对自我效能感造成负面影响。因此，树立的典范一定要合理，既要优于广大学生，又要避免榜样过于优秀造成广大学生信念的丧失。

3. 关注学生心理，促使学生自控

青少年心理问题在现代社会中已经趋于普遍，很多学生在受到挫折或者经历困难的时候在心理上都会产生一定的问题，进而影响学生的自我效能感。因此，为了避免学生心理问题的扩大，应优化学生自我效能感的培养，高校应在学校教育中增加心理辅导方面的内容，关注学生的心理。

首先，教师要对学生普遍存在的心理问题进行掌握，并通过设立课程、组织讲座等方式，大范围进行心理疏导活动，这样一方面可以解决绝大多数学生的心理问题，另一方面也可以在学校营造心理疏导氛围，减少学生的心理问题，保障学生自我效能感培养的顺利进行；

其次，要教授学生控制负面情绪的方法，使学生在生活中可以自行调节情绪，及时遏制负面情绪对自身的影响。

二、建立和谐的人际关系

良好的人际关系是健全人格的体现，是人与社会联系的纽带。大学生的学习和生活都处在各种集体环境中，和谐的人际关系可以增强大学生的归属感，产生良好的情绪状态，形成积极健康的心理。和谐的人际关系也可以形成积极的朋辈支持。调查显示，当遇到心理问题时，多数大学生会优先选择向朋友倾诉、寻求帮助，如果能得到朋辈的支持，会提高他们的幸福感。

（一）大学生和谐人际关系的标志及其意义

和谐的人际关系应当是人与人之间相互尊重、相互协调、相互促进的。和谐的大学生人际关系，主要包括同学人际关系和谐，师生关系和谐，与管理者人际关系的和谐等方面。因此，大学生要建立和谐的人际关系需要多方面努力。

1. 大学生和谐人际关系的标志

具体而言，大学生和谐人际关系的主要标志是：

（1）班群体内较好的内聚力

群体内聚力是成员被群体吸引并愿意留在群体内的程度，它取决于群体的凝聚力与群体成员认同。群体内聚力是通过群体内的人际关系表现出来的，如果人际关系密切，人与人之间相互选择、相互吸引、相互关系的人数多，就意味着群体的内聚力高。和谐的大学生人际关系，首先需要班群体内有较好的内聚力。

（2）师生之间相互尊重和信任

建设和谐的大学生人际关系，首先是要建立和谐的师生关系。在学校，教师和学生的关系是最基本的人际关系。建立民主平等、相互理解、彼此信任、融洽相处的和谐师生关系是和谐人际关系的核心内容。

（3）坦率、理解和体谅的氛围

在日常交往中，必须做到坦率忠诚；当出现矛盾时，重要的是彼此间的理解和体谅，形成一种互相体谅关心、互相理解帮助的和谐氛围。

（4）团队合作意识浓厚

有良好的团队气氛，合作民主意识浓厚，成员没有压抑感也是和谐大学生人际关系的重要标志。

（5）成员较高的学习积极性

和谐的大学生人际关系也表现为和谐的同学关系，要求形成良好的合作竞争氛围，使成员具有较高的学习积极性。

（6）干部受到拥护和爱戴

和谐的大学生人际关系还表现为干部有较高威信，受到大家的拥护和爱戴。

2. 大学生和谐人际关系的意义

和谐的大学生人际关系可以优化他们成才的环境。大学生渴望成才，但成才要受到各种因素的制约，人际关系就是其中重要的因素。在大学阶段，建立和谐的人际关系对大学生成才有着重要的作用。和谐人际关系能够为大学生个性的发展与完善创造条件。

人的个性的形成是受后天生活、学习实践环境影响的。大学阶段是培养与形成良好个性的重要阶段。大学生交往的深度直接影响个性的品质，交往的广度直接影响个性的形式。

其次，和谐的同学关系、师生关系可以消除大学生离开家庭后的失落感与孤独感，给大学生以安全感和归属感。

再次，和谐的人际关系使大学生互助、协调，充分发挥学习的积极性和创造性，同时使大学生客观全面地自我评价，为早日成才创造良好条件。

最后，和谐人际关系能够促进大学生的社会化进程。大学阶段是大学生由家庭、学校走向社会的关键时期，和谐人际关系有助于大学生熟悉社会规范，掌握科学技术和生产技能，直接影响着其社会化的进程和水平。和谐的大学生人际关系是建设和谐校园的必备条件。和谐校园的建设是一个庞大的系统工程，是以校园为纽带的各种教育要素的全面协调和整体优化，是在不断消除不和谐因素的基础上建设起来的。

大学生作为学校的主体成分，容易产生矛盾和冲突，进而影响校园和谐。因此，大学生人际关系作为大学生校园生活中的核心内容之一，自然也就成了构建和谐校园的重要组成部分。处理好大学生人际关系，对校园文化建设、大学生思想政治教育以及大学生未来事业的发展，都有着十分重要的意义。

（二）大学生和谐人际关系的协调方式

当代大学生，要建立一种和谐的、于己于人都有良好效果的、健康的人际关系，其关键要素是确立正确的协调方式。

1. 自我协调方式

（1）相互尊重

在马斯洛的需要层次理论中，尊重的需要是人的五大需要之一。"尊重"，一般而言，包括自尊和尊重他人两个方面，自尊是个人实力、能力和自信心的表现，尊重他人则表现为自己对别人的赏识、关心、重视和良好评价。大学生要建立和谐的人际关系，首要的是相互尊重。对于大学生来说，只有在自尊心得到满足的情况下，才易于接受对方的态度和观点；同时，在交往中尊重他人的人格，尊重对方的兴趣、爱好、行为习惯，礼貌待人，对方也才会产生最大限度的愉悦感。否则，将会造成人际关系的疏远，甚至引发人际冲突。因此，大学生要遵照相互尊重的原则，这是建立和谐人际关系的前提条件。

（2）诚实守信

诚信是中华民族的传统美德。只有诚实守信、真诚待人，才能架起人与人之间沟通的桥梁；只有以心换心、以诚相待，才能使双方尽快了解，建立起信任感，进而形成和谐的人际关系。大学生要践行诚实守信的原则，主要是指在双方交往的过程中要言必信、行必果，言行一致、表里如一，以诚相待。

（3）互助互利

互助互利，并非等价交换，更不是庸俗的交易，而是一种自觉自愿的相互付出、相互奉献。交往双方应相互关心、相互帮助、相互支持,要考虑双方的共同价值和共同利益,满足共同的心理需要,深化双方感情。大学生人际交往的过程也是相互获得需求满足的过程。现实生活中的大学生都要努力做到投之以桃、报之以李,学会互助互利。

2. 引领协调方式

(1) 以目标为中心

大学生在进行人际交往的时候,首先应该树立正确的目标。随着高校与社会联系日渐密切,一些社会不良风气也渗入大学校园中,某些大学生由于对目标缺乏正确的认识,容易被外界不良现象所诱惑,拜金主义、利己主义等功利心态有增长的趋势。在现实的交往中,部分大学生择友时过分注重实效、实用和功利性;也有部分大学生由于个人主义、利己主义膨胀而在交往中一切以自我为中心;网络虚拟世界使部分大学生沉迷于虚拟世界而脱离了实际生活,不愿意进行社会交往;随着社会竞争压力加大,也导致部分大学生形成"互相提防、暗中拆台"的关系。所以,在建立和谐的人际关系过程中,应该以正确的目标为中心。

(2) 坚持和而不同

"和而不同"的思想对大学生和谐人际关系的建立具有重要的引导作用。

首先,坚持"中和"的态度,就能使大学生在交往中真诚待人、尊重宽容他人、不执拗、不激进,就能减少自身的莽撞与草率,从而发展亲密感避免疏离感,拥有和谐的人际关系。

其次,"和而不同"的思想在强调"和"的同时,也同时强调了"不同",也就是对于个人的差异性的肯定。这种差异是必然的,无论在生理上还是心理上,并且在很多时候,这些差异也是难以改变的。因此,我们必须接纳这种差异性。这样不但能够接纳他人的思想,也可让自己的观点更多地与他人得到交流,有助于个体客观地评价自我,减少一些主观造成的自负或自卑,吸收多元化的信息,可以更好地完善自我。这就要求当代大学生不应附于他人、人云亦云,而是要拥有自己思想见解的看法,激励大学生们提升完善自我、发散创造性思维,更好地审视自己的内部世界,以建立和谐的人际关系。

(3) 倡导公平竞争

有竞争,就会有优胜劣汰,直接影响到个人的切身利益,人际关系也就变得微妙和复杂起来。为此,提高好人际关系,必须引导好公平竞争。必须要制订明确的竞争目标,创造公平的竞争氛围,建立有序的竞争机制。学校的管理者在学校的制度安排、规则程序等方面要建立公平竞争的良性机制,使广大同学都能在平等的前提下,通过竞争获得自身的利益。增加学校价值认同和凝聚力,激发创造力,从而建立和谐的人际关系,实现学校与个人的共同发展。

(4) 组织团队合作

大学生都生活在学校的集体环境中,集体环境对个体成员的发展有着极大的影响。所以,高校应整合人力物力资源,加强团队合作。

一是高校党委及各院系党总支在思想上要高度重视,领导带头,全校上下大力提倡和谐,在校园中逐渐形成一种"人人讲和谐,处处见和谐"的人际关系氛围。

二是进一步发挥团委、学生会、学生社团等组织的作用,开展形式多样的校园文化活动。

三是要充分利用校园广播、校园网、黑板报等传媒工具进行人际关系教育,通过各种途径积极营造平等友爱、团结互助、融洽和谐的校园环境。和谐的人际关系是大学生成长成才的重要保证,帮助学生建立和谐的人际关系是值得高校关注的现实问题,也是当代大学生应该重视的问题。

三、增进主观幸福感

理想自我的构建应该以坚固的现实条件为前提。罗杰斯指出,理想自我与现实自我相差越大,越容易产生适应不良;反之,理想自我和现实自我越接近,则心理健康水平越高。大学生要按照社会的需要和自身的实际情况(包括个人的知识、能力、经济等)确立合理的目标。

(一)培养影响学生主观幸福感的外在变量

1. 重视团体的内聚性建设,引导正确的群体满足

内聚性是指一个集体对集体成员的吸引,也叫凝聚力和亲和力。马斯洛的需要层次理论表明,每个人都有归属地需要。为了满足这种需要,每个学生都希望加入一个真正温暖、和谐的集体,使自己感到有所归属而不是孤立无助。另外,社会心理学对"利他行为"的研究表明,群体的幸福是个体幸福的来源之一。集体威望和集体荣誉会给学生带来一种自我价值实现的积极体验,从而对他们产生吸引;当然,若集体所发起的各种活动能够与学生的诸多兴趣相结合,也会对他们产生吸引力。但是对高校和教师来说,如何才能正确并充分地建设和引导好这样的群体则并非易事。

为此,心理学家提出以下见解:

尽可能保持群体的稳定性,即高校和教师应从尊重和理解的角度创造良好的集体氛围,使学生自愿逗留在群体中的时间延长,从而保证群体积极、良好的凝聚力。

满足群体的成功需求,高校和教师可以给学生群体安排或引导他们自己设计各种具有挑战性的任务,从而激发这些群体的积极动机或导向,以获得群体的成功。

引导群体适应,就是通过活动、交流等形式,促使学生群体成员间进行动态的、相互适应,从而获得彼此之间的协调。这样才能达到最终提升学生主观幸福感的目的。

2. 营造安全满意的人际关系

营造安全满意的人际关系是学生体验幸福感的有力保证,也是对社会支持影响主观幸福感的良好诠释。对这一观点,许多人存在着诸多的误解。他们不但不重视大学的师生关系,只把人际关系限定于同学关系和伙伴关系,而且一味地把营造这种人际关系的

使命依托给现有的班级形态。但是由于众多的历史和现实原因，班级形态在客观上并不能完全造就理想的人际关系。

因此，我们必须在进一步发挥班级效应的同时，不断探索新的营造人际关系的形态。心理学研究表明，除了外貌，相似的信仰、态度和价值观等因素外，接近（空间上和时间上的接近）和熟悉（对他人和事物的了解或了解的加深）等都会有利于良好人际关系的形成。所以高校的学生工作部门和教师可以针对学生的兴趣爱好等组建兴趣小组、各种协会等，促进不同年级、不同性格的学生间相互了解和交流，拉近他们的距离，增强他们彼此的熟悉感，从而引导他们形成良好、健康的人际吸引——这可以理解为人与人交往中的一种过程或状态，它既指一个人喜爱他人并被他人所喜爱的相互影响过程，也指促进人与人交往的积极状态。

3. 准则教育同自我教育相结合

这是引导学生体验幸福感的关键切入点，也是一个非常棘手的难点，它要求的是传统教育理念、教育价值同当今教育现实与教育任务的和谐统一。传统的教育理念要求我们的学生"先天下之忧而忧，后天下之乐而乐""个人服从集体，下级服从上级"；同时，虽然人们一直倡导父母与子女平等、教师与学生平等的观念，但是在现实的教育中，父母和教师的权威经常凌驾于子女和学生之上；此外，在注重人际和谐的中国，人们行为的决定因素有可能并不放在自己对是非的判断上，而是将重点放在决定了对、错之后，如何在保持人际和谐的基础上来实施自己认为是正确的事情。在这种思维架构中，一个人将其选择行事途径的思考集中于自己的行为选择所可能带给周围其他人的影响之上，确保自己的最佳选择能维系周围的人际和谐。但是教育现实中的许多问题并不总是受这种规则的制约和影响，加之前面所提到的各种因素的实际影响，当代学生对这些外在准则的敏锐性和自觉维护性已经有所下降。有研究表明，大学生在自我体验维度上的得分大大高于外在准则维度上的得分。

为了捍卫这些传统性的准则，当前高校和教师的职责之一是应该把对学生的自我教育放到同准则教育同等重要的位置上，而不是过分抑制学生的自我体验；鼓励他们积极勇敢地表达这些自我体验，而不是对它们过分的压制和排斥。另外，高校和教师还要对学生加以正确、合理的引导，从而能使他们真正将外在准则与自我体验和谐、有机地统一起来。

（二）培养影响学生主观幸福感的内在变量

1. 把对学生自主性、能力的培养放在首要地位

研究表明，对自主性、能力和关系处理等心理需要的满足预示着幸福。因此对学生自主性和能力的培养是学生获得幸福感的前提和基础。毫无疑问，这也是当前高校教育内容中所要解决的一项主要问题。虽然大学教育提倡学生全面发展，但为了争取优越的学习环境和学习机会，为了赢得被社会群体所规定的知识资本，学生们仍然不得不把大

量的时间和精力花费在教科书上。

因此，实际上，大学教育要取得真正实质性的成效还有很长的路要走。但对于培养学生的主观幸福感，这一缺陷则并无大碍。只要高校能将此作为教育的一个重要内容，并且学生也能将此作为自身奋斗的目标，则其主观幸福感必然会得到提升。

2. 鼓励学生追求有意义的个人目标

这些追求包括在日常生活中进行的各种目标行动。目标理论把目标看作情感系统重要的参照标准。目标的确立与维持、靠近目标以及目标实现等使人感到生活有意义，并产生自我效能感、增强积极情感；相反地，缺少目标、目标之间的矛盾和冲突、指向目标的努力受到干扰等则会产生消极情感。

当然这一目标必须与人的内在动机或需要相适应，才能真正提高主观幸福感，而且内在的价值目标（如利他性、学习能力、亲和性等）比外在的目标（如金钱、地位、荣誉、美貌等）更能激起人的主观幸福感。另外，目标与个人的生活背景（主要是文化背景）相适应，也更能提高主观幸福感的水平。

3. 引导学生保持乐观

积极情感与乐观的解释风格有紧密联系。乐观者对未来满怀希望和积极地期待，因为他们认为世界是美好的，而自己则是有能力并且应该得到奖赏的。与悲观主义者不同，乐观者不会深入持久地看到生活中的不幸和错误，或者把这些不幸和错误归结为自己能力的缺乏。乐观可以降低抑郁、焦虑等消极情感。同时，乐观者有更强的适应性、持久性、灵活性和创造性，这种倾向能够影响个人的周围环境，从而影响其主观幸福感。

4. 倡导学生有意识地提高日常生活中的积极事件的数量

尽可能地寻找机会体验愉快是一个重要的策略。具体可以通过提高日常生活中的积极体验的次数，或提高活动的多样性或日常活动中愉快的总量等来达到，当然，这要求学生能够用积极的思维努力发现生活中的积极事件。

5. 鼓励学生关注自我的愉快体验

现代生活的节奏越来越快，阻碍了人们对于愉快情感的体验。而体验愉快（积极）情感是人们提升主观幸福感的重要途径。经常体验愉快情感的个人更能够感觉自我能力、自我决定和自我人际关系等，这些感觉又会使他们将来更有可能接近更多新颖和有趣的体验，会产生"螺旋式上升的情绪幸福感"。为了提升这些积极体验，一条有效的途径是尝试慢化对现实的思考过程和注意过程。这可以表现为享受这些体验（有意识地关注愉快），并通过回忆或故事讲述等方式进行积极情感地再体验等。

6. 鼓励学生进行体育活动和社会活动

心理学家提出了一种"活动理论"用以解释主观幸福感。这一理论认为，主观幸福感产生于活动本身而非活动目标的达成。如爬山这项活动本身就比爬到山顶给人带来更多的快乐。而与此观点颇为相似的"流溢论"则认为：当人们投入一项活动中，且活动难度与其能力相匹配时，就会产生一种"幸福流"的感觉。而太容易的活动会使人厌烦，太难的活动又会使人感到焦虑。因此，我们可以看到，高校和教师在培养学生的各项素质时，应根据学生的实际情况，帮助学生选取难度适中的各项活动（在高校，这些活动主要以社会活动和体育活动为主）。这样，学生就可能在活动中体验到幸福感。

四、体育锻炼的意志品质培养

身体素质是培养心理品质、提高心理机能、发挥心理潜能的基础。作为生长发育时期的大学生，加强体育锻炼、增强体质是精力充沛、情绪良好的有效方法。

（一）高校体育教学与心理辅导内涵

高校体育教学是对大学生进行有目的、有组织且又具有较高科学性与合理性的教育过程。是由体育教师与学生们共同参与，并由教育教师向大学生们传授相关的体育知识、技能，以不断增强学生的身体素质，培养其道德、品质以及意志能力的过程。

心理健康辅导，是指心理辅导者与被辅导者间，有效建立起一种具有咨询功能的、互动的融洽关系，以帮助被辅导者正确认识、接纳、欣赏自己，并克服成长过程之中出现的各种障碍，改变自身不良的意识与倾向，有效地、充分地发挥出个人的内在潜能，实现自我的一个过程。而高校的心理辅导工作最终的目的就是为了帮助大学生学会管理自己，建立起良好的生活习惯；提升自己对现实问题的分析能力与水平；获得较为积极的情感体验；激励大学生具有摆脱生活与学习困境的勇气与信心；建立良好的人际关系；树立起良好的意志品质等。

（二）高校体育教学与心理辅导的作用关系

1. 身体健康与心理辅导的统一性

高校的体育教学的对象是大学生，因大学生又具有较高的可塑性。因此，体育教学是帮助学生们在进行各项健康运动时，提高其身体的综合素质，以健康、强壮的体魄，精力充沛，从而可以顺利完成各项学习任务；同时，还可以奠定具有终身体育基础，提高民族素质的长远意义。然而，体育教学对学生的身体素质的提高，不仅生理机能上的提高，还应以有效地提高其心理素质，从而达到身心健康的统一。

因此，在体育教学过程中，不但要营造良好的教学氛围，还要为大学生们提供一个良好心理健康发展的环境。体育老师还应通过体育项目、活动中所蕴涵的吸引力，结合科学、有效的教学组织与方法，将这种吸引力放大，在快乐、轻松的教学过程中，通过潜移默化的心理疏导与辅导的作用，让大学生们主动参与、积极体验；并在宽松和谐的人际关系之中，让学生们轻松、愉快、无忧无虑之中，得到身心的健康发展。

2. 体育教学与心理辅导的协调性

体育教学过程，永远都是具有教育性的，这也是任何教学过程的基本规律。因此，我们在体育教学过程中，要有一定的目的、原则、规则以及需要学生们学习和掌握的动作技术与技巧,包括培养学生们如何去克服各种困难而完成目标。学生们会在这样的环境中进行体育学习、锻炼并积极、主动地参加各种比赛,以达到对身体素质与心理素质的一种综合锻炼。

首先,体育教师则就需要采用不同的、有效的教学方法、教学环境以及体育项目来更有力地吸引学生主动参与的积极性;并在潜移默化之中,感染、熏陶以及教育工作来完成对大学生的体育教育以及心理辅导工作。让大学生们在不知不觉中自愿地接受有利于个性、品质、心理良性成长各种积极因素,并将这些良好的思想品德、身体素质、心理素质以及个性品质转移到生活、学习以及未来的工作之中,这才是体育教学的最终目的。

其次,由于在体育教学过程中,大学生们的感情、作风、个性、内心思想往往会很自然、很容易地表现出来,这也更加利于体育教师更好地、更准确地观察并把握到学生们的思想品质与个性特点,从而对他们进行有针对性的教育和心理辅导工作。体育教学过程中,体育教师则可以充分地结合体育活动自身具有的特点,将集体情感、意识、团结友爱、互助合作、竞争、坚韧、勇敢顽强、果断机智等思想与意识通过心理辅导与体育教学彼此协调地加以充分运用,这样才能更好地将体育教学与心理辅导的作用发挥到极致。

(三)提高心理辅导在体育教学应用的有效途径

1. 积极培养、引导大学生参与体育活动的积极性

体育教学是教师与学生共同参与、实现互动的体育活动,但是往往一些体育教师忽视了学生的主体地位、教学方法过于单调乏味,这样就极大地影响到学生们参与、互动的积极性。因此,教师应以学生为整个教学活动的主体,提高教学内容与效率,增强体育教学内容的趣味性,以提高学生们参与的积极性。

2. 侧重于学生的情绪智力、合作精神的培养

首先,体育教师应培养、激起学生们的参与体育教学的激情。通过与学生的有效、良好的情感交流,来激发学生们的感情与激情,从而提升体育教学的整体质量。

其次,加强对学生们的内心思想变化情况的捕捉,并以客观、善意、带有积极、鼓励性地给予他们正确地评价,积极引导他们去感受教师与同学们的爱,并将这种友爱加以扩大、传播。并在体育竞赛中加强彼此的合作、友爱、良好的人际关系,共同克服困难的精神。

3. 加强对学生的意志品质的培养

在积极做好学生们参与各项体育活动的同时,还要进一步做好学生们的意志品质的培养工作。体育教师可以通过中、长跑这项运动来加强对学生们坚持不懈、吃苦耐劳、坚韧不拔的意志品质锻炼。尽管中、长跑体育运动对于学生们来讲,不是很受欢迎,而体育教师恰恰需要结合这问题,对学生们加以有效的引导、教育,以提高学生们对意志品质培养重要性的认识。让学生们始终在充满自信、克服自身困难的前提之下,慢慢地、一步一步地去积极进取,最终去完成目标,从而也达到了对其意志品质培养的教学目的。

4. 积极消除学生参与体育活动的心理障碍

由于，目前的大学生们锻炼的时间较少、身体素质较弱，对一些难度较大、有一定危险性的技术动作，以及在考试、测验过程中都会出现不同程度的胆怯、紧张、恐惧等情绪，甚至有的学生还会出现极为不自信的自卑心理。因此，体育教师则应加强对学生出现上述不良情绪的疏导、调控能力。通过对学生的心理疏导、安慰、鼓励以及自身的动作示范，以此来消除学生们的胆怯、焦虑、紧张、不安等消极心理。并对完成难度较高的学生加以适当、适宜的鼓励，不但可以增强完成动作学生的自信心，还对未完成动作的学生产生一个积极、向上的动力。这样则可以通过完成—成功—肯定—提高自信—再成功，而形成一个周而复始的良性循环，以达到彻底消除学生们参与体育活动过程中的心理障碍，并使其心理素质得到了不断的、反复的锻炼。

第三节 心理健康教育应持积极心态看待大学生的心理问题

所谓积极心态就是面对问题、困难、挫折和挑战，能够从正面去想，从积极的一面去想，从可能成功的一面去想，积极采取行动，努力去做。如积极的认知、积极的情感、坚强的意志和良好的个性等；如教师要学会赞美学生，产生神奇的"皮格马利翁效应"，教师对学生不同的期望，会给学生带来不同的影响，对那些成绩好的学生，教师给予高的期望或好的期望，这种期望会在教育和教学中不知不觉传递给学生，使这些学生的成绩和表现越来越好；相反，对那些成绩差和表现差的学生，教师则很可能有意无意地给予低的期望或差的期望，从而导致这些学生的成绩和表现越来越差。如"赏识教育"，人类本质中最殷切的需要是渴望被赏识，赏识对于学校中的学生来说是至关重要的，赏识可以帮助我们发现他们的优点和长处，激发他们的内在动力。通过尊重、信任和鼓励，可以帮助他们扬长避短，从而克服自卑懦弱心理，树立学习的自信心。

一、心理健康教育的理念构建

要去除目前学校大学生心理健康教育形式化现象，需要从以下几个方面入手。

（一）树立"保护、帮助、规范"的高校心理健康教育目标

大学是知识获取、能力提升、价值观塑成的重要阶段，在这个时期，大学生们不仅要接受新的专业知识，还要对自己的人生观、世界观进行完善。这一时期，引导和教育大学生心理健康的重要责任也将由学校承担。因此，以学校教育为主导的心理健康教育机制就自然成为大学生心理健康教育管理的基础保障。

现如今，当代高校学生的法律意识已日趋增强，《中华人民共和国精神卫生法》第

二十三条明确规定:"心理咨询人员应当尊重接受咨询人员的隐私,并为其保守秘密。"然而在传统教育体制下,我国的教育系统在实际工作中仍会减少对伦理规范的重视,这会使高校学生认为学校管理者实施心理健康教育仅是为了方便管理,增加对自己的束缚,对管理者失去信心,心理教育工作的开展也陷入"瓶颈"。较为健康的心理咨询关系,是心理咨询能够正常有序进行的基础,而良好关系的构建则依赖于健全的心理咨询制度,让被咨询者能够感受到自己的隐私被保护,这样才能有最好的效果。这一点,欧美国家对心理咨询研究较为深入的学者早已达成共识。健全的心理咨询制度,可针对教育机构提出相关细则及监督保密制度。强化高校心理档案等内容的保密处理,泄露则追究责任到个人,根据情节给予应有的处罚;强调高校对于档案查询记录的人员权限,非专业人员不可查阅有关档案。并且可根据《中国心理学会临床与咨询心理学工作伦理守则(第一版)》等中外伦理规范总结出保密工作中可能出现的例外情况,让高校心理工作者有据可查、有理可循。另外,从高校内有关大学生心理健康教育管理参与主体出发,分析其有关作用和影响。

首先,高校辅导员要帮助大学生群体树立正确的心理观。不仅是避免心理问题的发生,更重要的是正视心理问题,而不是偏见和逃避。

其次,高校可在班级中挑选学生作为学生干部,他们和同学们朝夕相处,对于身边同学的状况比辅导员、心理咨询师更熟悉,因此学生干部的有效选择和发挥作用有利于提升大学生心理健康教育问题的预防和介入效果。

再次,高校在课程设置上,可相应为各年级大学生开设一门或是多门有关心理问题诊断、心理健康教育咨询相关必修课程,引导学生在生活中遇到有关问题学会先进行自我调节和排解。

最后,高校可利用社团开展志愿活动、公益活动等方式让大一新生、应届毕业生等大学生群体在互动、付出、交流和收获的过程中有效解决在人际交往中遇到的问题或是排解应届毕业生面临步入社会的焦虑等各方面面临的问题。

(二)加强对学校心理健康教育的支持机制

学校心理健康教育工作包括课程教学、心理咨询、教师队伍建设、成立相关协会和开展各种活动这几个方面。

首先,就课程教学而言,学校一方面需要改变课时开设少、专业教师匮乏及大学生心理健康教育水平质量不高的状况;另一方面要着手培养相关心理健康教育专业人员,对从事心理健康教育的教师进行编制,并制定一系列激励措施。

其次,学校开展的一系列心理健康活动,需要人力、物力和财力的支持,以解决相关人员常常需要去募捐的困难。

最后,学校也需要给予学生心理健康协会和相关社团一定的活动经费,以帮助学生进行更多更好的"心理自助"活动,但是一定控制资金流向,跟踪资金使用情况,以确保资金真正地被用到整改大学生心理健康教育工作中，并定期对整改情况进行相关调研。

高校基础设施的经费、师资建设经费投入不足的问题单单依靠学校的力量是很难有效解决的，因为我国政府应该加大对高校心理健康教育工作的资金投入，同时设立专项资金，划入高校发展计划，确保其用于高校的心理教育工作。基础设施建设方面，我国政府可以借鉴一些国外的已经较为完备的做法，加大投入改造高校现有资源，建设心理教育工作专用平台，并将心理教育功能融合到基础设施中，从而更好发挥从高校内部进行心理教育的优势；师资建设方面，要增加对师资建设的资金投入，鼓励教师进行心理健康教育的专业技能培训；在科研课题方面，虽然一些国外的研究和思想较为先进，但盲目地复制，没有具体问题具体分析地解决问题，我国心理健康教育工作的水平仍难以提升。在高校心理健康教育工作中可设立鼓励政策，倡导广大教师能够投入具有中国习近平新时代中国特色，符合中国现有国情的心理教育建设中。

另外，政府还要组织社会多方力量，加强对心理健康的宣传。

首先，政府应倡导社会对心理教育发展的认识，为该工作提供一个较为开阔的平台。同时，呼吁社会各界人士关注心理健康问题，并将社会中的正能量传递出去，强化全民心理健康意识。

其次，引导社会组织参与到大学生的心理健康工作中去，社会组织以其第三方身份，能够更加公平、更加客观地为心理教育提供服务。

最后，在信息爆炸的网络时代，有效地利用网络的高效、便捷，收集国内外相关信息，结合我国文化底蕴和国情，将有效只是以图文等形式通过网络传播给社会民众。

（三）营造高校心理健康教育的文化氛围

认真学习、宣传和落实国家和教育部有关大学生心理健康教育的文件，同时，了解大学生心理健康现状，是提升盐对大学生心理健康教育认识的基础。相关文件的学习、宣传不能只是涉及几个相关领导人员，还需要动员全校教师与学生，让所有师生共同关注大学生心理健康现状和实施大学生心理健康教育与管理的重要性和必要性。只有全校师生都关注和重视这一问题，其具体计划和相关活动的实施才具有必要的基础土壤，其相关活动和措施落实才会获得预期效果。因此，继续搞好学校每年举办的大学生心理健康月活动，丰富活动的内容和形式，扩大宣传范围，强化宣传效果；扶持和协助校大学生心理健康协会等团体积极开展活动，让大学生把心理健康咨询当作定期体检，这对于提升大学生心理水平具有重要意义，这要求高校在举办以心理健康教育为载体的活动的同时，注重对大学生心理健康教育方面的宣传，务必做到宣传范围大、效果好，为后期大学生心理健康教育体系的全面推广做好前期准备工作。

高校校园文化的构建。校园文化是该学校的精神文化和校风的写照。一旦形成良好的校园文化氛围，它将会和社会的主体文化一样，具有深远影响，成为培养人才的重要方法和改变教育方式的动力。高校要注重开展以心理健康为主题的宣传活动，并且举行各种形式的宣讲会、讲座、知识竞赛等活动，培养学生关注心理健康的意识，形成良好的校园文化氛围，让高校学生可以在健康的校园文化中培养积极的心态。

二、心理健康教育活动载体构建

（一）促进大学生心理健康教育体系下的全员参与

针对大学生心理健康教育流于表面和教育德育化现象，要鼓励心理健康教育体系下的全员都参与心理健康教育工作。

1. 保质保量地完成现有的心理健康课程教育

目前有些高校不仅对大学生群体的心理健康教育有了一定程度的认识，还开设了相关课程，但由于各个学校对这项课程的认识与把握不一，加之国家对高校开设这门课程也没有制订有关标准和要求，导致各高校在开展相关心理教育课程时也是摸着石头过河，开课效果难以保证。因此，保质保量地完成现有的心理健康课程教育是基础，只有基础打牢了，才能使量变引起质变。

2. 有意识地将心理健康教育内容渗透到学科教育中

一方面，要增强任课老师重视心理健康教育普及化的意识；另一方面，学校要建立心理健康教育资源库，方便教师在学科教学中适当及时地穿插心理健康教育内容。这方面的功夫要下在平时，要做好教育素材（包括图片、视频、电影、案例资源、音乐等）的收集与保存工作。

3. 开展多样化的心理健康辅导活动

要突破常规，不要拘泥于形式，只要是对学生心理健康教育有意义的活动，都可以采取与进行。定期举办以心理健康教育为主题的大讲堂活动，邀请"榜样人物"来校做讲座，举办歌舞比赛，在学校宿舍放置专门的信箱，碍于脸面的学生可以通过写信的方式向老师倾诉心事等学生喜闻乐见的活动形式，帮助他们释放压力的同时给他们带来积极向上的活力。

4. 提高全校教师的心理素质

让教师健康良好的行为表现为学生起引领和表率作用。在此基础上，也应加强学校、社会及家长等多方面的合作，合力营造良好的心理健康教育环境。

5. 注重社会实践基地建设

高校可配合课程内容的需要，与有关单位合作，如脑科医院、心理医院、精神医院、监狱、戒毒所等，将这类单位作为开展大学生日常教育的社会实践基地。另外，高校也可组织学生走进社区、下基层等开展社会义务工作和心理健康教育相关的社会调查类活动，以促进学生心理健康教育的内化。

总之，要通过完善心理健康教育体系，把大学生心理健康教育置于一个优良的家庭、学校和社会环境中，让健康、积极的环境促进大学生心理健康向好发展，更是让大学生主动接受相关心理健康教育，多措并举、知行结合，切实提高他们的心理素质。

（二）创新高校心理健康教育体系下的课程组织

就教学内容而言，除了心理健康课外，可根据大学生实际需要，开设就业与心理、恋爱与心理、压力与心理健康等教育课程，缓解应届毕业生就业压力和提高大学生群体抗击打的心理能力；与此同时，面向大学生开设心理学相关方面选修课程、心理健康教育专题或系统的心理知识培训，让学生更多地了解和自觉地调适心理压力与心理问题。

就教学方式与手段而言，一般的课堂教学在传授心理学知识的同时，要注重提升学生的学习兴趣，教学方式包括但不限于开放式教学、互动式教学、情景式教学以及实验性教学等"互联网+"下衍生出的新型教学模式。

开放式教学是指课堂的开放，可以让更多的同学进入课堂听课学习，二是指在学校食堂等地通过知识图片的展览、短小的科教电影放映、主题沙龙研讨活动等方式，让大学生群体在放松自然的情境下顺其自然地接受心理健康教育，认识到正视心理问题的重要性以及学会舒缓压力与调整心态的必要性。

互动式教学可以让学生参与到具体活动中去，其主要表现在：一是让学生直接参与到组织的心理健康教育活动中去，他们既是活动的组织者，也是活动是受教者，从而潜移默化地提高自身心理素质；二是让学生参与教学内容和教学形式的选择，以便学生在查阅教学内容的同时自觉地提高相关问题的认知，让大学生从心理健康教育相关活动中，从活动的参与者向活动的组织者转变，可以说这一方法在增加学生参与度的同时也提高教学效果。

情景式教学可以通过情景剧和心理健康咨询情景的模仿来实现，这一模式不仅要求学生要有充足的课前准备，如广泛地查询相关知识以备表现之用，同时，也通过学生作为心理咨询师和剧中人物，得以从心理上锻炼自己，因而教学效果显著。

需要注意的是不同的教学内容要与不同的教学方式与手段相适应，同时，还要师生较多的课后时间与精力做准备和配合。因此，大学生心理健康教育要因人而异、因地制宜，要综合考虑各高校在不同地理环境、人文素养下大学生群体所表现出的具体心理情况选择适当的教学模式。

三、心理健康教育组织构建

（一）网络化心理健康教育组织构建

目前，将人力、物力和财力等大量资源投入教学、科研以及学生日常管理中早已成大部分高校的普遍管理模式，对于学生健康管理却只停留在宣传教育工作并没有实际履行对学生身心健康关注的责任。

随着我国健康教育管理相关政策的不断完善和落实，健康教育管理事业也呈现蓬勃发展的势头，高校应该抓住互联网的时代机遇并借此之势，"因地制宜"式地制定并健全相关健康管理制度体系，将学生健康教育管理体系进一步规范为规章条例，构建的健康教育管理体系实施平台要以学生发展中心、心理咨询中心和校医务室三大校内学生管理机构为支撑。

利用"互联网+"时代下信息快速传播的特点，摒弃"班级—辅导员—学院—学校—心理咨询室"的上报机制，转变为及时有效地收集相关心理问题，由学生自主选择干预机制，同时学生发展中心要将有关案例进行整理、分析、评估影响大学生心理健康发展的相关因素，并为本校学生制订一系列高校心理健康教育管理方案。

目前心理健康教育组织单纯地存在自上而下的管理结构，就一些高校目前的管理机制而言，在学校设立心理健康教育方面的相关部门，由相应的校领导全权负责；在各二级学院内部设立与学校心理健康部门相对应的心理健康教育小组，由各二级学院的党委书记担任小组组长，各辅导员担任小组成员，由辅导员负责联系所带班级心理委员，心理委员统筹本班级各舍长，最后由舍长对舍员进行心理健康教育与监察。同时也要做到自下而上的反馈沟通机制，大学生心理协会要在其间起到关键作用，给予学生和老师更多的沟通机会，提供各层级服务给每一位需要的同学，保证大学生心理健康教育的及时性、高效性，对于有心理健康问题的学生能够及时地给予关照和帮助，在后续的生活中，能够进行监督，与从而形成一种双向的、具体完善的、科学有效的大学生心理健康教育体系（见图7-1）。

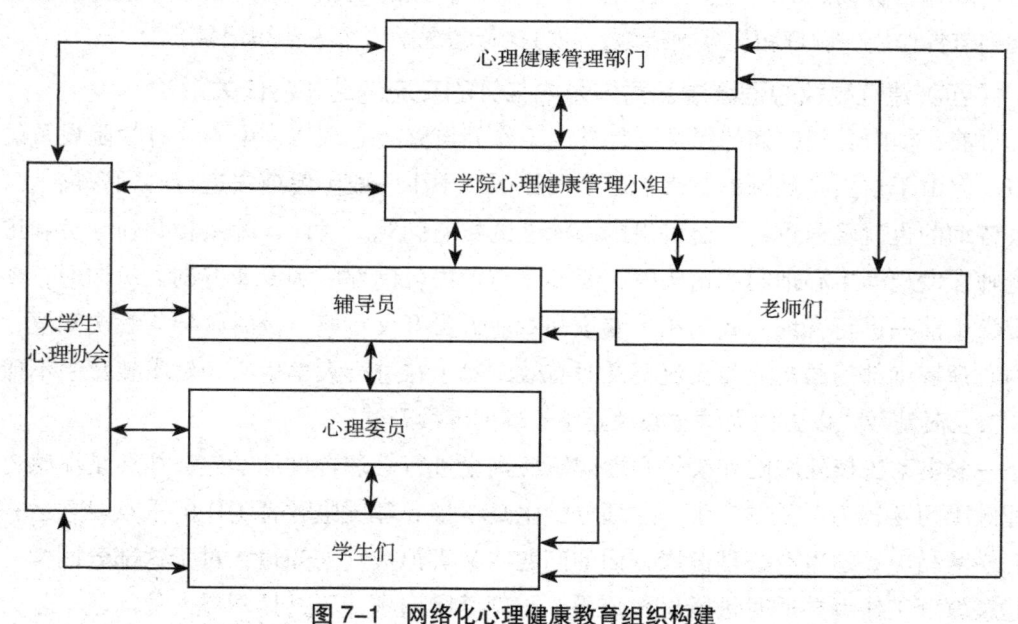

图7-1 网络化心理健康教育组织构建

（二）针对不同学生进行差异化重点管理

针对心理健康教育机制，及时发现有心理健康问题的学生，并建立这部分学生的档案，以便后期的监督与管理。对于有心理健康问题的学生日常管理要因人而异，即根据每个有心理健康问题的学生的具体情况，制定一系列有助于提高其心理健康水平的管理措施，并在后续的管理中充分体现出来。管理措施实施后，学生心理健康情况是否有改善、改善效果如何都应该记录在其档案中。

此外,在大数据时代背景下,我们可以专门设立一个心理健康问题学生档案库,根据心理健康情绪等方面产生的原因对档案进行归类,使用软件管理系统对所收集的档案进行存储,并进行分析及归纳,从而使得对后期有类似心理健康问题学生的管理工作提供相关的指导意见。

总之,构建大学生心理健康教育体系是大学生心理教育管理的一大重要举措,它也为大学生心理健康教育指导提供了一种新型管理模式。

(三)明确高校心理管理体系责任机制

大学生心理健康教育管理的主体显而易见的就是高校大学生群体,但由于大学生群体呈现出正逐步走向成熟但尚未真正成熟的心理特点,高校在开展心理健康教育管理工作时,不可避免地就要面临较大的风险与责任。在过程中出现一些不可预知的突发情况时,接触该过程的参与主体之间就会出现互相指责、推诿扯皮等负面现象的发生。因此对大学生健康教育过程中的各个参与主体责任以法律政策的形式进行强制性规定就显得尤为必要。首先,参与主体必须清醒地认识到严格执行的重要性,积极主动地承担风险,否则法律政策就成了纸上谈兵;其次,各个参与主体之间要树立共担风险意识,不能因为自身的利益目标而忽略心理健康教育主体;最后,政府主体要在心理健康教育管理过程中起到监督作用,制订相应惩处措施,并将执行情况纳入个人信用记录。

(四)建立高校心理健康教育体系内与外的交流沟通和合作关系

目前,校内心理咨询部门主要是学生工作处设置的心理咨询中心和各学院设置的咨询室。但由于学生心理顾虑、碍于面子的原因,学生一般不愿前去进行心理咨询,少数前去咨询的也就轻避重,不愿讲出内心深处的核心问题。对此,院系相关辅导员和班主任老师在发现学生心理问题苗头时,要及时与校内咨询部门和专业咨询人员沟通,动员或带学生前去进行咨询,或请相关专家和专业人员开展讲座,及时疏导与解决问题,与校内心理咨询部门的沟通与交流要及时有效,对于在进行大学生心理健康教育中不懂的问题要及时请教,以方便大学生心理健康管理的继续开展。

一般主动去校外医院和校外心理健康咨询室进行心理咨询的学生,往往是深感自己心理健康问题较为严重的学生,这部分学生是学校心理健康教育工作的重点对象,一点不能松懈马虎,学生有心理健康方面的问题,又害怕被别人知道,对于这部分同学,心理健康教育工作者要适时进行思想疏导,心理健康问题并不是见不得人的问题,是大家都普遍存在但每个人严重程度不一的问题,心理健康水平较高的通过烦躁、焦虑、不自信等表现出来,如若没有及时疏导与解决就有可能上升为心理健康问题,对此,学校需要与相关医院和心理咨询机构建立长期稳定的合作关系。一是将心理问题学生及时介绍到相关医院和心理咨询机构去,让学生得到更好的专业预防和治疗,也给予了学生一定的心理慰藉。二是与心理咨询机构建立长期稳定的关系,定期举办心理咨询机构进校园活动，有利于及时了解学生心理问题动态，了解学生心理问题起因，还可以跟踪、研究有心理问题的学生，一方面切实保证这部分学生的安全，另一方面还为学校更好地做好大学生心理健康教育工作提供借鉴和指导。三是学校可以经常邀请心理咨询机构的相关专家来学校作报告或参与相关活动，营造良好的心理健康教育氛围，提升学校心理健康教育水平。

总之，高校大学生心理健康教育水平的提高是一项长期的系统过程，它需要多层面、多视角和采取不同的内容和形式一步一步努力去提高，从发现问题，解决问题到有问题同学的持续跟踪报告，以及心理健康的解决，这一个整体流程要及时、有效。它不仅是高校日常管理中的一项基本管理任务，更是构建和谐社会需要解决的刻不容缓的问题。

四、心理健康教育评价体系构建

大学生心理健康教育评价的指标建设是基础，后续要对指标权重与指标标准进行探讨，对新时代大学生心理健康教育评价进行检验，并找出不足后进行优化，以保证大学生心理健康教育评价体系的完整性。

（一）大学生心理健康教育评价的实现

新时代大学生心理健康教育从条件、内容、效果维度完成评价体系的初步构建之后，后续工作中需要体现"立德树人"要求，根据教育理念调整界定评价权重与确定评价标准，才有可能真正落实到评价实践过程中去。

1. 新角度界定评价权重

遴选出大学生心理健康教育评价指标之后需要界定好各级指标的权重。界定指标权重的作用在于能够突出体现出不同指标在大学生心理健康教育评价体系中的重要程度，通过确定权重来表现各级评价指标的重要性，可以令评价者与被评价者一目了然，对教育问题能够一针见血地被指出，从而有针对性地改进心理健康教育。新时代大学生心理健康教育评价指标权重的确定遵循"立德树人"根本任务的指导，现有各级指标的权重与过去拟定权重必然会有所差异，比如，心理健康教学过程中线上教学对大学生道德的引导、心理健康教育活动的价值引领作用等指标权重需要有侧重性的加强，实现评价权重的一个更新，更加适应新时代要求。

在具体的大学生心理健康教育评价指标的权重界定过程中，考虑方法可选择的多样性，在大学生心理健康教育的专业特色基础上，选用使用最为广泛且权威的定性分析方法、经验确定法和德尔菲法相结合。经验确定法的具体内容是向大学生心理健康教育专业领域的专业学者进行请教咨询，根据他们的丰富工作经验，从而确定出评价的权重。德尔菲法指的是"采用匿名的形式，通过问卷向专家就指标权数问题征求意见，在多轮咨询、匿名反馈的过程中，经过专家们的分析判断、综合权衡，逐步统一价值认识，从而确定指标权数。"将经验确定法与德尔菲法运用于研究大学生心理健康教育评价体系中，主要是凭借专家学者的经验对各个评价指标进行重要程度的认定，更有利于实现"立德树人"

新角度下的权重界定。在涉及教育的定量分析的问题上，选用信息计量法对定性分析方法进行深化。信息计量法符合大学生心理健康教育评价权重需求，引进量的概念与定量分析方法，进一步揭示信息单元的体系结构和数量变化规律。将其运用于大学生心理健康教育评价系统，能够从理论上提高教育评价权重的科学性和精确性，能够帮助教育系统建立出科学严谨的教育评价指标体系。随着我国心理健康教育事业评价要求不断提高，层次分析法也受到广泛应用，其能够"将各定量与定性因素有机结合起来，用一种统一的方法进行处理"。层次分析法能够将复杂庞大的心理健康教育评价系统分解为简单明了的子系统，将子系统按照支配关系组成有序的递减层次结构，通过两两对比确定层次中各指标的相对重要性，实现对权重的确定。

新时代大学生心理健康教育评价权重的界定需要在"立德树人"视角下进行，因而要采用多种分析方法相结合来进行分析。在实际对指标权重操作过程中，不同的权重设计方法所得到的权重系数是有所差异的，无论是定性分析法、定量分析法或综合分析法，目前没有任何一种方法能够确保所确定的权重是最科学精确的。在新时代大学生心理健康教育评价研究中，为体现"立德树人"教育任务根本目标，必须依靠定性分析与定量分析相结合，多采用综合分析的方法。应进行多轮测试，以实现评价指标权重的权威性，使分析结果最终趋于一致性，以求在基本教育原则的指导下实现科学有效的评价。

2. 多元化确定评价标准

指标评价的标准，即对大学生心理健康教育测评的标准，是直观反映心理健康教育成果的标尺。评价标准的确定是新时代大学生心理健康教育评价体系构建的核心要素之一，同时也是判断心理健康教育事业达成数量与质量的重要依据。评价标准存在很多分类，比如从评价内容上可分为素质标准、职责标准与效能标准，或者分为状态标准与效果标准；从参照标准上可以分为社会标准与科学标准。根据大学生心理健康教育评价体系的特点，采取社会标准与科学标准为依据设置评价标准的临界点是较为合理的，社会标准指的是根据国家教育部门对大学生心理健康教育所下发的文件、政策、法规等统一要求为依据而确定的评价标准，最终评价结果具有高度统一性。科学标准指的是依据科学原则与客观规定作为评价标准，其强调自我比较而不是他比，是一种过程性的评价标准，更加注重教育过程是否遵循学生发展规律，避免只将评价结果作为唯一评判标准，更符合以人为本的新时代教育评价理念。由于心理健康教育的特殊性与复杂性，单一的评价标准并不能够满足复杂庞大的评价系统，个性化的评价标准也应该被运用采纳。

在大学生心理健康教育评价体系确定评价标准过程中，如何解决各等级评价标准的规定是一个关键问题。目前，教育评价标准规定的普遍形式分为定性标准与定量标准，定性标准是将指标分为若干个等级，一般表达形式为A、B、C、D或者优、良、合格、不合格等，并没有具体量化每个指标的固定数值。因为分级较为简略，每个等级所代表的意义对于大学生心理健康教育而言都有较大差别。在评价体系中运用定性标准，能够宏观上做好评价标准的规定，指引心理健康教育活动改进的大方向。而定量标准可以是一个单值也可以是一个范围，同时也具有等级的划分，但其一定是有一个量化的数字。将其运用于大学生心理健康教育评价的评价标准规定中，有着科学严谨、可操作性强等优势，能够在微观上有针对性地指出心理健康教育活动与标准的差距。定性标准与定量标准都有其优势与不足之处，在教育评价过程中可以实现两类方法的有机结合，定性标准通过文字描述评价标准的意义，定量标准使用具体数值实现评价标准科学合理性，在保证大学生心理健康教育评价标准科学严谨的同时赋予评价标准数据的意义，使评价标准在输出过程中更加贴近新时代心理健康教育的目的与意义。

制订新时代大学生心理健康教育评价指标标准时还要考虑到方向性、时代性的原则。方向性原则指的是教育标准要做好教育的导向作用，比如，提升大学生心理健康教育质量、促进高校思想政治教育事业发展，实现立德树人的教育目标等，都应该在教育评价中明确体现出来，实现心理健康教育评价的最终目标。时代性原则指的是评价标准符合新时代对心理健康教育提出的要求，要注重大学生心理健康教育评价过程中与创新、道德、实践这些新时代需要的精神发生碰撞，从而产生的价值。这些价值可能在过去会被忽略，但却是新时代的重要内容。总而言之，要做好新时代大学生心理健康教育评价活动，多元化确定评价标准也是其中重要一环。

（二）大学生心理健康教育评价的检验

大学生心理健康教育评价体系的构建并不是评价研究的终止，对评价体系的检验也是必不可少的后续步骤，即对评价的再评价。通过科学理论、时代环境、主客体等层面，多元化地对大学生心理健康教育评价进行实践检验，实现对评价结果的再评价，让教育评价结果更加科学严谨，具有说服力。

1. 评价体系的科学性检验

通过科学理论对教育评价进行检验是指以大学生心理健康教育评价检验方面的客观规定和理论原则为依据来检验教育评价的标准，通过理性的方法去整理感性材料，是评价检验活动都必不可少的重要步骤。在检验大学生心理健康教育评价时，可以运用 BS 5750 或 ISO 9000 模式、绩效指标模式、专家管理模式等。

检验心理健康评价效果最具有说服力的证据是科学的方法。一种方法是采用 PDCA 循环对教育质量提升程度进行检测。PDCA 是指教育质量检测的 Plan、Do、Check、Act，即计划、执行、检查、处理四个阶段，通过前三阶段对教育质量进行测评，将结果分为合格与不合格两个部分，将不合格者继续循环解决。另一种方法是绩效管理模式与专家管理模式结合，即从定量与定性两种角度，运用现有科学理论方法对评价进行检验，完成新时代大学生心理健康教育评价的再评价。绩效管理模式通过量化数值准确地判断出预期目标与大学生心理健康教育评价实际目标的差距，提高教育评价检验工作的效度；专家管理模式主要依靠专家对新时代大学生心理健康教育评价体系理解程度与预期愿景。

将绩效管理模式与专家管理模式结合补充，可以使评价检验结果更加权威。

通过科学理论对大学生心理健康教育评价体系进行检验，能够在符合教育评价发展的客观规律的基础上，提高评价结论的客观性与权威性，指导教育评价实践，实现教育评价科学性的检验。

2. 评价体系的目标性检验

要在时代环境方面进行大学生心理健康教育评价的检验，应从大学生现在与未来的主要成长成才环境——高校与社会两个角度，也即教育目标和社会目标两个维度着手对评价进行检验。高校层面的检验，主要观测大学生心理健康教育评价对大学生心理状态的促进作用，政治思想觉悟提升程度，道德素质提高情况等。而社会层面检验更注重观测大学生就业创业、社会交往、自我道德规范等能力是否取得长足的进步。优异的心理素质对推动社会的和谐稳定进程有着举足轻重的影响，这是大学生心理健康教育应该履行的社会责任，也是新时代大学生心理健康教育评价体系对教育影响社会效果的要求。

从时代环境层面进行评价检验，能够通过观测大学生心理健康教育对高校乃至社会产生的积极效果，有效促进时代环境与大学生心理素质的双重提升。通过对高校层面的评价检验，能够宏观上把握大学生心理健康教育出现的问题与不足，及时调整心理健康教育方向，为大学生心理健康教育发展提供依据，促进大学生整体素质提高，同时能够带动校园优秀校风学风建设、社会和谐稳定建设。因此，将时代环境与大学生心理健康教育评价的检验联系到一起，根据实际的效果对大学生心理健康教育进行反馈，与时俱进地对评价体系进行创新是检验教育评价的重要依据。

3. 评价体系的主体性检验

缺少人作为主体的检验会导致评价的刻板化与公式化，特别是大学生心理健康教育这种以人为本的学科，教师和学生是教育进行的必要存在，因此，将学生与教师的意见作为检验的重要组成部分是十分有意义的。

心理健康教育专业教师对于评价的检验有着其他检验方式无法比拟的独特优越性。大学生心理健康教育专业教师拥有相关的教育教学知识，能够从专业角度对大学生心理健康教育评价效果进行检验，提出专业性、建设性、关键性的建议，为大学生心理健康教育质量保驾护航。同时，教师能够直观感知到通过新时代大学生心理健康教育评价，学生是否取得进步，特别在心理育人对道德的促进方面是否取得进步。大学生心理健康教育专业教师对评价做出的教育是提高教育教学水平的有效途径，充分反映了当代教学评价的新理念，通过专业检验有利于改善大学生心理健康教育评价中的关键问题，为大学生心理健康教育质量的发展提供支持。

倾听来自学生对评价反馈的声音，充分发挥学生的参与作用与主体作用，能够有效推动大学生心理健康教育评价的改进，优化教育评价内容。大学生作为心理健康教育的参与者，同时也心理健康教育的教育成果获得者。他们对大学生心理健康教育评价的效果感受更加直观准确。特别是教育评价体系中一些新的指标内容，需要不断通过学生的反馈不断修改完善。从学生的角度观测大学生心理健康教育评价对质量的提升会获得与其他检验方式不同的收获，当代大学生是由才华横溢、学识渊博的一代，在新时代大学生心理健康教育评价体系运行的过程中，大学生能够对自己智力、情绪、情感、人际关系、人格、意志品质和行为等多方面的改变有着深刻理解，感受到大学生心理健康教育质量提升对产生的直接或间接影响，从而反馈评价对教育效果的促进程度。

（三）大学生心理健康教育评价的优化路径

没有任何评价体系是可以一蹴而就的，教育评价体系不但要经过实践的检验，更需要后来者不断地将其优化。大学生心理健康教育涵盖内容广阔，目前的研究仍有待深入。随着研究的不断深入，会不断有新的问题暴露或者新的观点出现。为改正现存问题，将已有内容更新，实现评价的可持续发展的优化，可以通过借鉴相关理论、优化评价内容、创新评价方法等路径实现。

1. 借鉴相关理论

我国大学生心理健康教育评价方面并没有强有力的科学理论支撑，当前理论研究上的缺失导致各种教育问题不断浮出水面。科学理论是对事物内在规律的深刻揭示，任何事物没有科学理论的支撑，就无法始终如一地向前迈进。要进行大学生心理健康教育评价的实践研究，大学生心理健康教育评价理论就是实践发展的内在保障与前进导向。目前大学生心理健康教育评价理论研究面临着理论发展的渐进性、理论应用的迫切性、理论创新的艰难性等问题，甚至问题之间相互交织会出现"理论发展的渐进性与理论应用的迫切性难以同步。"这些问题的存在加大了心理健康教育评价体系建设的困难程度，也影响了评价体系的科学性。因此，完善大学生心理健康教育评价理论是优化的有效路径，也是深入研究新时代大学生心理健康教育的必然需要。

当前为了摆脱新时代大学生心理健康教育评价的理论困境，最有效的途径之一就是进一步加强大学生心理健康教育评价的学科知识借鉴，包括思想政治教育学科、教育评价学与管理学等学科。大学生心理健康教育评价是教育评价学的学科分支，要进行二级学科的理论发展，首先要充分理解教育评价学的理论基础，比如，大学生心理健康教育评价要遵循教育评价规律与原则、大学生心理健康教育与教育评价功能一致等。同时教育评价与管理学也是相互贯通的，心理健康教育评价需要采用管理学的理论与方法更好地服务教育评价，保证教育评价的顺利开展与教育评价目标的达成，同时能够对教育评价发展进行管理，避免教育评价存在的不自觉性与盲目性，借鉴管理学的理论方法在教育评价具有重大现实意义与功能。

获取知识是人类永恒的命题，以大学生心理健康教育评价为例，只有了解了相关知识，掌握了理论基础，才能够正确处理大学生与心理健康教育评价之间的关系，使教育评价活动符合人类实践客观规律。随着大学生心理健康教育评价研究的深入，相关理论必然会得到长足的发展，大学生心理健康教育评价也会得到不断优化，为大学生心理健康教

2. 优化评价内容

目前，任何大学生心理健康教育评价体系的内容都无法保证绝对全面，保证教育评价体系的指标完美包含所有细节，这就要求评价体系建设的可持续发展性，保证及时地更新大学生心理健康教育评价的创新内容，焕发出时代活力。大学生心理健康线上教学、心理健康教育活动的新媒体宣传等也成为新评价体系中的重要组成部分。而在之前的任何教育评价体系中这部分内容都是很少见的，这是因为由于社会发展的限制。不可否认的是优化评价内容是一个漫长且持续的历程，未来发展任重而道远。

现代社会的发展对高等教育的要求是动态的，教育评价内容也不能保持故步自封，一成不变，不但会出现内容的添加，也会出现已有体系包含的内容可能不再适应时代需求的情况，需要进行修改抑或删减。大学生心理健康教育评价要符合政治、经济、文化的发展，也要适应不同时期意识形态对学生心理素质方面的要求。这就存在"旧的评价模式被淘汰，从而创造出新的评价模式"，因而评价体系要凸显教育内容的时代活力，做到对大学生心理健康教育内容的持续优化。

3. 创新评价方法

方法创新是大学生心理健康教育评价研究优化的重要手段。评价活动不是一成不变的，要根据不同的情况选择不同的评价手段和方法。基于大学生心理健康教育评价的复杂性，要想实现大学生心理健康教育评价的优化，研究方法中不能墨守成规，要灵活运用多种研究方法，甚至会要求多个评价方法共同使用。多样性方法与技术的成熟可以为教育评价优化做出突出贡献。以大数据技术为例，近些年我国大数据技术被广泛运用于各个领域，有效促进了相关领域的发展，其中教育领域也不例外，"大数据理念被广泛应用于高校思想政治教育质量评价。"

大数据技术在思想政治教育质量评价的合理运用，已经为相关评价研究的优化做出了巨大贡献。通过对大数据的有效利用，让构建好的评价体系在层次上的合理性更迈上一个台阶，使评价结果比已有的结果更加具有说服力。同样在大学生心理健康教育评价研究中利用好大数据技术，使两者完美融合，"可以克服诸如评价的标准和内容量化程度不一、评价结果量化少等问题"。

大数据技术在大学生心理健康教育评价领域的运用正是一个良好的开端，能够帮助大学生心理健康教育评价实现发展优化。事实证明，大数据的收集、加工、分断能力不仅在其他学科方面体现出很高的价值，也能够帮助专家学者解决现存大学生心理健康教育评价体系研究中的很多难题，提高教育评价效率，使教育评价研究的真实合理性与可借鉴程度再提高一个台阶。科技是教育事业发展的重要助力，随着我国科技发展的日新月异，未来会出现更多的方法来辅助大学生心理健康教育评价事业的发展，通过创新评价方法，更新评价手段，合理运用大数据、云计算等新时代技术，不但有效能够有效实现大学生心理健康教育评价的优化，而且更加凸显了教育评价发展的时代特色。

参考文献

[1] 张蕾. 大学生心理健康教育中的问题与解决对策 [J]. 开封文化艺术职业学院学报，2021，41（10）：155-156.

[2] 景慧. 心理健康教育融入大学生思想政治教育的路径 [J]. 江西电力职业技术学院学报，2019，32（10）：35-36.

[3] 赵晨光. 基于"家校合作互动"理念的高校大学生心理健康教育模式探索 [J]. 高教学刊，2016（6）：251-252.

[4] 阎秀丽，苑旸，宋真. 基于"家校合作互动"理念的大学生心理健康教育模式探究 [J]. 山东省农业管理干部学院学报，2013，30（2）：166-167.

[5] 刘文君. 新时代高校大学生心理健康教育路径的优化探析 [J]. 教育信息化论坛，2022（5）：93-95.

[6] 张金娟. 新时代大学生心理健康教育现状及路径探析 [J]. 文化学刊，2022（3）：129-132.

[7] 李萌，张一斐，贾华. 新时代高校对大学生进行心理健康教育的路径选择 [J]. 卫生职业教育，2021（23）：151-152.

[8] 薛绍凡. 新时代大学生心理健康教育创新的现实难题与对策分析 [J]. 山西青年，2021（16）：189-190.

[9] 任爱红. 增强高职大学生对网络社会规则的认同 [J]. 重庆电子工程职业学：学报，2018（10）：60-63.

[10] 陈显捷，陈晓峰. 野微文化冶对高校大学生心理和谐的影响及对策 [J]. 高校辅导员，2016（4）：63-66.

[11] 张红岩. 野微文化冶传播对青年价值观有何影响 [J]. 人民论坛，2016（12）：124-125.

[12] 李继光，范伟弘，刁保辉. 新时代大学生心理健康教育工作实施路径探索 [J]. 教育论坛，2021（9）：5-7.

[13] 刘会娟. 浅析新时代大学生心理健康教育 [J]. 读与写：下旬，2021（3）：6-7.

[14] 金丹. 新时代高校大学生心理健康教育路径的优化探索 [J]. 科教文汇，2022（3）：45-47.

[15] 戴艳艳. 旅游管理专业"三位一体"思政链体系构建探究 [J]. 国际公关。2020（8）：

174-175.

[16] 姜伟艳，薛雨辛，李欣弱，等．"课程思政"对中医药专业课堂的推力作用 [J]．中医教育，2020（4）：73-77．

[17] 邱开金．从思政课程到课程思政，路该怎样走 [N]．中国教育报，2017-03-21．

[18] 胡敏辉，涂巍．"大学生心理健康"课程教学改革研究——基于积极心理学理论 [J]．中国多媒体与网络教学学报（上），2018（12）：25-26．

[19] 金鑫，崔翠菊．大学生心理健康教育课程校院（系）合作模式研究 [J]．河南教育（高教），2018（8）：40-43．

[20] 蔡婉君．积极心理学融入大学生心理健康教育研究 [J]．淮南职业技术学院学报，2022，22（4）：106-108．

[21] 卢卫斌．高校积极心理健康教育体系构建研究 [J]．佳木斯职业学院学报，2021，37（6）：109-110．

[22] 黄秋璐．积极心理学理念下高校心理健康教育模式的构建研究 [J]．武当，2022（10）：25-27．

[23] 王刘金华．积极心理学视角下大学生心理健康教育新模式探析 [J]．教育信息化论坛，2021（7）：85-86．

[24] 刘彦．积极心理学视角下大学生心理健康教育创新路径探究 [J]．乌鲁木齐职业大学学报，2022，31（1）：57-60．

[25] 曲碧菡．基于积极心理学视野下大学生心理健康教育研究 [J]．农家参谋，2020（14）：204．

[26] 董家延．积极心理学在大学生心理健康教育中的应用研究 [J]．中国多媒体与网络教学学报（上旬刊），2020（5）：27-28．

[27] 郭霞，邱美玲．积极心理学在大学生心理健康教育课程中的运用实践研究 [J]．品位经典，2020（9）：100-101．

[28] 王福臣．积极教育视域下大学生心理健康教育课中教学案例的实践路向 [J]．淄博师专论丛，2020（3）：32-35．

[29] 刘旬，张慧珺．思想政治教育视角下的大学生心理健康教育模式的构建与实践研究 [J]．菏泽医学专科学校学报，2020，32（3）：72-74．

[30] 张虹．试论积极心理学视域下大学生心理健康教育的可行性路径 [J]．现代职业教育，2020（36）：202-203．